U0034125

不實在的現實

The Case Against Reality

Why Evolution Hid the Truth from Our Eyes

演化如何隱藏真相
塑造我們的時空知覺

Donald Hoffman
唐納德・霍夫曼——著
蔡承志——譯

Boulder Media 大石文化

名家讚譽

「想大開眼界嗎？在這本耐人尋味、深具原創性又迷人的書中，霍夫曼為我們導覽一處未知領域，那是認知科學、基礎物理學和演化生物學交會的地方，現實的本質在這裡懸而未決。你對這個世界的看法——或者應該說「你的介面」——會從此改觀。」

——阿曼達・蓋夫特（Amanda Gefter），《愛因斯坦草坪上的不速之客》（Trespassing on Einstein's Lawn）作者

「如果你要讓自己對『現實』的理解與『這個世界』同步，那你一定不能錯過這本書。你會看到許多令你萬萬想不到、超乎你想像的事情。這本書能好好刺激你思考自己、旁人和世界。」

——揚・科恩德林克（Jan Koenderink），《色彩的科學》（Color for the Sciences）作者

「這本書以全新視野，超越我們對現實的知覺，探討自身的真相。霍夫曼義無反顧地帶著我們進入一個兔子洞，讓我們了解到所有現實都是虛擬的，真相只屬於你這個創造者。」

——魯道夫・坦齊（Rudolph Tanzi），《超腦零極限》（Super Brain）共同作者

「集邏輯、理性、科學與數學於一身的傑作。請仔細閱讀這本書，你對現實的理解將永遠改變，不論是宇宙的現實，還是你自身的現實。」

——狄帕克・喬布拉（Deepak Chopra），《超腦零極限》（Super Brain）共同作者

「引人深思又勇氣十足……讀過這本書的人大概很難再用同樣的方式看待世界了。霍夫曼要求我們重新思考神經學和物理學一些最根本的基礎，這些可能正是我們未來想要解答關於現實本質的幾個大難題時最需要了解的事。」

——安娜卡・哈里斯（Annaka Harris），《意識》（Conscious）作者

目錄

世界即意識經驗，意識經驗即世界

洪裕宏
陽明交通大學心智哲學研究所榮譽教授

當你看到一朵花時，你相信眼前有一朵花。問題是當你閉起眼睛時，那朵花還在嗎？大家都聽過王陽明山中之花的故事。山中有一棵樹開花了，如果沒有人看到這朵花，此時這朵花存在嗎？在《傳習錄》中，王陽明答道：「你未看此花時，此花與汝同歸於寂；你既來看此花，則此花顏色一時明白起來，便知此花不在你心外。」王陽明說的「此花不在你心外」有許多不同的解讀。核心問題是你心之外有沒有一個客觀的世界？所謂客觀世界指獨立於意識或心靈而存在的物理世界。霍夫曼這本書就是要回答這個問題。他的結論是世界不在你心之外，所有世界上的東西都是因為有人觀察才存在。山中之花沒有人看時不存在。你眼前的花，在你閉眼時不存在，你一睜開眼睛，它又存在了。這樣的想法看起來違反一般常識。通常我們認為外在世界客觀獨立於我們的感覺經驗。世界物兀自存在，毋需我們的觀察，我們的經驗。

霍夫曼要處理的是哲學的核心問題之一：心物問題（The Mind-Body Prob-lem）。他的觀點比較接近主觀唯心論（subjective idealism），有點像英國經驗論哲學家柏克萊（George Berkeley,

1685-1753）的「存在即被知覺」的說法。不過，霍夫曼有時也說他的想法不是唯心論。唯心論主張個人的感覺、經驗、意識、心靈等是一切事物存在的基礎，是最根本的存在，物理事物都是從意識或心靈衍生出來的。霍夫曼認為世界上根本就不存在物理事物，萬物都是一種意識體，都是非物質，所以不存在由意識或心靈衍生出來的物理事物。

霍夫曼為什麼要提出這麼奇怪的說法呢？他探討這個問題的背後，有兩個動機。其一是「意識的艱難問題（The hard problem of consciousness）。現今主流學界多認為意識是腦的作用產生的，意識是物理現象。可是從上世紀八零年代，意識成為科學界的熱門問題之後，將近四十年來，沒有人能提出令人滿意的答案。主流學界流行物理論（physicalism），也就是現代版的唯物論（materialism）。物理論主張世界最根本的存在是基本粒子，是物質。實在界（reality）中除了物理事物之外，就沒有其他東西了。意識與心靈是大腦的作用。腦神經系統的作用產生意識經驗。當你看到一顆蘋果時，光波打到你的視網膜，產生訊號，再傳到腦中的視覺區，因而產生紅色蘋果的視覺經驗。問題是，沒有人能回答大腦中的神經網路作用如何能產生多采多姿的各種感覺經驗。腦科學只能告訴你美（beauty）的評估，不能告訴你腦如何產生美感經驗。這個難題讓霍夫曼認真思考物理論是錯的，世界最根本的存在不是物質。

其二是量子物理學的衝擊。雙狹縫實驗大家耳熟能詳，微觀粒子如光子、電子等在實驗中會產生干涉現象。如果一次打一個光子，這個光子應該會通過其中一個狹縫。照理說不會產生干涉。但是實驗顯示，即使一次只打一個光子，還是會產生干涉現象。

這表示一個光子會同時通過兩個狹縫。光子打出去之後，以波的方式前進，才可能發生一個光子同時穿過兩個狹縫。如果我們用一個偵測裝置，在光子通過狹縫前測量它會怎麼走法，這時光子的行為就像粒子，干涉現象也消失了。物理學家惠勒（John A. Wheeler），做了一個實驗，在光子通過雙狹縫之後再去偵測它到底走那個路徑。結果發現光子似乎會回到過去，再以粒子的形式走一個路徑，干涉現象就消失了。這個實驗似乎說明了觀察會影響粒子的行為。

薛丁格（Erwin Schrödinger）的貓大家都很熟悉。薛丁格做了一個思想實驗，要你回答密閉盒子裡的貓是活或死。貓有一個機率會吃毒魚而死，也有一個機率沒吃毒物而仍然存活。在不打開盒子的情況下，貓是死是活？薛丁格的答案是既死且活，兩者皆真。但是當你一打開盒子，貓就不是死就是活。觀察會決定貓的存亡。所以有人開玩笑說，好奇心會殺死一隻貓。

在這裡我只舉上述兩個例子，來說明量子力學中觀察的重要性。在本書中，霍夫曼非常詳盡的討論，說明量子力學中觀察的角色與重要性。他想要立論的是，這個現實世界其實是觀察的產物。有點類似惠勒的參與式宇宙的說法，認為我們所經驗到的宇宙是我們的觀察創造出來的，不是客觀獨立存在的宇宙。

如果物理論是錯的，霍夫曼的主張又是怎麼樣？如果不存在獨立於意識經驗的物理世界，我們熟悉的物理世界是我們意識的產物，那麼意識經驗就不會是物理作用的結果。視覺不是大腦作用產生的，所有的感官經驗、情緒、思想和意志等都不是因為腦的作用而發生，而是顛倒過來，意識產生大腦作用。意識產生世界，世界因我們的感覺知覺而存在。所以對霍夫曼而言，腦科學都走錯了方向，不應該去尋找意識的腦神經基礎，而是應該去找腦神經系統的意識基礎。意識是世界（實在界）的最根本存在。萬物的存在和運作要由意識來解釋，物理學認定粒子是最根本的存在是錯的，難怪科學百尋不著意識如何發生，因為意識是最根本的存在，萬物因它而得到解釋。霍夫曼認為，意識是根本存在的假設從量子力學得到支持，因為量子力學支持觀察（意識）產生量子崩現（quantum collapse），從一堆疊加（superposition）的可能世界崩現出我們經驗到的現實世界。所以這個世界是意識的產物。

接下來我們要來看霍夫曼如何一步一步地建立他的理論。首先他從演化論來論述我們所認識的世界不是世界本身。他認為演化論講的是適者（fitness）生存，而不是真者（truth）生存，這就是他的 FBT（fitness beats truth）理論。透過演化而來的知覺系統是追求適合生存，而非真理。他說我們要揚棄一個假定，即我們看到的實在界就是實在界本身的樣貌。他要揚棄形上的實在論（methphysical realism），也就是要揚棄意識經驗正確描繪了物自身（things-in-themselves）的說法。感覺知覺創造了個人的世界（personal reality），沒有公共的世界。

霍夫曼不認為，超過我們的知覺之外，還有物理事物存在 ，也不存在躲在我們的知覺之後，還有一個我們無法理解，無法觸及的世界。因此他的理論有別於康德的實在論。康德主張物理科學只能解釋我們的經驗世界，而且我們所認識的世界是透過十二個先天範疇（概念）而來，至於物自身則超出我們概念所能理解的範圍。我們雖然無法理解物自身，但是物自身的確存在。這點是霍夫曼反對的。

世界存在，但是這個世界是由意識建構起來的，因為意識是最根本的存在。霍夫曼反對的物理論說，世界存在，而且這個世界是由基本粒子建構起來的，因為基本粒子是最根本的存在。為了有別於物理論的實在論，霍夫曼稱呼他自己的理論為意識實在論（conscious realism）。世界由意識子（conscious agents）構成。「agent」的意思有代理人或行為者的意思。在這裡 agent 指具有感覺知覺，能感知到外界，並有行動能力的東西。我類比光子、電子、質子等基本粒子的名稱，將之譯為意識子。意識子是世界的基本要素。

人類是複合的意識子，由許多其他比較簡單的意識子構成。霍夫曼用裂腦研究來說明一堆意識子可以結合成複合的意識子。史培里（Roger Sperry）發現，將連結左右兩半腦的胼胝體切斷，除了可以有效治療癲癇之外，病人原來的自我分裂成二個獨立的自我。對霍夫曼而言，既然二個我可以合成一個我，許多意識子也可以合成一個意識子。

意識子有知覺，它到底感知到什麼？因為世界由意識子構成，所以意識子的感知對象也是意識子。可是意識子不能直接感知到其他意識子本身，而只能感知到其他意識子的圖標（icons）。當我們感知到外在世界，例如花、樹、岩石、狗、人、車子……等，這些東西並不是世界本身的東西，而是有用的圖標。什麼是圖標？霍夫曼用電腦螢幕上的桌面來類比。電腦的桌面上面是一些圖標，它可能代表一個檔案。你可以將它打開或丟進垃圾桶。桌面上的圖標是你使用電腦的介面，這些圖標簡化並效率化你的工作。你不必知道電腦內部怎麼運作。就好比演化的結果只是給你適者不會給你真者，我們不需要感知到世界本身，也不需要假設有個超出我們理解範圍的事物本身，或實在界。意識子感知到其他意識子的圖標，不能直接感知到其他意識子。

這個理論霍夫曼稱之為多重感官使用者介面（MUI）理論。一個意識子的意識知覺經驗就是意識子與外在世界之間的 MUI。換言之，意識經驗就是使用者介面能給你的。當你經驗到石頭，不表示客觀世界有個東西叫石頭，你只是經驗到石頭圖標，也就是使用者介面中石頭的圖標。經驗的對象不是公共的，換言之，你我都看到一杯水時，我們不會看到同一杯水。每個人的 MUI 都是私密的，不存在公共的東西。換言之，意識經驗是私密的，我無法經驗你的痛，反之亦然。每個人都活在自己的私密經驗世界。

最後，我們用日常語言來總結霍夫曼的理論。宇宙好比是一部超級電腦，時間空間就是它的桌面，這個桌面是立體的桌面，有別於一般電腦二維桌面。宇宙萬物就好比是這個三維桌面中的圖標。你的日常生活作息就是在與這些圖標互動。圖標代表什麼，能做什麼事，是演化的結果，這些圖標讓你適於生存，繁殖下一代。至於宇宙超級電腦是什麼東西，如何運作，我們不必知道，也不會知道，我們只活在圖標的世界。就像我們日常使用電腦，有效率地使用圖標，卻不需要知道將一個檔案圖標丟到垃圾桶，電腦中的晶片是如何運作的。所以我們認識的世界不是實在界本身的樣貌。這讓我想起陸九淵一句話：「四方上下曰宇，行古今來曰宙。宇宙便是吾心，吾心便是宇宙」。宇宙就是時空三維介面中我的意識經驗；而我的意識經驗就是世界的全部。這會不會導致獨我論（solipsism）？我是不是孤獨地生活在我自己的私密經驗世界？也許霍夫曼會說他的理論近似萊布尼茲（G.W. Leibniz）的單子論（Monadology），沒有獨我論的問題。這是什麼意思就要留待另一篇導論來討論了。

心靈的本質

謝伯讓
臺灣大學心理系副教授

心靈與意識的本質是什麼？這個已經困擾人類數千年的根本問題，至今仍然是眾說紛紜。

二元論

17世紀的法國哲學家笛卡爾（René Descartes）主張「心物二元論」，他認為心靈是「非物理」的，而非物理的心靈可以透過松果體和物理的身體互動。笛卡兒的二元論不但非常符合直覺，而且和世人害怕死亡、敬畏鬼神、以及渴望透過靈魂延續生命的想法一拍即合，這個主張也因此在世俗世界裡蔚然成風。不過，心物二元論在理論上有著一個致命缺陷：如果心靈在本質上是非物理的，那這種非物理的事物如何可能和物理的身體互動？如果心靈能夠和物理的身體互動，那心靈不也應該是物理世界的一部分嗎？

鑑於此缺陷及其他原由，後來的一些思想家便開始朝向一元論靠攏。一元論，指的就是世界的本質並不是由「物理」和「非物理」的二元事物所構成，而是只有單一一種性質。其中，「唯物論」主張世界的本質是物理，「唯心論」則主張世界的本質是心靈。

唯心論

例如 18 世紀的哲學家柏克萊（George Berkeley）就主張唯心論，他認為整個世界都依賴心靈而存在。柏克萊的名言是「存在即是被知覺」，也就是說，只有被心靈知覺到的事物才會存在，沒有被心靈知覺到的事物則不存在。柏克萊的主張並不主流，因為這和我們的直覺不符。比方說，如果只有被心靈感知到的事物才存在的話，那當我眼睛閉起時，原本在眼前的事物難道就跟著從世界上消失？柏克萊對此的回應是，眼睛閉起時，原本存在眼前的事物並不會消失，因為還有一個全知全能的上帝在感知這個世界。只要上帝仍在感知這個世界，世界就會一直存在。然而，如此訴諸上帝的論證，對於沒有明確宗教信仰的人來說並不討喜，再加上近代科學的啟蒙，一元論中的「唯心論」也隨之逐漸式微。

單子論與雙面論

既然走向「唯心」的極端立場窒礙難行，自然有思想家會想要摒棄極端而改採中庸之道。比方說 17 世紀德國的思想家萊布尼茲（Gottfried Wilhelm von Leibniz）就提出了「單子論」，他認為世界的根本存在是單子（monad），單子並不是物質，而是比物質更基本的實體。包括物質和心靈在內的整個世界，都是由單子構成。

另一個有些類似的理論，是同一時期哲學家史賓諾沙（Baruch de Spinoza）的「雙面論」。史賓諾莎認為世界的根本存在既非物理，也非心靈，更不是許多單子，他主張世界的根本存在就是唯一的實體「上帝」（這裡所謂的上帝，並非一般世人依照自身形象所假想出來的人形神祇，而是某種未知的根本存在）。而這個唯一的實體「上帝」，可以開展出物理和心靈兩個面向，也就是我們的世界。

然而，這種摒棄「極端一元唯心」的單子論與雙面論，其實也算是走入另一種極端：一種欲求雙全的中庸式極端理論。再加上萊布尼茲的「單子」和史賓諾沙的「上帝」概念在本體論上闡述不明且艱深難懂，因此始終沒有成為大眾主流。同一時間，隨著科學發展和人們對大腦生理結構的認識加深，一元論中的另一個極端立場「唯物論」則開始扶搖直上。

唯物論

唯物論的立場鮮明簡單：世界的本質是物理的，心靈只是大腦這個物理系統運作後的產物。20 世紀以降，科學家層出不窮的提出大腦與心靈之間的各種關聯性證據。例如特定的腦區損傷就會造成特定的心靈功能異常，還有直接刺激特定腦區也會直接影響特定認知功能等等。也因此，「唯物論」（又稱「物理論」）迅速竄紅，成為了當代的主流心靈理論。

意識的困難問題

不過，物理論也並非無懈可擊。為什麼大腦這樣的物理系統會產生心靈？究竟是腦中的什麼機制產生了心靈？如果我們用電腦模擬大腦的功能，那電腦也會產生意識嗎？最關鍵的問題是，就算我們最後發現腦中某個神經迴路啟動時就必然會出現意識，我們仍可繼續追問：「為什麼」這個腦中迴路啟動時就會出現意識？主觀的心靈意識經驗，究竟為什麼會從這個神經迴路中蹦出來？這個問題，就是哲學家查爾默斯（David Chalmers）所提出的「意識困難問題」（The hard problem of consciousness）。

畢竟，主觀的意識現象似乎和客觀的物理世界格格不入，而這也是在夜深人靜時，看似主流的物理論仍然會讓人輾轉難眠的原因。

新穎又古老的理論出口

透過上述的心靈哲學歷史脈絡，我們可以看到思想家們由早期的「二元論」，一路開展出五花八門的心靈理論。其中包括融二為一的單子論和雙面論，也包括劍走偏鋒的一元「唯心論」和一元「唯物論」。但令人坐立難安的是，即使是挾著腦科學證據為令牌，當代主流的「物理論」在面對「意識困難問題」時仍是一籌莫展。

就在這樣的背景之下，本書作者、著名的認知科學家霍夫曼（Donald Hoffman）提出了一種不同的理論出口。霍夫曼主張「意識實在論」（conscious idealism），他認為世界的根本存在，其實應該是意識。

霍夫曼的理論靈感來源之一，是來自於他對生物演化的觀察。透過電腦模擬，他發現演化上最有競爭生存力的生物，並不是「最能夠感知到世界真相」的生物，而是「最能透過偏門技巧去趨吉避凶」的生物。換言之，在演化的壓力下，我們的心靈並不一定會看到世界的「真相」，而只是會看到有助於我們生存繁衍的「方便假相」。

以手機上的應用程式小圖示為例，那些小圖示其實只是方便我們去和手機內資訊互動的「介面」，而不是資訊在手機電路以及二進位數字運算下的原始模樣。同樣的，大腦透過感官所建構出來的虛擬世界，可能也只是大腦用來幫助我們與世界互動的「介面」或「方便假相」，而不是世界的本來面目。

如果我們的意識內容只是大腦創造出來和世界互動的「介面」而非「真相」，那世界的本來面目是什麼樣子呢？霍夫曼認為，世界的本來面目，可能是由許多「意識主體」交織而成的一個巨大互動網絡。而大腦透過感官所捕捉到的資訊，就是我們用來和其他「意識主體」的一種互動介面。

霍夫曼的意識實在論，在心靈理論的光譜上比較接近「唯心論」，但是他沒有像柏克萊的唯心論那樣，主張世界的存在必須要依賴上帝的感知。有趣的是，意識實在論和東方佛教傳統的唯識論有幾分神似。有長期正念練習經驗的霍夫曼，或許就是從中獲得了些許靈感。

然而，霍夫曼的意識實在論目前仍不完備，究竟這些意識主體的本質是什麼？意識主體之間如何互動？大腦和感官又是如何捕捉到意識主體網絡中的各種訊息？霍夫曼的這本書，將會開展出更多問題，並且引領出一條新的道路！

給瓦金、諾埃米和卡耶塔諾，
我準備了紅色藥丸。

To Joaquin, Noemi, and Cayetano,
I offer the red pill.

我認為味道、氣味、色彩等等……都存在於意識之中。因此
倘若把生物拿掉，這些性質也會全被抹除，
再不復見。

——伽利略・伽利萊（Galileo Galilei）

不實在的現實

The Case Against Reality

Why Evolution Hid the Truth from Our Eyes

演化如何隱藏真相
塑造我們的時空知覺

序

你的眼睛今天會救你一命。有了眼睛的指引，你才不會從樓梯上下來、跳到高速行駛的瑪莎拉蒂跑車前面、伸手去抓響尾蛇的尾巴，或者把發霉的蘋果拿起來吃。

為什麼我們的眼睛和其他所有感官都是可靠的嚮導？我們多數人都有一種直覺：它們告訴我們的是真相。我們假定，真實世界是由空間和時間裡的汽車、樓梯和其他東西共同組成的。就算沒有觀察者，它們依然存在。我們的感官不過就是用來窺看這種客觀現實的窗口。我們假定，我們的感官並沒有向我們展示客觀現實的全盤真相。有些事物太小了，或者太遙遠了。在極少數情況下，我們的感官甚至還會犯錯——藝術家、心理學家、電影攝影師等等人士都能創造錯覺來唬過感官。不過在一般情況下，感官都能呈報必要的真相，讓我們得以平安過日子。

為什麼我們的感官是為了揭露真相？一樣的道理，我們都有一種直覺：演化。我們的祖先當中，對現實的看法比較準確的人，比不準確的人有優勢，特別是在覓食、打鬥、逃跑、交配這類生死攸關的事情上面；於是，他們的基因就比較能傳遞下來，其中帶有較準確知覺的編碼。我們就是各個世代中，能更準確看見客觀現實的那些人的後裔。所以我們有信心自己的看法是準確的。簡而言之，我們的直覺就是，愈真實的知覺就是適應度愈高的知覺。演化把不真實的知覺淘汰了。所以我們的知覺成了眺望客觀現實的窗口。

以上直覺都是錯的。我們對蛇和蘋果、甚至對空間和時間的知覺，並沒有披露客觀現實。這不是說我們對哪個細節的感知有錯，而是用來描述空間和時間裡的物的語言本身，就是不適合拿來描述客觀現實的。這不是直覺，這是天擇演化的一項定理，顛覆了我們的直覺。

我們的知覺會誤導我們對客觀現實（不論整體還是局部）的認識，這個想法由來已久。德謨克利特（Democritus）在公元前 400 年左右提出一項著名的主張，表示我們對熱、冷、甜、苦和色彩的知覺都不是現實，而是成規。[1] 幾十年後，柏拉圖把我們的知覺和概念，比作一種看不見的現實投射在洞穴壁面上的搖曳暗影。[2] 此後哲學家就針對知覺和現實之間的關係不斷辯論，而演化論為辯論內容注入了新的嚴謹性。

倘若我們的感官並不能告訴我們客觀現實的真相，那麼它們又怎麼能夠有用——怎麼能救我們的命？下面這個隱喻可能對我們的直覺有幫助：假想你正在寫一封電郵，它的檔案圖示是一個藍色的矩形，就位於你電腦螢幕的正中央。這是否表示，那個檔案本身就是位於你電腦中央的一個藍色矩形的東西？當然不是了。圖示的顏色並不是檔案的顏色，檔案並沒有顏色。圖示的形狀和位置，並不是檔案真正的形狀和位置。事實上這個說出了形狀、位置和顏色的語言，不能用來描述電腦檔案。

序

電腦螢幕介面的目的，並不是要讓你看見電腦的「真相」——就這個隱喻來說，所謂的「真相」其實是電路、電壓和一層一層的軟體。介面的目的反而是要隱藏「真相」，只顯示簡單的圖形，好幫助你執行有用的工作，好比撰寫電郵、編修照片等。倘若你必須切換電壓才能撰寫電郵，你的朋友大概就永遠收不到你的信了。

這就是演化辦到的事。它賦予了我們能隱藏真相的感官，這些感官只會顯示生存所需的簡單圖示，讓我們存活得夠久，能把後代養大。你環顧四周時見到的空間，只不過是你的電腦桌面——三維的桌面。蘋果、蛇和其他的物，只是你的三維桌面上的圖示。這些圖示之所以有用，部分原因是它們隱藏了客觀現實的複雜真相。你的感官為你演化出你需要的能力。你或許會想知道真相，不過你並不需要真相；感知真相會導致我們這個物種走上滅絕。你需要的是能告訴你該怎樣行動來活下去的簡單圖示。知覺並不是望見客觀現實的窗口，而是一個介面，像一層由許多有用的圖示構成的面紗，把客觀現實藏在後面。

「可是，」你可能會問，「要是那輛高速行駛的瑪莎拉蒂只是你介面上的一個圖示，你幹嘛不跑到它前面去試試看？等你死了，我們就能證明汽車不只是一個圖示。它是真的，而且真的會撞死人。」

我不會跳到高速行駛的汽車前面，原因和我不會隨隨便便把我的藍色圖示拉進垃圾桶的道理一樣。我並不是把圖示當成圖示來看——那個檔案並不是藍色的。但是我會把它當真：我要是把圖示拉到垃圾桶，可能我的工作成果就沒了。

重點在這裡。演化塑造我們的感官好讓我們活下去，我們當然就必須把感官當真：你要是看到一輛瑪莎拉蒂高速開過來，別跑到它前面去；你要是看到一顆發霉的蘋果，別拿來吃。不過你要是這樣就以為，我們既然必須把感官當真，就有必要——甚至理所當然地——相信感官告訴我們的都是真的，這就犯了邏輯的錯誤了。

我把我的知覺當真，但並不會以為它告訴我的就是真。這本書就是在講，為什麼你也應該這樣做，還有這樣做為什麼重要。

我會解釋演化為什麼把客觀現實隱藏起來，卻賦予我們一種介面來處理空間和時間中的物。我們會一起探討這種違反直覺的想法，如何與同樣違反直覺的物理學發現兩相吻合。我們會檢視我們的介面如何發揮作用，還有我們如何透過化妝、行銷和設計來操弄這個介面。

在第一章，我們要面對科學最重大的未解之謎——你的感官經驗：黑巧克力的味道、碾碎蒜頭的氣味、小喇叭的聲音、厚毛天鵝絨的觸感，還有紅蘋果的模樣。神經科學家已經發現這類意識經驗和腦活動之間的眾多關聯性，他們知道我們的意識能用手術刀對切成兩半，這兩半可能表現出不同的性格，有不同的好惡和宗教信仰，可能有一半是無神論者，另一半信上帝。不過儘管這方面的資料很多，我們依然尚未建構出腦活動如何產生意識經驗的可靠理論。這項令人難以接受的失敗，指出了我們的假設是錯誤的。在尋找問題根源的過程中，我更仔細地審視了天擇如何塑造我們的感官。

這種塑造有個明顯的例子，就是我們對美的感受。第二章我們要經由演化的透鏡來探索美和吸引力。你只要瞄別人一眼，就會馬上——而且是不自覺地——讀取數十種感官線索，並運用演化創造出來的複雜演算法加以處理，由此判定一件事：生殖潛力——

這個人能成功養育後代的可能性。你的演算法在剎那間就能以一個單純的感受——從覺得性感到完全無感——完成複雜的分析並達成結論。我們會在這一章探究人類眼中美的具體線索。男性覺得虹膜較大、瞳孔較大的大眼睛女性比較迷人，最好鞏膜（眼白部位）帶點藍色，有清楚分明的角膜緣環（limbal ring），這是虹膜和鞏膜間的深色界線。女性想要的就比較複雜，而且很耐人尋味，我們後面會更仔細探討其中的內容。我們審視自己對美的感受時，也在吸收演化的關鍵概念，學習有用的技巧來修飾儀容，並探索天擇的邏輯——包括促使我們藉由修飾儀容來欺瞞別人的邏輯。

許多研究演化和神經科學的專家認為，感官經過演化，能告訴我們客觀現實的真相。倒不是全方位的真相——只是為了滿足我們撫育下一代的需要。我們會在第三章聽聽這些專家怎麼說，其中有和詹姆斯·華生（James Watson）共同發現 DNA 結構的法蘭西斯·克立克（Francis Crick），我在克立克死前的十年間和他通過多次信，他在信中說我們的知覺和現實相符，太陽在有人看到它之前就已經存在。我們也會聽取麻省理工學院教授大衛·馬爾（David Marr）的說法，他結合神經科學和人工智慧的發現，改變了人類視覺的研究。馬爾在他的精采著作《視覺計算理論》（Vision）中表示，演化讓我們能夠見到客觀現實的一種真實描述。馬爾是我的博士論文指導教授，不過他 35 歲就過世了；他影響了我的早期觀念，以及這整個領域在這個主題上的種種看法。我們也要看看羅伯特·崔弗斯（Robert Trivers）的說法，這位見識卓越的演化理論學家相信，演化讓我們的感官能夠準確感知現實。長久以來哲學家一直在思考：「我們能不能相信感官可以告訴我們現實的真相？」很多出色科學家的答案都是：「能。」

第四章，我們要看看答案是「不能」的情況。我們會深入探討令人震驚的「適者勝真者」（Fitness-Beats-Truth, 簡稱為 FBT）定理，這個定理是說，天擇演化不利於真實的知覺，而是會常態性地使物種滅絕。實情是，天擇有利於能隱藏真相、導向有用的行動的知覺。這一章我們不透過方程式和希臘符號，來探索演化賽局理論這個新領域，把達爾文的理論轉變成精確的數學，從而推導出這個驚人的定理。我們會看到演化賽局的電腦模擬結果，確認了適者勝真者定理預測的結果。我們從遺傳演算法的模擬當中更進一步，確認了知覺和行動有共同演化現象。

適者勝真者定理告訴我們，人類知覺的語言——包括空間、時間、形狀、色調、飽和度、亮度、質感、味道、聲音、氣味和運動——無法用來描述沒有人觀看時的現實原貌（reality as it is）。問題不是哪個知覺出了錯，而是當成語言來表達時，所有的知覺都不可能是對的。

想到這裡，我們的直覺要崩解了：如果感官並不會告訴我們事實真相，那感官怎麼會有用？在第五章，我們要借用一種介面的隱喻來幫助我們的直覺。空間、時間和物質都不是客觀現實，只不過是我們的感官傳達出來的虛擬世界，目的是幫助我們玩生命這場遊戲。

「這個嘛，」你可能會說，「如果你要說空間、時間和物質都不是客觀現實，那麼你就闖入了物理學的地盤，物理學家會很樂意糾正你。」我們在第六章會發現，許多著名的物理學家承認，空間、時間和物質都不是最根本的存在，並不斷苦思可能是哪些別的東西。有人說，時空——時間和空間的結合體，愛因斯坦相對論的要件——理論不行了。[3] 他們說那是由資訊構成的一種全像圖（hologram）。也有人說現實依不同的觀察者而異，還有人說宇宙的歷史不是固定的，取決於當下觀察的對象。物理學和演化指向同一個結論：時空和物質不是根本的，另有更根本的東西，時空是從那裡浮現出來的。

倘若時空並不是預先存在的、讓宇宙大戲得以搬演的舞臺，那什麼東西才是？到第七章，我們要談的事情更加匪夷所思：時空只是一種為了讓我們活下去的資料格式——就像你的行動裝置的資料結構。感官向我們回報怎麼樣才能成為適者，報告中只要出現一個錯誤，就可能毀掉你的生命。所以我們的感官使用「錯誤校正碼」（error-correcting codes）來偵測並校正錯誤，時空只是感官用來回報適應度收益（fitness payoffs）並校正其中錯誤的一種格式。為了了解這一點，我們會透過一些視錯覺來發現自己如何自動校正錯誤，接著把這些原理運用在服裝上：我們可以藉由精心改動的縫線、口袋、修飾和刺繡來操控視覺碼，幫助男性和女性把牛仔褲穿得更好看。

接下來要談到色彩。從晴朗天空的清新藍色，到春草生機蓬勃的綠，五光十色的世界是大自然的饋贈，是眼中四種感光受體給我們的禮物。不過長得像野生芥菜的小型雜草阿拉伯芥（*Arabidopsis thaliana*）卻有 11 種感光受體；[4] 在地球上生存了起碼 20 億年的低等藍菌類群（cyanobacterium），其中一種有27種之多。[5] 在第八章，我們發現色彩是一種攸關適應度的訊息代碼，很多物種都會使用，這種代碼非常適合壓縮資料，就像你用簡訊傳照片給朋友之前先壓縮一樣。色彩能觸發情緒，勾起記憶，藉此引導我們的行動，強化我們的適應度。企業懂得駕馭色彩的威力，把它當成品牌推廣的工具，還會把某個色彩當成智慧財產來竭力捍衛。不過即使色彩有這麼強大的效能和感染力，研究證明「色質」（chromature，指帶有質地的色彩）遠比色彩本身用途更廣，威力也更大，而這在演化上有很充足的理由。色質可以設計來觸發特定情緒，引發特定聯想。你要是了解我們的適應度代碼，就能在心智上加以破解，掌握有利的局面。

不過演化賦予我們的適應度感官代碼還沒有完工。演化仍繼續在我們這個勤奮的物種身上實驗全新的介面。我們當中有 4% 的人是聯覺者（synesthete），他們對世界的感受異於常人。我們會認識麥可．華生（Michael Watson），他能用雙手感受東西在嘴裡的味道，他嚐到留蘭香的時候，感覺到的是清涼、高大的玻璃柱，安格仕苦精（angostura bitter）感覺像「一個吊籃的常春藤」。每種味道都對應一個立體的物，在他嚐到味道的那一刻出現，不再嚐味道時，物就消失。有的聯覺者見到的每個數字、字母、星期幾或月份都各有專屬色彩，而且特別擅長分辨色彩。

知覺看似毫不費力，但實際上需要相當多能量。你用在知覺上的每一分寶貴熱量，都是必須從對象身上找到並取得的——或許是一顆馬鈴薯，或者是一隻暴跳如雷的牛羚。熱量可能很難取得，又要冒著危險，所以演化把我們的感官塑成吝嗇鬼，其中一項後果我們在第九章會發現，那就是視覺會抄捷徑：你只能在一個細小的圓窗範圍內看見銳利的細節，半徑相當於你一臂距離之外的大拇指寬。你閉上一隻眼，看一下豎起的大拇指，你就知道那個範圍有多小。我們自以為能看見整個視野內的細節，然而我們被騙了：我們目光所及的每個地方，都落在那個小小的清晰窗口內，所以我們誤以為能看見所有東西的細節。其實你的感覺介面只在那個小窗口內建構了適應度收益的細部報告，這份關鍵報告以實體對象的形狀、色彩、質感、運動和本體性（identity）做為內容格式，你一眼就能創建出一個合宜的對象——也就是你對收益的描述；再瞥一眼，你就能把它摧毀並創建出另一個對象。你的廣闊視野引導你的眼睛關注哪裡有重要收益必須回報，於是那就成了你要創建的某個對象。我們探討支配注意力的規則、如何應用這些規則於行銷和設計，以及當一則廣告無視這些規則時，如何可能在無意間幫對手促銷。

假使我們的感官把現實隱藏在介面之後，那麼那個現實是什麼？我不知道。不過在第十章，我們要探索一個觀念，那就是意識經驗是最根本的存在。你照鏡子的時候，你看到的是皮膚、頭髮、眼睛、嘴唇和你臉上的表情，可是你知道在你的臉後面還有一個豐富得多的世界：你的夢想、恐懼、政治立場、對音樂的愛好、文學的品味、對家人的愛，以及對色彩、氣味、聲音、味道和觸感的體驗。你看到的臉只是一個介面，在它後面，是由你的經驗、選擇和行動構成的鮮明世界。

或許宇宙本身就是由眾多能體驗、做決定和行動的意識主體（conscious agent）所構成的龐大社會網絡。果真如此的話，意識就不是從物質產生的；這是我們後面會詳加探究的重大主張。事實上，物質和時空都是從意識產生的一種知覺介面。

這本書把紅色藥丸拿到你面前了。[6]要是你能接受未來虛擬實境技術必定能創造出令人信服的體驗，而且和你摘下頭戴裝置之後的體驗是完全不同的，那麼你又何必那麼肯定摘下頭戴裝置時，你看到的是現實的原貌？本書的目的就是幫你摘下另一副頭戴裝置，你並不知道自己一直戴著它。

第一章

謎團
分割意識的手術刀

「像意識狀態這般卓絕的事物，怎麼可能是刺激神經組織產生的結果，這和阿拉丁摩擦神燈冒出精靈同樣無從理解。」

——湯瑪斯·赫胥黎（Thomas Huxley），《生理學與衛生學要素》（The Elements of Physiology and Hygiene）

「『一種動作變成了一種感覺！』——我們的嘴唇所能構築的語句，沒有一個例子這麼欠缺可理解的意涵。」

——威廉·詹姆斯（William James），《心理學原理》（The Principles of Psychology）

1962 年 2 月，約瑟夫·博根（Joseph Bogen）和飛利浦·沃格爾（Philip Vogel）把比爾·詹金斯（Bill Jenkins）的大腦對半切開了——這是蓄意的、步驟嚴謹的，而且是預先仔細設想好的。詹金斯當時快 50 歲，手術康復之後過了一段多年來未曾享有的高品質生活。往後十年間，博根和沃格爾在加州分割一個又一個腦子，兩人也因此得到「西岸屠夫」的稱號。[1]

接受他們開腦手術的患者，每個都得了嚴重的頑固型癲癇症，異常神經活動在腦子裡四處亂竄。當時最好的藥物對這些患者都沒有幫助，導致他們只能任由癲癇發作、抽搐，或「墜落性發作」（drop attack）——突然喪失肌肉張力，往往會跌倒受傷。他們無法過正常生活：不能駕車、工作，晚上也不能放心去看球賽。日常生活變成了苦差事，還隨時會發生恐怖的插曲。

博根和沃格爾是南加大和加州理工學院的傑出神經外科醫師。他們大膽嘗試切斷癲癇患者的左右腦連結，把荼毒他們生活的異常神經活動隔絕在外。

手術很細膩繁複，不過理念很單純。人腦有 860 億個神經元，使用一種電化學方言來交談，就像一個浩瀚的社會網絡，每個成員都會追蹤別人，也都被別人追蹤，彷彿在推特上發文、轉推一樣，各自表現獨特風格。每個神經元都取道軸突來推文，經由樹突來追蹤。這個網絡儘管具有高度複雜性，一般都很穩定，也讓訊息都能循序流動。不過就如同汽車碰撞會造成混亂，一旦漣漪擴大，還會干擾城市交通車流，同樣的道理，腦中突然過量的異常信號，也會干擾電化學訊息在腦中的流動，觸發癲癇、抽搐，以及意識喪失。

博根和沃格爾想要設法遏止這些災難性的漣漪漫過大腦。所幸，腦本身的解剖結構裡就有一個適合下手的位置和方法。大腦分為左右兩個半球。每個半球都有 430 億個神經元。神經元的軸突像樹枝那樣分支出去，相互之間形成數以兆計的連結。不過，相較於半球內部繁茂的交互連結，兩半球之間只以一條細小的纜索相連，稱為胼胝體（corpus callosum），軸突數量只略超過 2 億個，相當於每個半球間軸突要對應 200 個半球內軸突。這道瓶頸構成一處理想的切割位置，可遏阻令人衰弱的漣漪從一個半球傳播到另一個。無可否認，這種作法很粗暴，就像為了制止電腦病毒從歐洲傳到美洲，而把跨大西洋海底電纜切斷一樣。不過分流是必要的。博根和沃格爾決定讓一個半球承受癲癇的怒濤，期盼另一半球，還有病患，能夠少受點苦。

這項手術的專業術語稱為「胼胝體切開術」（corpus callosotomy），俗稱「裂腦手術」（split-brain operation），臨床上很成功。往後十年，詹金斯不再發生墜落性發作，而且只出現了兩次全身性抽搐。其他患者也得到類似的緩解，其中一位多年來第一次能到球場看球，另一位則是找到人生第一份全職工作。胼胝體切開術很快就擺脫了「西岸屠宰術」稱號，變成「一種可能的新療法」。

我在 1995 年第一次見到博根時，我們的討論主題並不是他的手術如何成功，而是患者的意識受手術觸發的奇特改變。博根原已受邀前往亥姆霍茲俱樂部（Helmholtz Club）的一次聚會上發表演說，這是由一小群神經科學家、認知科學家和哲學家組成的小社團，多年來都在加州大學爾灣分校舉辦例行月會，目的是探索神經科學的進步如何催生有關意識的科學理論。我們選在爾灣見面，因為這個校區剛好在中間點，對於來自四面八方，從北邊的加州理工學院、南加州大學以及加州大學洛杉磯分校，到南邊的加州大學聖地牙哥分校和索爾克研究所（Salk Institute）的會員都很方便。聚會是祕密進行的，因為俱樂部裡有一位名號響亮的會員，怕吸引閒雜人等前來干擾，那位就是法蘭西斯·克立克，長年將他的高超智慧投注在研究意識的奧祕。我們的會議一開始先在爾灣分校的大學俱樂部（University Club）享用自助午餐，接著一整個下午都待在一間私人會議廳裡面，拷問兩位受邀講者到六點鐘，然後休會前往一家餐廳，通常選在南海岸購物中心（South

Coast Plaza）附近，之後繼續討論到深夜。

意識的奧祕是亥姆霍茲俱樂部的研討焦點，也是博根那次演講的主題，基本上就是要了解人類自身的奧祕。就像其他物體，你的身體同樣有位置、質量和速度等物理屬性。倘若你的身體和一塊石頭同時從比薩斜塔上墜落——但願不會——你們兩個會同時撞到地面。

但另一方面，人和石頭在兩個關鍵層面上不一樣。首先，我們有感覺。我們能品嚐巧克力、會頭疼、聞得到大蒜味、聽得到小喇叭聲、會看到番茄、會暈眩，還會享受性高潮。倘若石頭有性高潮，它們並沒有表現出來。

其次，我們有「命題態度」（propositional attitude），好比我們相信，石頭不會頭痛、不會怕股價下跌、不會希望去大溪地度假，不會納悶克里斯怎麼不打電話來。這些態度讓我們能預測並詮釋我們自己和別人的行為。你要是很想去大溪地度假，也相信你會需要一張機票才去得成，那麼你就大有可能去買機票。你的命題態度預測、解釋你的行為。要是克里斯打電話來，說明他明天早上九點會搭火車抵達，那麼你對克里斯的「命題態度歸因」——他希望並打算搭火車——讓你得以預測明天早上九點他會在哪裡，這樣確實比去獲知他身上每個粒子的狀態更加方便有效。

和石頭一樣，我們也擁有如假包換的物理特性。不過我們擁有意識經驗和命題態度，這就有別於石頭。這些也算物理學的範疇嗎？如果是，那就不是很好懂了：暈眩的質量為何？頭痛的速度呢？或者納悶克里斯怎麼不打電話的位置呢？這每一種情況，問題本身似乎都帶了混淆，還顯得文不對題。暈眩並不是可以拿來秤重的東西；納悶也不帶有空間的座標；頭痛沒辦法用雷達測速槍來測量。

不過意識經驗和命題態度是人類本質的要素。刪除它們，我們就喪失了我們的自我。殘留的身體將如行屍走肉般度過無意義的一生。

所以，你是什麼樣的生物呢？你的身體和你的意識經驗與命題態度之間存有什麼樣的關聯性？你的印度奶茶經驗和你腦中的活動有什麼關聯？你只是一種生化機器嗎？如果是，那麼你的腦子如何產生你的意識經驗？這個問題和個人切身相關，而且非常深奧難解。

德國數學家和哲學家哥特佛萊德．萊布尼茲（Gottfried Leibniz）在 1714 年了解到這個謎團；「然而，我們必須承認，知覺以及依賴於它的事物，全都無法以機械原因來解釋，也就是說，無法以圖形和運動來解釋。假設有一臺機器，其結構產生思想、感覺和知覺，我們可以設想它的尺寸以相等比例加大，最後某人就能進入它的內部，就彷彿進入磨坊那般。現在問題來了，那個人進到裡面之後，只會發現彼此交互運作的零件，卻始終找不到任何能解釋知覺的東西。」[2]

萊布尼茲發明了很多種機器，包括時鐘、燈、泵、螺旋槳、潛艇和液壓沖床。他製造了一臺機械計算器，稱為「步進計算器」（stepped reckoner），能做加、減、乘、除等數字運算，得數最多可達 16 位數。他認為，人類推理作用原則上都能以計算型機器來模擬。不過他認為機器並沒有辦法產生知覺體驗。

英國生物學家湯瑪斯．赫胥黎（Thomas Huxley）在 1869 年對這個謎團深感不解：「像意識狀態這般卓絕的事物，怎麼可能是刺激神經組織產生的結果，這和阿拉丁摩擦神燈冒出精靈同樣無從理解。」[3]

赫胥黎是解剖學和神經解剖學專家。他拿人腦與其他靈長類的腦子比較，表明兩者的結構相似性支持達爾文的人類演化理論。然而他在腦中卻找不到任何證據，可以解釋意識經驗究竟如何生成。

美國心理學家威廉·詹姆斯（William James）在 1890 年探究意識謎團時曾讚嘆道：「『一種動作變成了一種感覺！』——我們的嘴唇所能構築的語句，沒有一個例子這麼欠缺可理解的意涵。」他認同愛爾蘭物理學家約翰·丁達爾（John Tyndall）的觀點，即「從腦物理學到相對應的意識事實，這種轉變是完全不可想像的。」[4] 佛洛伊德被這個謎團弄糊塗了：「關於我們所說的精神或心理生活，我們知道兩件事情：首先是它的身體器官……其次則是我們的意識行為……就我們所知，它們之間並沒有直接關係。」[5] 詹姆斯和佛洛伊德對人類心理學提出了深刻的見解，而且他們了解，心理學和神經生物學是相關的。不過他們並沒有提出理論來解釋腦活動是如何導致意識體驗，也不知道該如何解開這個謎團。

意識仍然是科學的最大奧祕之一。《科學》期刊在 2005 年的一期特刊中，列出了科學最重大的 125 道未解問題，榜首是：宇宙是由什麼構成的？這一題第一名當之無愧，因為如今宇宙間 96% 的物質和能量都是「暗」的，意思是我們對此全然無知。

亞軍是：意識的生物學基礎是什麼？這就是亥姆霍茲俱樂部探究的問題，也是全世界各地的研究人員仍在設法解答的謎團。

請注意《科學》期刊如何陳述這道問題：意識的生物學基礎為何？它披露了多數研究人員所料想的那種答案——意識有生物學基礎，意識是某些類型的不明生物學歷程導致、或是從那些歷程中浮現、或者等同於那些歷程。基於這項假設，目標就是找出生物學基礎並描述意識如何由此生成。

克立克的實用假說（working hypothesis）是，意識有一種神經根源。這是他的說法：「所謂驚異的假說（Astonishing Hypothesis）就是，「『你』，你的快樂和悲傷、你的記憶和抱負、你的個人認同感和自由意志，實際上都不過是大量神經細胞和它們的相關連分子的行為……『你只不過是一堆神經元。』」[6]

這就是亥姆霍茲俱樂部的實用假說，也因此我們受邀前來的許多講者，如博根，全都是神經科學專家。我們尋覓線索來引領我們找到關鍵神經細胞和分子，藉此來破解意識的奧祕。就像挖掘現場的古生物學家，我們遍尋我們的講者所做研究，希望發掘出高明見識來解釋為什麼某些物理系統是有意識的，有些就沒有。

我們這個希望並非毫無根據。好幾個世紀以來，生物學家尋覓某種機制來解釋，為什麼某些物理系統是活的，其他的卻不是。不過生機論者（vitalist）主張，生物和無生命的東西有根本上的不同，主張這種探尋注定要失敗，因為，他們認為，你不能從物理世界的無生命成份創造出生命；這還需要另一種特殊的非物理成份，一種生命活力。生機論者和生物學家的爭論一直持續到 1953 年，華生和克立克 發現了 DNA 雙螺旋，證明生機論者錯了，才告一段落。DNA 結構以它的四字母代碼和複製特性，出色地解答了如何從純粹物理成份以機械手段孕育出生命的問題。它把分子生物學這個年輕領域，與達爾文的天擇演化理論自然地結合起來，從此賦予我們了解生命演化的工具，破譯了數十億年來漫長曲折的歷程，並創造出讓我們得以隨心所欲重新設計生命的技術。機械物理主義對生機論的勝利是決定性的。

受到這項勝利的驅使，亥姆霍茲俱樂部料想，一旦時機成熟，意識就必須屈從於一種以神經科學語言傳達的機械式解釋，並為科學探索和技術革新開啟一片新視界。1993 年，克立克在俱樂部午餐會上告訴我他正在寫一本書，書名是《驚異的假說》（The Astonishing Hypothesis），內容談的是神經科學和意識。「你能不能解釋，」我請教他，「神經活動如何引發意識經驗，例如我對於紅色的體驗？」「不能，」他答道。「如果你可以任意編造生物學事實的話，」我追問，「你覺得你是否想得到任何一個答案來解釋這個難題？」「不行，」他回答，不過他說，我們必須繼續在神經科學的研究上努力，直到得到的發現能披露解答為止。

克立克說得對。既然沒有數學來提出相反證明，又有 DNA 這個了不起的先例，明智的作法就是尋找神經科學界的雙螺旋——找到像這樣的關鍵事實，就能披露意識的奧祕。說不定我們的意識網絡，包括我們的夢想、志向、恐懼，我們的自我意識和自由意志感受，都是經由一種我們沒有預見的非凡機制，以一批批神經元共同織造而成。我們設想不出這種機制，並不能排除真有這樣的機制。或許我們還不夠聰明，實驗能告訴我們單憑空想推估不出的事。畢竟我們會投資做實驗，是因為實驗往往能帶來驚喜。

例如，可以想一下神經生物學家羅傑·斯佩里（Roger Sperry）的裂腦患者實驗。這些實驗揭露了好幾件有關人類意識的驚奇之處。在一次實驗中，有個人盯視螢幕中央一個細小十字架。接著在螢幕上閃現幾個字，好比「鑰匙圈」，並維持十分之一秒，其中「鑰匙」位於十字架左側，而「圈」位於右側——像這樣：鑰匙 + 圈。

要是你問普通觀察者看到了什麼，他們都會說是「鑰匙圈」。

這件事很簡單。十分之一秒就足夠閱讀那幾個字。

不過你問裂腦患者，他們會說「圈」。你要是問：「是哪種圈？是婚戒、橡皮圈，還是鑰匙圈？」他們仍堅稱是「圈」。他們說不出是哪種圈。

接著你把裂腦患者的雙眼蒙住，然後拿出一個盒子，裡面裝滿東西：一個戒指、一把鑰匙、一枝鉛筆、一把湯匙、一個鑰匙圈等等。你在螢幕上顯示一個東西的名稱，要那位患者把左手伸進去取出那樣東西。他們的左手在盒子裡面摸索，撿起又放下，直到找到要找的東西為止。當左手終於從盒子裡抽出來，裡面握著的總是一把鑰匙。摸索時，他的左手可能碰到過鑰匙圈，但沒有拿。

蒙眼患者的左手退出盒子之後，你問他「你左手握著什麼東西？」他會說他不知道。「可以猜猜看嗎？」他會猜幾樣能裝進盒子裡面的小東西，好比鉛筆或者湯匙。不過除非巧合，否則他們都猜不對。

接著你要蒙住雙眼的患者把右手伸進盒子，取出名稱顯示在螢幕上的東西。他的右手會取出一個戒指。右手摸索時有可能碰觸並放下鑰匙圈。若是你問蒙眼患者，「你的右手握著什麼東西？」他會很有自信地正確答道「（戒指）圈」。

接下來，患者兩手還各握著一樣東西的時候，你取下他的眼罩，讓他看看兩手，問他：「你說你看到圈（戒指）這個詞。那麼為什麼你的左手握著一把鑰匙？」患者要嘛說不知道，不然就是瞎掰一段合理化的虛構情節。接著你問他：「能不能請你用左手畫出你看到的東西？」他們畫了一把鑰匙。

斯佩里為這類實驗提出的解釋，讓他同獲 1981 年諾貝爾生理學與醫學獎。

斯佩里的解釋很簡單又很深刻。當你盯著「鑰匙＋圈」裡面那個十字，眼睛連接腦子的神經通路只向右半球發送「鑰匙」，而且只向左半球發送「圈」。胼胝體完整無缺時，右半球就會接著把「鑰匙」告知左半球，左半球也會把「圈」告知右半球，於是那個人就會看到「鑰匙圈」。

若胼胝體被切斷，那麼兩半球就不再能取得聯絡。右半球看到「鑰匙」，左半球看到「圈」，兩半球都沒有看到「鑰匙圈」。左半球能說話，右半球不能，（不過飆髒話例外，這一點在某些情況下特別明顯，好比左半球中風患者沒辦法講話，卻能飆罵連連）。所以，倘若裂腦患者被問到：「你剛才看到了什麼？」，左半球就會回答，「圈（戒指）」。

左半球負責感受並控制右手。若患者被問到：「請用右手拿起你看到的東西。」左半球就會指引右手拿起它看到的東西：圈（戒指）。

右半球負責感受並控制左手。若患者被問到：「請用左手拿起你看到的東西，」右半球就會指引左手拿起它看到的東西：一把鑰匙。如果問他：「你的左手拿著什麼東西？」患者說不出來，因為只有右半球知道，而只有左半球能講話。

「驚異的假說」提出了一項令人信服的解釋：倘若意識是從一組神經元的交互作用生成，那麼分割那個群組——以及它們的交互作用——也就可以分割意識。

對於未受培訓的直覺來說，意識似乎不太可能用手術刀來分割。分割我的感覺、我的知識、我的情緒、我的信念、我的性格，還有我的自我，會是什麼意思呢？我們多數人都會覺得這種理念很荒唐。不過對斯佩里而言，經過多年的嚴謹實驗之後，證據十分明確：「實際上我們看到的證據支持這個觀點，那就是非優勢半球是很具有意識的，此外，分開的左、右半球有可能同時具有意識，不過它們平行運作時的心智體驗很可能各不相同，甚至互相衝突。」[7]

支持這項結論的證據持續增加。有一名患者的兩個半球有不同的生涯目標：左半球說它想成為一名「繪圖師」，而右半球則用左手在拼字板上寫道它希望參加「賽車」。[8]另一位患者，左半球用右手把襯衫鈕扣扣上，右半球馬上用左手把鈕扣解開；右手點了一根香菸，左手就把它摁熄。顯然在同一顆頭顱裡面，比鄰住了好惡迥異的兩個人，有時還會吵架。

半腦間的差異有時會超越個人層級，進入神學領域。神經科學家維萊亞努爾·拉馬錢德蘭（V. S. Ramachandran）研究過一位患者，他虔誠的左半球篤信上帝，右半球卻不是這麼回事。[9]當喪鐘響起，兩半球來到天國之門，聖彼得會需要找所羅門王幫忙嗎？還是博根的手術刀用的已經是所羅門王的殘酷解決方法？這是未來神經神學的棘手問題。

我們是什麼樣的生物，怎麼我們的信念、慾望、性格，說不定還包括我們靈魂的命運，竟然都能以手術刀來分割？我們為什麼有意識？什麼是意識？神經科學能不能破譯人類意識的永恆奧祕？在非個人領域方面，科學的探照燈已經披露了種種真知灼見——黑洞、束縛的夸克、緩慢移動的板塊——如今已開始轉往對我們來說最重要的地方：我們意識上的信念、慾望、情緒和感官經驗等與個人切身相關的世界。我們是否能夠瞥見甚至理解自我？這是意識科學追求的一個遠大目標。

要達成這個目標，會需要高明的實驗設計和些許機緣。許多實驗都在尋找神經活動和意識之間的相關性，期盼一旦尋獲愈來愈多的相關性，就會出現關鍵發現來解開意識的奧祕，如同雙螺旋破解生命的奧祕一樣。

我們知道腦部的特定活動，與特定的意識（以及潛意識）心理狀態相關。前面討論過，整個左半球的活動（倘若動手術來與右側斷開聯繫）都與一整套與右側活動截然不同的意識狀態組合相互關連。不過在更精細的神經組織層級，我們發現了大量耐人尋味的相關性。

舉例來說，顳葉 V4 腦區的活動和色彩的意識經驗相關。[10] 左半球 V4 區中風會讓患者的右半視野色彩感應失能，這種病症稱為半色盲（hemi-achromatopsia），患者盯著紅蘋果中央時，在他眼中，蘋果的左半部會是紅的，右半部是灰的。倘若中風損壞的是右半球的 V4 腦區，則那顆蘋果的右半部看來就是紅的，左半部則是灰色。

正常人能藉由跨顱磁刺激（transcranial magnetic stimulation, TMS）短暫進入半色盲色彩世界。TMS 是由擺在頭皮近處的強磁體引發，磁體磁場可以設定來強化或削弱附近大腦區域的活動。若 TMS 削弱左半球 V4 區的活動，則右半部世界的色彩就會在那個人觀看時逐漸消褪：若是他直視紅蘋果，蘋果的右半部就會褪成灰色，[11] 關閉 TMS，紅色就會滲回蘋果右半部。TMS 刺激 V4，會使那個人產生一種「色圈」（chromatophenes）幻覺——彩色環圈和暈圈的幻覺。[12] 有了 TMS，你就能把色彩倒進意識中，或者從意識中抽離。

腦中一處稱為中央後迴（postcentral gyrus）的腦區活動，與碰觸的意識經驗相關。神經外科醫師懷爾德・潘菲爾德（Wilder Penfield）在 1937 年的報告中指出，以植入左半球的電極來刺激這處腦迴，會促使患者回報身體右側出現受碰觸的感受；若刺激右半球，則碰觸感受就會出現在身體左側。[13] 這種相關性呈系統性分布：腦迴上的相鄰定點，對應於身體表面的相鄰定點，而且感覺比較靈敏的身體部位如雙唇和指尖，在腦迴表面占有較大地盤。刺激腦中央部位附近的腦迴，你的大腳趾就有感覺。把電極沿著腦迴移動，刺激偏向側面的定點，除了少數例外，感覺就會有系統地沿著身體向上滑移。這些例外很有趣。比如在腦迴上，臉部緊鄰手部，大腳趾緊鄰外陰部——這或許和戀足癖相關，拉馬錢德蘭就曾提出這一點。[14]

如今許多實驗依然繼續尋找「意識相關神經區」（neural correlates of consciousness, NCC）。[15] 這些研究動用了各種測量神經活動的輔助技術。舉例來說，功能性磁振造影（functional magnetic resonance imaging, fMRI）能測量腦中血流來追蹤神經活動：神經活動（如音樂活動）必須動用大量血流來供應額外能量和必要的氧氣。腦電圖（electroencephalography, EEG）使用黏貼在頭皮上的電極來追蹤神經活動，測量活動產生的電壓細微波動。腦磁波儀（magnetoencephalography, MEG）能測量磁場的細微波動來追蹤神經活動。微電極能紀錄單一神經元和小群神經元發出的個別信號，稱為突波（spike）或動作電位（action potential）。光遺傳學（optogenetics）使用有色光來控制和監測特定神經元活動，那些神經元都經過遺傳工程學設計來對特定色彩做出反應。

意識相關神經區的搜尋策略很有道理。若我們希望找到某種理論，把神經元和意識串連在一起，而且沒有看似可信的構想，那麼我們就能從尋覓雙方的相關性入手。檢視這些相關性就可能發現某種模式，並由此燃起概念火花。不可否認，從相關性到因果關係的道路上充滿陷阱：倘若鐵路月臺上擠了一群人，通常很快就有一列火車抵達。[16] 不過並不是人群促使火車駛入，而是別的事情——火車時刻表——造就了人群和火車之間的相關性。

意識相關神經區是意識理論的關鍵資料。這樣的理論必須能達成兩種使命，它必須劃定有意識和非意識之間的界線，而且必須能解釋我們的經驗出自何方，以及它的豐富多樣化特性——檸檬的滋味、對蜘蛛的恐懼、發現的喜悅等。

對於區分有意識和非意識的界線這項比較單純（不過並不簡單）的工作，我們想知道的是兩種情況的腦活動有何差別。這裡我們找到很有趣的資料。例如在正常的意識中，神經活動既不隨機也不穩定，而是在兩者之間取得微妙的平衡——就像個老練的登山客，既不會到處亂走，也不會在一個地方逗留，而是拿出智慧來探索地貌。用於誘發全身麻醉的異丙酚，也能使神經活動趨於穩定。[17]

對於某些較複雜的經驗——如品嚐巧克力或害怕蜘蛛——我們希望能找到神經活動和個別經驗之間的密切相關性。不過什麼叫做「密切」？這可不容易確定。許多研究人員假定，這是在適當條件下足以讓經驗發生的最低神經活動。[18] 他們採用「對比分析」（contrastive analysis）來搜尋這個最低活動，實際作法是比較神經活動如何在經驗改變時跟著改變。例如，你看到圖 1 的「奈克立方體」（Necker cube）時，可以有兩種不同體驗，其中一種 A 面位於前方，另一種則是 B 面在前；觀看中間那個立方體時，你大概會在這兩種體驗之間反覆切換。你在兩種經驗之間切換時產生的神經活動改變，可能就是你對立方體的體驗的意識相關神經區。這項實驗有個巧妙之處，就是你的經驗會切換，然而圖像並未改變，因此比較容易把你的意識經驗切換，歸因於神經活動的改變。不過這項活動說不定依然不是意識相關神經區。有些活動或許並不是意識相關神經區本身，而是意識相關神經區的前身，或者是意識相關神經區帶來的後果。[19] 這些可能性得靠嚴謹的實驗來爬梳。

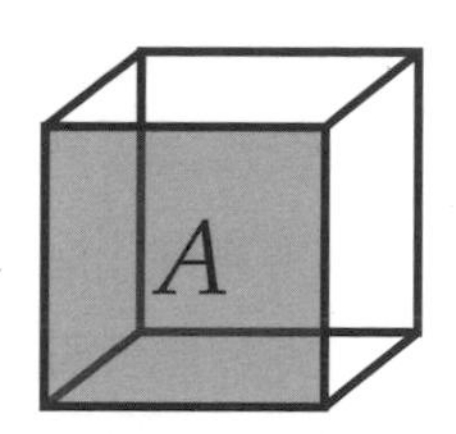

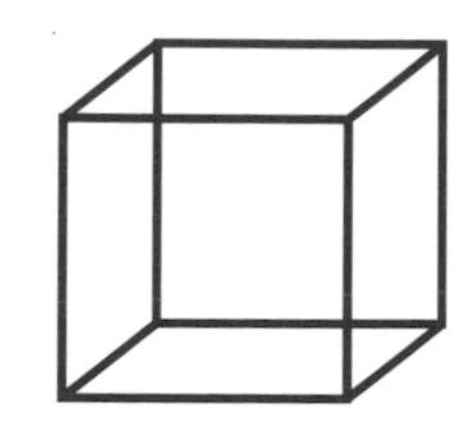
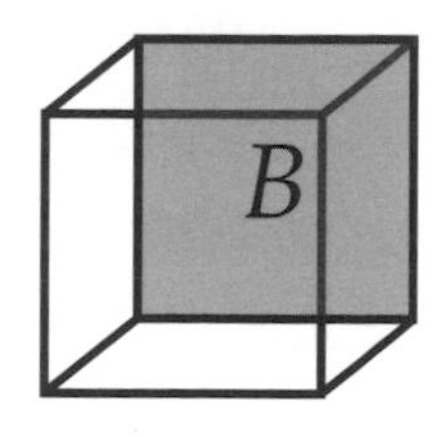

圖 1：奈克立方體。檢視中間那個立方體，有時會見到 A 面在前，但有時卻覺得是 B 面在前。© DONALD HOFFMAN

意識相關神經區在理論和實務上都很重要。蜘蛛恐懼症是對蜘蛛過度恐懼的症狀，與杏仁核內的活動有關。觸發這種恐懼和它在杏仁核的意識相關神經區，就可以把兩者都消除。荷蘭心理治療師梅雷爾．肯特（Merel Kindt）請蜘蛛恐懼症患者碰觸一隻活的狼蛛，啟動恐懼症和它的意識相關神經區，接著讓患者服用一顆 40 毫克的心律錠（propranolol），這是 β- 腎上腺素阻斷劑，能干擾意識相關神經區回存到記憶中。隔天患者回來時，恐懼症消失了。[20] 這種療法也有希望用來治療其他恐懼症，以及創傷後壓力症候群。

另一個例子運用了光遺傳學，這種生物技術利用光來控制經過基因改造的神經元。如今光遺傳學已經可以像撥個開關一樣，快速啟動一處意識相關神經區來獲得正向感覺，再同樣快速地把它關閉。哥倫比亞大學的克莉絲汀·丹尼（Christine Denny）使用基因改造小鼠來實現這項非凡，這種小鼠帶有一種取自藻類、具光敏蛋白質代碼的基因。[21] 這種藻類在自然界就是使用此一蛋白質來對光產生反應。在基因改造的小鼠體內，這個基因靜靜隱藏著，不會表現出來，直到注入泰莫西芬（tamoxifen）這種藥物。隨後，在一段短時間內，任何恰好處於電激發狀態的神經元都會啟動基因，把該蛋白質嵌入自身的細胞膜。丹尼為小鼠注射後，把牠放在牠喜歡的柔軟、昏暗、有地方可以躲的環境裡。小鼠很開心地探索這個靜謐舒適的環境，所有創造出這種快樂意識相關神經區的神經元，都把那個蛋白質嵌入它們的細胞膜。之後，丹尼就可以用光纖來讓牠的腦子接收到一種色光，從而啟動蛋白質，並觸發牠的快樂意識相關神經區。即使這隻小鼠待的是一個恐怖的地方——堅硬、明亮、沒有藏身處所——牠感覺到的也是一個安寧的空間，但光纖一關掉，牠就會在恐懼中僵住。接著重新打開光纖，牠又會再次快樂地理毛、探索。

這些就是意識相關神經區的驚人應用。同樣驚人的是，我們在理解意識相關神經區和意識之間的關係上是徹底失敗的。我們沒有科學理論能解釋，大腦活動——或者電腦活動，或者其他任何類型的物理活動——能造成、或者以某種方式產生意識經驗；連稍微說得通的想法都沒有。就算我們不只是設想大腦活動，還把腦、身體和環境之間的複雜交互作用也納入考量，依然是一籌莫展。我們卡關了。有些學者用意識的「艱難問題」來稱呼這個徹底失敗的局面，或者乾脆稱之為「謎」。[22] 我們對神經科學的認識遠超過赫胥黎在 1869 年的水準。然而每次有哪項科學理論嘗試從腦、身體和環境間交互作用的複雜性召喚出意識，結果召喚出來的總是奇蹟——恰恰出自經驗從複雜性綻放出來的那個臨界點。這些理論是魯布·戈德堡（Rube Goldberg）式的骨牌裝置，但缺了一塊關鍵的骨牌，需要偷偷推一下才能跑完整局。

我們想從意識的科學理論中得到什麼？試想品嚐羅勒和聽到警笛聲這兩件事。對於認為大腦活動「導致」意識經驗的理論，我們要的是數學定律或原理，能精確陳述哪些腦活動會導致品嚐羅勒的意識經驗，還要能精確說明為什麼這個腦活動不會導致其他經驗，好比聽到警報聲，而且能精確地解釋為什麼這項腦活動必須改變，才能把品嚐羅勒的經驗轉換成比如說品嚐迷迭香的經驗。這些定律或原理還必須能跨物種適用，否則就得精確地解釋為什麼不同物種需要不同的定律。沒有這種定律，實際上也從來沒有人提出過合理的構想。

我們若要主張大腦活動等同於（或者產生）意識經驗，那麼我們也要同樣精準的定律或原理，能把每一種特定的意識經驗（好比品嚐羅勒），與等同於或者產生該特定意識經驗的特定大腦活動串連起來。目前還沒有人提出這樣的定律或原理。[23] 倘若我們主張意識經驗等同於比方說腦中某種監看其他歷程的歷程，那麼我們就需要寫下能夠精確指出這些歷程和它所等同的意識經驗的定律或原理。倘若我們認為意識經驗是一種錯覺，出自某個負責關注、監控、描述其他大腦歷程的特定大腦歷程，我們就必須說出有哪些定律或原理能夠具體指明這些歷程以及它所產生的錯覺。還有，如果我們主張意識經驗是出自大腦歷程，那麼我們就必須提出定律或原理，可精確描述每種特定經驗是何時以及如何出現的。在此之前，這些想法連錯都稱不上。論而不證地談「同一性」、「突現」，或者描述其他大腦歷程的注意歷程，取代不了能夠提出定量預測的精確定律或原理。

我們有科學定律能夠用來預測黑洞、夸克動力學和宇宙演化，然而該如何提出一套能預測我們感受香草的味道、聽見街上的噪音等日常經驗的定理、原理或機制，我們卻毫無所知。

或許克立克是對的：說不定我們只是還沒找到能披露突破性觀念的關鍵實驗。或許有一天——只要資金許可——我們辦得到：神經科學的雙螺旋會被發現，真正能解釋意識的理論也將隨之出現。

也或許我們的演化改變還不夠完備，欠缺認識腦部和意識之間的關聯性所需的概念。貓不懂微積分，猴子不懂量子理論，那又憑什麼假定智人就能揭開意識之謎呢？或許我們需要的不是更多資料，而是突變，才能理解我們現有的資料。

諾姆．杭士基（Noam Chomsky）不同意我們的認知能力存在演化限制的論點。不過他相信，我們必須體認「人類理解能力的範疇和侷限」，還有「某些結構不同的智慧，或許會覺得人類的奧祕是很簡單的問題，想不通我們怎麼找不到答案，就如同我們可以看出大鼠之所以沒有辦法跑質數迷宮，是因為牠的先天認知能力所致。」[24]

我猜想杭士基是對的：人類的理解能力確有限制。我也承認，這些限制（不論是出自演化或其他根源）有可能讓我們無從理解意識和神經活動之間的關係。

不過把問題丟給「意識的艱難問題」之前，我們必須考慮另一種可能性：或許我們已經擁有必要的智慧，只是受了錯誤信念的阻礙。

錯誤信念，而不是與生俱來的限制，會妨礙我們解謎。這方面的實例是認知科學教科書中的標準內容。舉一個例子，民眾拿到一根蠟燭、一盒圖釘和一組紙火柴，根據指示把蠟燭固定在牆上，而且點燃時蠟油不得滴到地板。多數人失敗了。他們自動假定盒子只能做一件事——裝圖釘。他們沒有想到可以把圖釘倒出來，拿來把盒子釘在牆上，然後把蠟燭裝進盒子裡面。要解決這個難題，他們必須先挑戰一項錯誤的假設。

是什麼錯誤假設在阻撓我們釐清腦和意識之間的關係？我主張那個假設就是：我們看到的是現實的原貌。

當然了，不會有人相信我們能看到「所有現實」的原貌。比方說物理學告訴我們，我們看見的光只是浩瀚電磁頻譜中一個微乎其微的段落——我們看不見的其他頻段包括紫外線、紅外線、無線電波、微波、X 射線和宇宙射線。有些動物能察覺我們察覺不到的東西：鳥和蜂能見到紫外線；蝮蛇能「看見」紅外線；象能聽到次聲波；熊能聞到遠處的屍骸；鯊能「感受」電場；鴿子可用磁場來導航。

不過多數人相信，在正常情況下，我們能正確看到部分的現實原貌。假設我睜開眼睛，產生一種視覺經驗，我把它描述為那是一顆在 1 公尺外的紅番茄。接著我閉上眼睛，我的經驗變成一片斑駁的灰色視野。如果我很清醒、很健康，也不認為自己被騙了，那麼我會相信，就算在我雙眼緊閉、體驗到灰色視野的時候，1 公尺外確實有一顆紅番茄。當我睜開眼睛，再一次體驗到我描述為 1 公尺外有一顆紅番茄的經驗，於是我把這個當成番茄始終都在那裡的證據。為了尋找支持這個信念的進一步證據，我還可以在眼睛閉著的時候伸手觸摸那顆番茄，湊過去聞它的氣味，或者要朋友幫我看，確認它還在那裡。這所有證據匯集起來令我深信，確實有個真正的番茄擺在那裡，即使所有眼睛全都閉上，也沒有人用手觸摸它。

但我這個想法有可能是錯的嗎？

我承認，這個問題聽起來有點瘋狂。理智健全的人見了這些證據，多半會認定番茄依然在那裡。在沒有人看到、碰觸的時候，它依然存在，這似乎是顯而易見的事實，而不是有人誤導你這麼相信。

然而這個結論卻是不可靠的信念，非邏輯上的必然，也不是無可置疑的事實。我們必須從認知神經科學、演化賽局理論和物理學等領域的進展來驗證它的有效性。我們著手進行就發現，這個信念經證實是不成立的。

這項令人驚訝的研究結果就是本書的主題。我並不嘗試解開意識的奧祕。不過在下面幾章，我會不斷嘗試推翻一種阻礙解決方案的信念。最後一章，我會提出在擺脫了這項虛假信念的負擔之後，我們該如何破解意識的奧祕。

「當我不看就沒有番茄」的主張代表什麼意義？這裡可以回顧一下奈克立方體，對我們的直覺會有點幫助。前面討論過，你可以看到 A 面朝前的立方體，稱之為 A 方塊。你也可以看到 B 面朝前的立方體，稱之為 B 方塊。每次你看那個圖，你就會看到 A 方塊或者 B 方塊，不過你永遠不能同時看到兩種。

你看別的地方的時候，依然在那裡的是哪種立方體：A 方塊還是 B 方塊？

假定你轉移視線之前看到 A 方塊，你的回答是 A 方塊依然在那裡。你可以把視線轉回來核對一下答案。回顧幾次之後，你會發現有時你會看到 B 方塊。發生這種情況時，是不是 A 方塊在你轉移視線時變成了 B 方塊？

或者你也可以請朋友來看，跟你的答案核對。你會發現他們經常意見不合，有的說看到 A 方塊，有的說看到 B 方塊。他們說的可能都是實話，你可以用測謊器來檢查。

這就表明了 A 方塊和 B 方塊在沒有人看的時候全都不存在，也不存在未被觀察到的客觀立方體，沒有可供公眾審視的立方體等著讓所有人來看。然而當你看到 A 方塊，而你的朋友看到 B 方塊時，在那一刻你們各自看到的，就是你們的視覺系統所建構的立方體。有多少個觀察者，就有多少個立方體。你移開視線之後，你的立方體也不再存在。

舉這個例子的目的只是要闡明，你移開視線就沒有番茄這樣的說法可能代表什麼意思。當然了，這並不能證明當你移開視線就沒有番茄，畢竟我們也可以聲稱奈克立方體是錯覺，番茄不是。要提出論證來反對看不見的番茄可不是容易的事，核心要點會是，促使你創造出你的番茄經驗的現實，和你眼中所見、口中所嚐的事物完全兩樣。我們都被自己的知覺誤導了。

其實我們被誤導也不是一天兩天的事。許多古文化包括前蘇格拉底的希臘人，也都受了自身知覺的誤導，相信地球是平的。後來是靠畢達哥拉斯、巴門尼德（Parmenides）和亞里斯多德這樣的天才，才發現儘管有世人的親眼見證，其實地球基本上就是個球體。這項發現之後過了許多世紀，除了阿里斯塔克斯（Aristarchus，約公元前 310 年至約前 230 年）之外，多數天才都受了自身知覺的誤導，以為我們的地球是宇宙固定不動的中心。畢竟，除了地震，地球看來是從來不動的，而太陽、恆星和行星彷彿全都環繞地球運行。托勒密（Ptolemy，約公元 85 年至約 165 年）依照這種以為地球是中心的錯誤知覺，創建出一套宇宙模型，14 個世紀以來天主教會一直把這個模型當成是受到《聖經》認可的。

誠如哲學家路德維希．維根斯坦（Ludwig Wittgenstein）對他的哲學家學生伊莉莎白．安斯康姆（Elizabeth Anscombe）所說的，我們錯誤解讀知覺的強烈傾向，部分源自我們對自己的知覺、對於我們覺得「看起來像」的事物，都是採取一種不批判的態度。安斯康姆談起維根斯坦時說：「他向我提過一個問題：『為什麼很多人認為，太陽繞地球運行而不是地球繞著地軸旋轉，是很自然的想法？』我回答：『我想是因為太陽看起來像在繞地球運轉。』『這個嘛，』他問我，『那要是可以看起來像地球繞著地軸旋轉，那會是什麼樣子？』」這個問題讓我領悟到，時至今日，我還沒有為「太陽看起來像在繞地球運行」當中的「看起來像」給出一個相關的意義。[25] 維根斯坦指出的要點，是每次我們想要宣稱現實與我們的知覺相符或者不相符的時候必然要碰觸到的。我們後面會談到，使用演化賽局理論作為工具，我們就有一種途徑能為這項主張賦予精確意義：我們可以證明倘若知覺是天擇塑造的，那麼幾乎可以肯定是用來隱藏現實。知覺只回報和適應度有關的事。

哥白尼的《天體運行論》（De revolutionibus orbium coelestium）在 1543 年他死後出版。書中他提出阿里斯塔克斯先前提過的看法，就是地球和其他行星都是繞太陽運行的。伽利略以望遠鏡觀察，見到了這個理論的證據——好幾顆衛星環繞木星運行，而且金星會改變相位，就像我們的月球。教會反對這個理論，在 1633 年將伽利略送交審判，說他信奉異端邪說，並狂妄地宣稱「人可以在一個見解已經宣布並界定為違背《聖經》之後，依然支持該見解並為它辯護、認為有可能是對的。」伽利略被迫撤銷自己的主張，被判餘生都得在家軟禁。直到 1992 年，教會才承認錯誤。

有好幾項因素釀成了這項錯誤。一是相信「大存在鏈」（Great Chain of Being）這樣的觀念，認為天上的神和天球是盡善盡美的，下面的人與塵世國度則是不完美的——這就與托勒密體系搭配得很好。[26] 不過有一個關鍵因素是我們對知覺的一項單純錯讀：教會認為我們只能把地球看成永遠不會移動，以及是宇宙的中心。

就如本書的卷首引言，伽利略認為我們是以其他方式錯讀了我們的知覺感受：「我認為滋味、氣味、色彩等等，以我們在它們裡面找到的東西而論，都只不過是區區名稱而已，而且都存在於意識之中。因此倘若把生物拿掉，這些性質也會全被抹除，再不復見。」[27] 我們想當然爾認為，即使我們沒有在看番茄，番茄依然在那裡——包括它的滋味、氣味和顏色。伽利略不以為然。他主張番茄是在那裡，但它的滋味、氣味和顏色則否——這些都是知覺的性質，而非脫離知覺之下的現實原貌。倘若意識消失了，它們也會跟著消失。

不過他認為，番茄本身依然存在，包括它的實體、形狀和位置。因為從這些特質，他聲稱我們見到了現實的原貌。我們多數人都會同意。

不過演化不以為然。到第四章我們就會見到，天擇包含一個反直覺的定理：我們看到現實原貌的概率為零。這項定理不僅適用於滋味、氣味和色彩，還適用於形狀、位置、質量和速度——甚至空間和時間。我們完全看不到現實原貌。促使你創造出番茄經驗的現實，不論你是否看到番茄它都存在的那個現實，和你看到、嚐到的東西是完全不同的。

我們揚棄了平坦地球和地心體系的宇宙。我們了解到我們錯讀了自己的知覺，也糾正了自己的錯誤。這並不容易。在這個過程中，世俗的直覺和教會的教條都被我們撕碎了。不過這些修正只是熱身而已，現在我們還必須拋棄時空本身，還有它裡面的一切。

我們是什麼樣的生物？按照演化結果，我們不是看得到現實原貌的生物。而這一點深刻地影響了我們如何看待腦與意識之間的關係。倘若空間和時間只存在於我們的知覺當中，那麼存在於空間和時間裡面的任何事物，好比神經元及其活動，又是如何創造出我們的意識？

了解知覺的演化，是朝向了解我們是誰，以及我們的意識源自何方的關鍵步驟。

第二章

美
基因的魅惑歌聲

「我看到了在遙遠的未來，有重要得多的開闊研究領域。心理學將建立在一個新的基礎上。」

——查爾斯．達爾文（Charles Darwin），《物種起源》（On the Origin of Species）

「好鮑益大人，我的美貌雖然卑微不足道，
卻也不需要你的奉承的渲染：
美貌是憑着眼睛判斷的，
不是小販油嘴滑舌叫賣來的。」

——莎士比亞，《愛的徒勞》（Love's Labours Lost）

1757 年，大衛．休謨（David Hume）在他的《品味的標準》（Standard of Taste）一書中談到，美存在於觀者眼中。「美，」他說，「不是事物本身的品質：它只存在於思忖美的心靈當中；每個心靈感受到的都是不同的美。」這自然引出了一個問題：為什麼在「這個」觀者眼中，會有「這個」美的標準？休謨之後一個世紀，在達爾文奠定的基礎——天擇演化——之上，對這個問題建立了一套心理學的解釋：美是對可取得的適應度收益的知覺，例如吃下那顆蘋果，或者和那人約會可能得到的收益。這種知覺依物種而異，也因人而異，甚至隨時間而異——因為需求和生態區位各有不同。繁殖的成功取決於收集適應度點數。美告訴我們那些點數是什麼，還有在哪裡。

演化心理學在我們對人類之美的判斷上提出了新的、令人驚訝的預測。舉例來說，每次看到一張臉，你都會仔細審視那雙眼睛——用一張檢查表為各項細節打分數——並在潛意識思考中對那雙眼睛的美達成判斷。女性覺得男性眼睛有吸引力的地方，有時和男性覺得女性眼睛有吸引力的地方不同。我們的祖先幾千年來一直在用這個不成文的檢查表，不過有關美的新科學已經揭露了其中部分項目，我們會討論這些項目和它們的發現背後的邏輯，以及一些實際應用。

演化對美的預測很令人驚訝，不過我們在第九章會見到，演化對物的預測才是令人不安：物就像美，也是只存在觀者眼中，告訴我們適應度——而非客觀現實——的相關資訊。為了讓我們對物的複雜情況做好準備，我們先幫我們的直覺暖暖身，探索一下動物界對美的知覺。

澳洲有一種吉丁蟲（*Julodimorpha bakewelli*）的雄蟲，對美麗的雌蟲難以招架。[1] 雄蟲會到處飛，尋找雌蟲；雌蟲帶有光澤，表面有凹點，是褐色的。近幾年，有些靈長類動物智人的雄性個體經常開車通過西澳大利亞那種吉丁蟲的分布地帶，把喝完的空啤酒瓶隨地亂丟，他們稱之為「粗短瓶」（stubbies）。湊巧的是，有些粗短瓶也是帶有光澤、表面有凹點，又剛好是能吸引雄吉丁蟲迷戀的棕褐色澤。雄蟲顧不得尋找真正的雌蟲，全都撲到粗短瓶上，生殖器伸出，鍥而不捨地想跟冷冰冰的瓶子交配，卻不得其門而入。更糟的是，虹琉璃蟻（*Iridomyrmex discors*）學會了在粗短瓶附近逗留，等著鬼迷心竅又精蟲衝腦的雄吉丁蟲過來，把牠們吃掉，而且是從生殖器吃起，反正牠們也無法如願。

這種可憐的甲蟲瀕臨滅絕，逼得澳洲只得更換啤酒瓶來拯救牠們。

吉丁蟲會犯下這麼無知的錯實在令人驚訝。雄蟲和雌蟲已經交配了數不清的歲月，你會認為牠肯定認識自己的雌性同胞，但顯然不是這樣。即使雄蟲爬遍了整支粗短瓶——享受到全身的肉體接觸——牠感知到的還是一位魅惑女神，一個 370 毫升令人無法抗拒的亞馬遜壯碩女超人。

這一定有問題。為什麼甲蟲會愛上瓶子？或許是因為牠的腦很小吧？或許腦子較大的哺乳動物永遠不會出這種愚蠢的錯。沒這回事。美國阿拉斯加州、蒙大拿州和其他地方，都有人見過駝鹿跟金屬的駝鹿雕像、甚至野牛雕像交配，有照片為證，有時還連續做了好幾個鐘頭。我們可以笑，不過智人也有自己的曲折歷史，包括出現在好幾個世紀前印度蒙兀兒繪畫上的性愛娃娃，還有如今在「國際人類－機器人性愛研討會」（International Congress on Love and Sex With Robots）上登場的機器人。我們較大的腦袋並不能保證我們只會被貨真價實的美貌人類吸引。

那麼，什麼是美？令人意外的是，考慮到甲蟲、駝鹿、智人和其他許多物種的種種弱點，美是對於一種複雜的、但大半在潛意識中進行的運算所作的理智裁決。每次你遇見一個人，你的感官都在自動審視幾十種、說不定幾百種能透露端倪的線索——而且全都在瞬間完成。這些在悠久的演化歲月下經過精挑細選的線索是為了告訴你一件事：生殖潛力，用提問的方式來描述就是，這個人能生育健全的後代嗎？當然了，你在遇到一個人的時候，通常不會清楚意識到對這個問題的想法，以及供你下裁決的那些線索。你只會體驗到判斷本身，給你的感覺就是從各種程度的性感到不性感。那種感覺，那份經過辛苦調查得來的總結報告，就是觀者眼中的美。

由此來看，美是觀者一時興起的感受這種觀念並非實情。美是觀者內心潛意識推斷而來的結果，這樣的推斷是天擇作用在無盡的歲月中打造出來的；倘若這種推論太常在觀者該認為不性感的時候裁決為性感，或者反過來，那麼這個生物就會太常選到比較不可能撫養出健全後代的配偶。如此一來，會造成觀者誤判的基因，連同錯誤推論，就比較不可能傳遞給下一代。簡言之，若基因對美的研判錯誤，它往往就會滅絕。這就是天擇的無情邏輯。

重點完全在於基因之間的鬥爭。也就是說，一切都是為了適應度——這是天擇演化的核心概念。喜歡爭強好勝，能夠擠進下一代的基因，就代表有較高的適應度。即使競爭天賦僅稍微過人一點的基因都能代代相傳下去，並消滅溫和的競爭者。奧斯卡·王爾德（Oscar Wilde）很懂這個邏輯。「溫和，」他寫道，「是件要命的事……要過人才能得到無可比擬的成功。」[2]

基因並不直接競爭，而是透過代理來完成。基因會啟動身體和心智——所謂的表現型（phenotype）——讓它去一決勝負。在爭鬥中表現較佳的表現型，就如同它相對應的基因型（genotype），也叫做有較高的適應度。當然了，一種表現型的適應度不只取決於基因，也取決於疾病、發育、營養以及歲月磨難等無常因素。因此比方說，同卵雙胞胎的表現型適應度有可能不同。不過別誤會：基因雖然透過代理來彼此爭鬥，但仍得直接面對風險，就像駕駛飛機的飛行員一樣，基因也被束縛在它的表現型裡面，一旦墜機，它就會死。

美的運算是代理戰爭的一部分，這是基因布署的巧妙裝置之一，用來與其他基因競爭，以強化適應度。你對美的運算以一種遞迴方式進行，你要是比競爭對手更擅長計算美，就能強化你本身的適應度。適應度——強化它、估算它、再藉由估算它來強化它——就是天擇演化最關注的事。美的運算在我們生命之初就已布建在我們的天性中。年僅兩個月大的嬰兒看到成人認為較美的臉孔時，也會看得比較久。[3]

有關美的運算、找出基因適應度的麻煩在於，基因本身是看不見的。這就迫使基因來到它唯一能被看到的地方搜尋適應度證據，也就是在表現型裡面，在其他基因已經打造出來上陣服役的身體和心靈裡面。然而少有表現型會把它的適應度直接秀出來，所以必須搜尋線索。

夏洛克·福爾摩斯說過，一個成功的偵探靠的是「觀察瑣事。」[4] 美的搜尋過程當中，有一件瑣事就是人類眼睛的一項特徵，稱為角膜緣環，那是有色的虹膜和白色鞏膜之間的一道深色的環狀界線。我是在看莎爾巴特·古拉（Sharbat Gula）的照片時，第一次注意到這道環圈，那張照片是登上 1985 年 6 月號《國家地理》雜誌封面的〈阿富汗少女〉，也成為該雜誌史上最廣為人知的照片。[5] 她顯眼的角膜緣環簡直把那雙眼睛變成了一對靶心，不知道是不是她的角膜緣環攫住了我們的注意，強化了她的美。

為什麼顯眼的角膜緣環會有吸引力？或者以演化語言來問：為什麼這樣一個環能發出較高適應度的信號？

巧的是，顯眼的緣環表示健康。因為角膜緣環要凸顯出來，就必須清楚可見，如此角膜（眼睛的透明外層）就必須清澈健康。

像青光眼和角膜水腫這樣的疾病會讓角膜變得混濁，角膜緣環就不會那麼明顯。脂質代謝不良會引發老年環（arcus senilis），這是一種乳狀膽固醇沉積，會遮住角膜緣環。血鈣失調會引致角膜緣徵（limbus sign），誘發同樣會遮住緣環的乳狀鈣質沉積。很多種疾病都會造成角膜緣環朦朧不清；緣環明顯的人比較不可能有這類疾病。

緣環顯眼也代表年輕，從而代表適應度高。之前我研究室的一位研究生達倫・佩舍克（Darren Peshek），在一組大學部學生的協助下做了一些測量，結果發現，角膜緣環的粗度（也就是顯眼程度）會隨年齡遞減。[6]

所以說原則上，角膜緣環代表年輕、健康，也因此代表適應度。不過演化是不是真的幫我們調校了性感與否量尺，也就是智人心中對美的運算，好讓我們從角膜緣環看出細微的適應度線索？

為了找出答案，佩舍克在每次實驗中都給受測者看一對臉孔，兩張臉一模一樣，除了一張有角膜緣環，另一張沒有。觀察者必須挑出看來比較迷人的臉。得到的資料很清楚：男女受測者都偏愛有角膜緣環的男女臉孔，就算臉孔上下倒置也一樣。[7]接著，經由一系列實驗，佩舍克發現了理想的緣環——何種厚度、不透明度和粗細變化看來最具吸引力。[8]

知道了這個理想條件之後，你就可以編輯角膜緣環來強化你的容貌，或者配戴隱形眼鏡來讓你的眼睛更勾人，如今已經有能夠模擬性感緣環的產品——就像直接搽在眼珠上的化妝品。

這就凸顯了美的觀者所面臨的一種危機：基因有可能在適應度方面撒謊。它可以操控表現型——為它的身體植入虛假的線索，使心智接受欺瞞。基因會謊報它提供給觀者的適應度，由此來為自己籌措更多的適應度。

有時候謊言並沒有惡意。唇膏和眼線筆從不傷人。

有時謊言是自私的、剝削性的。西澳大利亞的錘蘭屬（Drakaea）鐵錘蘭（Hammer orchids）會向膨腹土蜂（thynnid wasp）賣春。[9] 雌性膨腹土蜂發情時會爬到一片草葉上，摩擦自己的腿來散發香氣吸引雄蜂。雄蜂受到引誘，就朝上風處蜿蜒飛行，追著氣味而來，直到找到雌蜂為止。找到之後，雄蜂抱住雌蜂，輕快地在半空中邊飛邊交配，接著降落到自己預先準備好的墊子上，裡面是美味的甲蟲幼蟲大餐。雌蜂就在那裡產卵，然後死亡。

如果是普通的鄰家花朵，完全不可能吸引雄性膨腹土蜂。不過鐵錘蘭的基因為它做了一套名流大改造：一根綠色修長的莖幹仿若草葉；垂掛在莖頂的一片唇瓣有婀娜多姿的曲線和誘人色澤，質地如天鵝絨，散發出雌性膨腹土蜂的誘人香氣。被迷住的雄蜂會想辦法要帶著唇瓣飛走，卻發現這個潛在伴侶不肯合作。最後牠會沮喪地飛走，身上黏著剛才瞎折騰時沾上的花粉。當它找上另一個假配偶碰運氣時，就為鐵錘蘭傳了粉。這樣一趟逢場作戲，鐵錘蘭基因贏得了適應度；而土蜂純粹是被利用了。

基因為追求適應度而撒的謊，有時不單自私，更到了邪惡的地步。妖掃螢屬（*Photuris*）雌螢會引誘核斑螢屬（*Photinus*）雄螢，並以悲劇收場。[10] 在孤單的夜裡，雄性核斑螢會發出連串閃光，處於交配期的雌性核斑螢可能也會發出連串閃光，與雄螢回應唱和，共譜一支雙人舞。收到雌螢回覆之後，雄螢滿心期盼向雌螢飛去並與之交配。

雌性妖掃螢已經破解了核斑螢的密碼，能恰當地回覆雄性核斑螢的閃光訊息。當雄性核斑螢前來打算幽會時，才發現那隻雌螢遠比牠料想的更大，然後就被吃掉了。

妖掃螢的冷酷基因原本要給核斑螢最終極的適應度獎賞，實際上給出來的卻是終極的適應度懲罰。這種邪惡的偷梁換柱行為，除了以顯而易見的方式加強了妖婦螢的適應度——維持生命所需的熱量——之外，還有一個比較不明顯的附帶收益：核斑螢含有螢蟾素（lucibufagins, LBGs），這是一種能抵禦很多潛在捕食者的類固醇毒素。核斑螢被咬了或受到擠壓時，會泌出一滴含有螢蟾素的血，讓潛在捕食者覺得很難吃（意思是「不利於我的適應度」），促使牠放過那隻螢火蟲。妖掃螢吃了含有螢蟾素的核斑螢，等於給自己接種了對付捕食者的成份。

美是我們對生殖潛能的最佳估計。不過就如妖掃螢、鐵錘蘭，以及其他無數物種的傳奇故事告訴我們的，美的賽局幕後的基因是無情的操盤手，不受道德內疚的約束，毫不遲疑地欺矇、搞破壞，一心一意只想提高自己的適應度——累積適應度點數。它們在這場零和遊戲中志在必得，妖婦螢吞食核斑螢，吸取它所有的熱量和螢蟾素來積攢適應度點數；鐵錘蘭欺矇膨腹土蜂，利用牠們傳粉來積攢適應度點數；膨腹土蜂在鐵錘蘭身上浪費時間和熱量，損失了適應度點數。適應度點數是法定貨幣：蒐集愈多，成功繁殖的機會就愈高。馬基維利式的基因奪得適應度點數的方式不是正正當當賺取工資，而是用下三濫的手法騙骯髒錢。

適應度點數並不是鐵板一塊不容改變，而是如同尋求點數的生命體那樣變化多端，也像代表點數的慾望那樣反覆無常。對追求配偶的雄性核斑螢而言，合意的雌性核斑螢提供了豐富的適應度礦藏；對熱情的雄性智人而言，雌性智人什麼適應度收益都提供不了。換一種生物，其他一切固定不變，適應度收益可能完全不同。

對一種生物而言，收益隨該個體的狀態而有不同。一個明顯的例子就是飢餓。一個飢腸轆轆的青少年聞到披薩的香味所帶來的歡欣，代表那第一片披薩提供的豐富適應度。過了一個小時，吃了六片披薩之後，那名青少年對那相同氣味已經無動於衷，或甚至心生嫌惡，代表適應度已匱乏。同一名青少年，同一種披薩，提供的適應度卻有很大的變化，這是由於那名青少年的狀況和需求已經改變了。適應度點數取決於生物體、他的狀態和他的行動。

你對於性吸引力的感覺，從性感到無感，代表了你對生殖潛力的細膩估計結果。前面我們已經知道，這項估計和角膜緣環的狀態有關，於是我想，它還和眼睛的哪些特徵有關？我翻閱臉孔照片，注意到嬰兒的虹膜看來比成人的虹膜大。倪嘉爾・薩馬克內賈德（Negar Sammaknejad）在我的研究室工作時還在念研究所，她在大學部學生的協助下，針對一組照片資料庫進行嚴謹測量，以精細的分析驗證了我的非正式觀察結果：從出生到 50 歲，虹膜相對於鞏膜的面積是逐漸遞減的；不過從 50 歲開始，虹膜的相對面積增加了，因為眼睛周邊的組織鬆垂，覆蓋了鞏膜。[11] 所以虹膜相對於鞏膜的面積，隨年齡呈現系統性變化。

根據這些資料我預測，在 50 歲以下的女性中，男性偏愛虹膜略大的女性。支持這項預測的事實很簡單：較大的虹膜以及生育能力，與 50 歲以下女性的年輕程度相關。20 歲女性的不孕比率約為 3%；30 歲，約為 8%；40 歲，約 32%；50 歲，幾乎 100%。20 歲女性成功懷孕的可能性約為 86%；到了 30 歲，大約為 63%；到了 40 歲，比例大約為 36%；到了 50 歲，大約為零。[12]

女性生育能力的下降現象，經由天擇，塑造了男性對女性之美的判斷。道理很簡單：設想有一個男子的基因代碼，對美的運算恰好特別喜愛年齡超過比方說 50 歲的女子。他可以在這樣的美女陪伴下享受人生，不過有多少機會能生養出帶了他的基因和他對美的運算的孩子？幾乎沒有。相較而言，一名特別喜愛 20 歲女子的男子，同樣的機會有多高？幾乎是百分之百。

然而，這裡面有個轉折：一名女性的生育能力並不等於她的「生殖價」（reproductive value）——她在未來預料能生育的後代數量。看重生殖價的基因往往能贏，勇往擠進下一代。這個生殖價在 20 歲達到高峰。25 歲的女性有可能比她 20 歲時更具有生育能力，不過她的生殖價在 20 歲時會比較高。[13]

所以我們料想，天擇塑造男性讓他們覺得女性在約 20 歲時最美。這就導出了一個非常明確的預測：超過 20 歲的男子應該會偏愛比他們年幼的女子；不到 20 歲的男子應該會偏愛比他們年長的女子。

兩項預測都在實驗中證實了。超過 20 歲的男子偏愛比他們年幼的女子，這點不意外。不過青少年男子只偏愛比他們稍微年長的女子。[14] 這點對於一項演化論證的支持程度高於某些對立論證。比方說，青少年男子的這種偏愛，並非較年長女性帶來的正增強作用，因為她們很少同等回報青少年的追求。也不是支配慾，因為這對較年長女性不大可能成功。而且也不是文化因素，因為這項實驗結果已經在好幾種文化中成功複製。

總而言之，天擇在男性心智中塑造的一種對美的感受，是以生殖價證據為中心。任何青春的信號，如較大的虹膜，都是女性生殖價的重要證據。所以我在 2010 年預測，男性偏愛虹膜較大的 50 歲以下女性。這個預測和有關角膜緣環吸引力的預測不同；虹膜大小是會變動的，而且不必改變它的角膜緣環大小或明顯程度。

為檢定這項預測，薩馬克內賈德向受測者呈現成對的臉孔，每對都一模一樣，只除了其中一張臉的虹膜比較大，[15] 讓受測者挑出比較迷人的臉孔。資料很清楚：男性偏愛虹膜較大的女性臉孔，就算臉孔上下倒置也一樣。[16]

我們的基因讓男性必須察覺並喜愛這些和女性適應度有關的微妙線索。女性知道這點就可以增進她們的美：在照片上，她編修自己的虹膜就好；在日常生活上，她可以配戴能放大虹膜的隱形眼鏡，如今這類隱形眼鏡在日本、新加坡和南韓都很受歡迎。藝術家若能了解虹膜大小產生的影響，就可以操控觀眾。確實以這個例子來說，藝術是走在科學前面的：日本動漫和平面漫畫特別強調青春，早在我們的研究之前，就把女性角色描繪成有超大虹膜的模樣。

那麼女性呢？她們喜歡男性有大虹膜嗎？我們知道角膜緣環清楚分明代表青春和健康，演化讓女性偏愛有明顯緣環的男子。不過大虹膜只代表青春，而明顯的緣環就不止於此，它還展現這隻眼睛很清澈，因此無病無恙，大虹膜除了提供青春的線索之外，幾乎不透露絲毫健康的線索。所以，虹膜的情況不同於角膜緣環，從虹膜比較不容易預測女性想要什麼。女性的品味比較複雜。

女性在這種偏好上的複雜性有一個很好的演化理由：親代投資。養育後代需要父母雙方投資時間和精力，然而雙親投資的量可能不同。就哺乳動物來說，雌性必須在妊娠和撫育方面投注大量心力，而雄性則是可能投入很大，提供食物和保護，也可能極少，純粹交配完就走了。

投資愈大，對配偶的選擇就愈挑剔。[17] 倘若每次配對都有高昂代價，那麼你就會精挑細選：編碼為習慣做出胡亂選擇的基因，比較不可能留存到下一代。不過倘若你的投資很小，就可以選擇另一種策略：別那麼挑剔，多找幾個伴侶。採行這種量勝於質策略的基因，依然可以讓自己代代相傳，即使個別後代的存活機率都比較低。

投資較大的性別，擇偶時會比較挑剔。投資較小的性別就不那麼苛求，而是爭取接近比較挑剔的性別的機會——某些生物是透過打架，其他生物例如孔雀，則是藉由令人嘆服的展示。這就解釋了為什麼一般都是男性求偶，女性擇偶。

然而，投資的情形乃至於投資的角色，在某些物種卻正好相反。某些海馬是由雄性負責看管滿袋子的卵；這種情況就是由雌海馬求偶，讓雄性來擇偶。[18]

兩性投資程度相等的物種，雙方都會精挑細選。以棲息在北太平洋和白令海的冠小海雀（crested auklet）為例，[19] 每個生殖對僅生育一隻後代，不論孵卵時或是撫養雛鳥時都由雙親平均分攤責任。兩性都有繽紛羽毛和一束額冠，都散發強烈的柑橘氣味，也都會發出複雜的嘹亮鳴叫。

人類的生物特性要求每位女性都必須在每個孩子身上投注大量心血，卻讓男性可以選擇。有些男性投資得很少，但有很多男性選擇投入重大資本，為配偶和小孩供應食物和保護。沒有別的靈長類是由雄性定期提供食物的；雌性要自謀生計。[20]

女性若能與資源雄厚、忠誠度高的男性配對，她撫養孩子就比較容易成功，所以天擇塑造女性讓她們偏愛擁有資源和地位（與資源相關）的男性。這種偏好是跨文化的，而且擁有較多資源的女性，這種偏好更強烈。這並不是財富不均的副作用。[21] 男性的年齡和身高，與他的地位和資源相關；在不同文化中，女性偏好個子較高、年齡稍長的男性。[22] 女性從臉孔照片就判斷得出，一個男人會不會輕易出軌，將資源轉移到其他女人身上；愛情騙子往往看來比較陽剛，但不見得更具吸引力。[23] 男性比較沒辦法區分哪個女性會出軌，[24] 事實上，就像駝鹿和吉丁蟲示範過的，投資很少的雄性有時會分不出哪隻是雌性，哪個是玻璃瓶或者雕像。

女性與擁有優良基因的男性配對，比較可能成功養育出健康的孩子。這種基因和睪固酮含量相關。[25] 由於睪固酮能促進骨骼和肌肉的生長，在青春期階段有較多睪固酮的男性，會發育出比較陽剛的臉孔，下巴較長、較有稜角，眉脊也比較大。所以在天擇的塑造下，女性偏愛擁有較陽剛臉孔的男子。不過這裡有個難題：較高的睪固酮含量，與較少的對後代投資相關，也和較高的出軌傾向有關。[26]

女性得面對一種適應度取捨：是要和睪固酮少，不過忠誠度高的男子配對，還是和睪固酮多，但忠誠度低的男子配對。類似這種取捨是演化的常見事例，取捨得好的基因，較常得到下一代的認可。就女性的情況來說，這些基因都是天賦異稟，努力同時收割兩種選擇的適應度利益：它們讓女性在月經週期的高受孕率階段更偏愛陽剛臉孔。[27] 它們編排荷爾蒙分泌和腦部活動，讓女性對男性臉孔的欲求在月經週期內不斷變化，[28] 讓自己能擁有一個忠誠的男性，提高她的孩子擁有優良基因的機會。

不過基因不是只做到塑造陽剛臉孔的吸引力就罷休。它也編排女性對陽剛的步態、身體、氣味、聲音和性格的偏愛。[29] 處於低受孕率階段的女性對伴侶會比較安份，到了高受孕率階段就比較容易出軌，或者會幻想出軌、打扮得很有魅力、與新的男性交往調情。[30] 然而若是女性的配偶很有吸引力，或者他負責免疫系統編碼的「主要組織相容性複合體基因」（MHC gene）能與她的基因互補，並促使他們的孩子更有機會擁有健康的免疫系統，則她的游移眼神就比較不會那麼明顯——這又是個高明的基因策略，好提高取得更大適應度收益的機率。[31] 大多數時候，基因的這些謀略都在意識經驗的雷達偵測範圍之下飛行，來促成（但不強迫採行）一種行動選項。

鑑於這些無恥基因的潛意識陰謀，我們很難預測女性會想要有什麼樣虹膜的男性。較小的虹膜暗示較大的年齡和較雄厚的資源。較大的虹膜暗示青春，也因此代表比較健康的基因。或許女性在受孕率低下時，會偏愛較小的虹膜，而受孕率高時，就會偏愛較大的虹膜。薩馬克內賈德的實驗並沒有測量受孕率，實驗發現對虹膜大小並沒有偏愛情況，或許是由於她的資料把整個週期的偏好度平均計算了。

虹膜的正中央有個瞳孔，光就是透過這個開孔進入眼中。瞳孔會隨著環境光的明暗變化而收縮或擴張。不過瞳孔也會因其他因素而擴張，例如感到興趣或者腦力勞動等認知狀態，還有恐懼或吸引力等情緒狀態。[32] 隨著年齡增長，瞳孔的最大擴張度也會下降。[33]

當一名男子看到一名臉上掛著微笑的大瞳孔女子，他也在潛意識中看到了她的興趣，從這個投資較低的親代性別來看，可想而知他會覺得這很有吸引力。[34] 有一項實驗用的是一本上市銷售的書，書的封面是一個女子面帶微笑的照片，其中一些封面的瞳孔經過人工加大。結果男性比較喜歡購買瞳孔加大過的書，雖然他們說不出原因。[35] 研究者發現了一條和女性興趣真正有關的線索，儘管可能有錯：女性在受孕率高時，看到引起性欲的畫面時，瞳孔會擴張得比較大——除非她正在服用避孕丸。[36]

薩馬克內賈德在她的第一項實驗中把虹膜改成深色，於是瞳孔變得不可見，不具影響力。不過在第二項實驗當中，她研究了虹膜和瞳孔的尺寸如何交互作用以影響吸引力。[37]每次試驗，她都讓男性觀看兩張女子臉孔的照片，兩張臉一模一樣，除了其中一張的虹膜和瞳孔都比較大。男子依要求挑出比較漂亮的臉。結果一如預期，他們挑的是有較大虹膜和瞳孔的臉：這些是代表青春和興趣的信號。接著，薩馬克內賈德讓那群男子陷入兩難。每次試驗她都讓男性觀看兩張女子臉孔的照片，兩張臉一模一樣，但有一張的虹膜較大，但瞳孔較小。這就迫使男子得在展現出較少興趣的「較年輕」女性，和表現出較多興趣的「較年長」女性之間做選擇。不同的男性採取不同的策略：有的選擇年輕的臉孔，有的選擇展現興趣的臉孔。這種策略的變異性，是天擇要修剪的綠芽。

處於低受孕率階段時，女性偏愛瞳孔較小的男性——較少興趣。排卵前幾天，她們轉而偏愛較大的瞳孔。[38]這種早期的轉變或許是演化而來的，讓她們有時間建立自己有興趣的、也對自己感興趣的男性候選名單，評估這些人適不適合成為短期配偶。有些女性會受到「用情不專、輕佻、投機取巧、頑固、英俊、自信並自負」的所謂「壞男孩」吸引。[39]這些女性偏愛具有較大瞳孔的男性。

鞏膜——眼白部分——會影響吸引力。沒有其他靈長類有白色鞏膜。牠們的鞏膜是深色的，目的是要隱藏牠們的視線方向，不讓捕食者知道，也不讓同物種的其他成員知道，因為凝視對牠們來說可能代表威脅。[40]人類眼睛的白色鞏膜大大方方公告自己的凝視方向，讓它成為社會溝通的工具。它也公告了情緒和健康。鞏膜外覆蓋著結膜，那是一片內含微小血管的薄膜，某些情緒如害怕和悲傷，還有某些病變如過敏和結膜炎，都會讓這裡的血管擴張，使鞏膜變紅。我們的基因並沒有錯失這點。眼白經人工改成紅色的臉孔照片，看來很情緒化，也比較沒有吸引力。[41] 肝病和衰老可能使鞏膜呈黃色調。把鞏膜染白會讓整張臉看來比較有吸引力。[42]

嬰兒的鞏膜很薄，因此底下的脈絡膜就賦予鞏膜一點淺藍色調。[43] 隨著年紀增長，鞏膜變厚，這種色調就消失了。所以淺藍鞏膜與青春有關。由於男性偏愛青春女性，而女性偏愛年紀稍長的男性，我預測，偏愛異性鞏膜顏色較藍的男性會多於女性。薩馬克內賈德檢驗了這項預測。她秀出一系列臉孔照片，請受測者用一條滑軌來調節鞏膜的色調，從偏藍到偏黃，直到每張臉看來最有吸引力為止。女性把男性鞏膜調得略微偏藍，而男性則如同預測，把女性鞏膜調得更藍。[44] 我們的基因又一次捕捉到了適應度的一種細微線索。這個現象有一種用途是很清楚的，要讓你的肖像照更有吸引力，別只是染白鞏膜，還要增添一絲藍色。女性需要增加的藍應該比男性多。

我們的眼睛因為溼潤，而帶有高光點，這能強化眼睛的吸引力。專業攝影師都知道這點，會用「眼神光」在雙眼上增添高光。畫家也知道這點：維梅爾（Vermeer）畫作《戴珍珠耳環的女孩》（Girl with a Pearl Earring）雙眼閃爍著生命的火花；《蒙娜麗莎》的雙眼沒有火花，因而增添了她的神祕感。動漫、卡通把眼神光誇大來強化角色吸引力。電影人會避免反派眼中出現高光，把他們變得毫無生氣，更顯凶惡。

眼睛的高光是從淚腺分泌的淚膜反射出來的，淚膜會遮掩角膜和鞏膜。[45] 隨著年紀增長，或是因為疾病，如休格倫氏症候群（Sjogren's syndrome）、狼瘡、類風濕性關節炎（rheumatoid arthritis）、甲狀腺疾病（thyroid disease），和麥氏腺（即「瞼板腺」）功能障礙（meibomian gland dysfunction）等，淚膜會愈來愈薄，眼睛也變得乾燥。乾眼反射的光較少，不如覆蓋豐厚淚膜的眼睛。[46] 所以較亮的高光代表青春和健康。

我們對吸引力的感受是否也追蹤這個信號？佩舍克發現確實如此。和沒有高光或者只有黯淡高光的臉孔相比，有高光的臉確實較有吸引力。不過倘若一眼的高光比另一眼高——表明雙眼不對稱——那麼這張臉就會少了很多吸引力。你如果要在自己的肖像照上增添高光，記得要確定是否對齊。

注意眼神光並不是人類獨有的習性。舉例來說，貓頭鷹環蝶（owl butterfly）的後翅上帶了假的貓頭鷹眼睛，每隻眼睛都有個一個假的光點。這種對細節的關注，暗示這是一場演化軍備競賽，其中假眼——為了嚇唬牠的鳥類捕食者——變得愈來愈真，因為鳥在捕食時的視覺也愈來愈能分辨真偽。這場競賽到了某個階段，突變——或許影響了 Engrailed、Distal-less、Hedgehog 或者 Notch 等類別的基因 [47]——為每個眼狀斑點抹上一個光點，形成栩栩如生能嚇走鳥類的假眼，於是突變延續了下來。這樣的軍備競賽模式會一再複製：許多種類的蝴蝶和飛蛾，都在生存戰役中配備了附帶假光點的眼斑。

假高光也可以用來為愛情增溫。偏瞳蔽眼蝶（*Bicyclus anynana*）是非洲的一種蝴蝶，雄蝶眼斑上的高光只要雕琢得恰到好處，就能激發雌蝶的交配欲；若雄蝶的氣味也能達到標準，那對雌蝶來說就是天菜了。[48] 為什麼假光點那麼誘人？雄蝶眼斑若是帶有適當的光點，會更能嚇跑捕食者並存活下來。受那隻雄蝶吸引的雌蝶，比較有可能生出長了類似眼斑，也能嚇走捕食者的後代。所以吸引雌蝶的特徵背後的基因，也就比較可能傳播下去。假高光能避免戰爭，所以吸引了愛情。

基因還拿眼斑來施行其他策略。舉例來說，孔雀擁有豔麗的大型尾羽，上面布滿令人神迷的眼斑，這樣的特徵對雌性孔雀發出一種信號，表明儘管帶著這麼妨礙行動的負荷，牠的體魄依然好到能避開捕食，因此足夠擔保不會辜負母孔雀的愛。[49] 基因使用許多計策來擠進下一代。在情場、戰場，還有奪取適應度點數上，沒有什麼是不公平的。

陸生動物的眼睛會閃現高光，是由於光在空氣中的折射率，和光在淚膜的折射率有差異。就水中生物而言，這種折射率差異消失了，因此眼中也沒有光點。有些魚類——如雙睛護稚鰕虎（eyespot goby）、安邦雀鯛（ambon damselfish）和長吻管嘴魚（copperband butterfly fish）——都演化出自衛用的眼斑來對付捕食者。不過牠們的眼斑都缺少高光，因為眼睛在水中並沒有高光。假高光的適應度收益取決於背景環境：在陸上有用，在海中無用。

你的基因會為了進入下一代而採行各種策略。直到 1963 年，當時在倫敦就讀研究所的威廉・漢彌爾頓（William Hamilton）才發現，你體內的基因也能把其他身體的基因送進下一代。不是其他任何身體都可以，而是含有與你的基因有關的基因的其他身體。你和你的兄弟姊妹與爸媽有半數的基因相同，和你的孫輩有四分之一相同，與你的堂表兄弟姊妹則有八分之一相同。漢彌爾頓發現，如果某種生存策略使你一位親人獲得的適應度利益，大於你要付出的適應度成本，那麼天擇會容許這種策略留存下來。至於需要大多少，取決於你們的血緣遠近。你的兄弟姊妹得到的利益，起碼要兩倍於你付出的成本；孫輩的利益起碼要四倍於你付出的成本；而堂表兄弟姊妹的利益，則起碼要八倍於你付出的成本。這種比較廣義的適應度稱為「總體適應度」（inclusive fitness），與我們從前面討論到現在的「個體適應度」（personal fitness）觀點有所區隔。[50] 這兩種觀點並不互相矛盾。總體適應度只是考慮比較廣泛的策略頻譜，基因可以採行這些策略來擠進下一代。

總體適應度能解釋某些利他行為的演化。利他行為強化別人的適應度，但自己要付出代價，有一個例子是貝氏地松鼠（Belding's ground squirrel）的示警叫聲。這種地松鼠是美國西北部原生種，位居食物鏈下層，是多種捕食動物如鵰、鼬、截尾貓（美國大山貓）、獾和郊狼餐桌上的家常菜。[51] 生性謹慎的地松鼠若察覺有鵰接近，牠就會尖嘯示警，即使暴露自己行蹤，招來攻擊也在所不惜。牠會警告鄰近的地松鼠，冒生命危險把敵人的注意力引到自己身上，若附近的松鼠也具有尖嘯示警的基因，這樣的策略就能使這些基因更順利進入下一代，即使偶爾會有一隻尖兵變成盤中飧。這些基因會留存下來，即使——也確實是因為——有些松鼠犧牲了；這是基因願意承擔的風險。然而，地松鼠的利他主義是有限度的。當捕食動物不是來自空中而是陸地，地松鼠就不會尖嘯，而是馬上找安全的地方躲。

你身上那個為了救鄰居而犧牲你的基因，如果鄰居身上也有，那麼它就能留存下來。這種基因共居的機率，取決於你們的遺傳關聯性。由於我們無法檢視 DNA，所以我們的基因演化出估計這種關聯性的策略，這些策略不盡完美，但相當夠用。其中一個策略是假定住在你附近的同種個體——你這個物種的其他成員——與你的遺傳關聯性會比住得遠的個體更高。這往往是事實，足以塑造出一種有用的經驗法則：對你較常見到的人表現出更多的利他行為。[52]

另一個策略是從感覺線索來估計遺傳關聯性。舉例來說，雌性貝氏地松鼠十分依賴氣味來估計關聯性，並偏愛聞起來感覺和牠較親的個體。[53]

紐約大學心理學教授拉瑞・馬洛尼（Larry Maloney）和義大利帕多瓦大學（Padua University）心理學教授瑪麗亞・達爾・馬爾泰羅（Maria dal Martello）發現，觀看陌生人的臉孔，可以估計出他們之間的親疏關係。我們從上半臉比較能夠看出關於親疏關係的資訊，從下半臉就比較少。尤其是眼睛，我們五分之一的準確度都來自這裡。[54] 目前還不清楚眼睛的哪些特徵影響我們對於親疏關係的判斷。

我們在本章了解到，眼睛的特徵如角膜緣環，可以讓我們顯得有吸引力，也因此能強化我們的個體適應度。眼睛恰好也能向我們透露親疏關係，也因此能強化總體適應度。眼睛不但是靈魂之窗，也肯定是眺望演化最重要影響因素——適應度——的窗口，包括個體的和總體的。

這一章的內容聚焦在眼睛之美，一方面是為了簡潔，同時也是由於我們注視眼睛的時間多過於其他任何對象。當然了，我們的基因還能使用其他好幾百種感官線索來估計適應度，如身高、體重、氣味和聲音的質感。[55]

基因塑造了男性對女性之美的知覺。不過要澄清的是，這個事實並不能合理化性別歧視、父權體制或對女性的壓迫。基因會影響我們的情緒和行為，但發現這一點並不能代表不公義的現狀是應當的，就如同發現基因會影響癌症，並不代表癌症的存在就是應當的。事實正好相反，演化心理學的進步，提供了理解和預防壓迫的工具，就如同分子生物學的進展，提供了理解和治療癌症的工具。

演化心理學揭露了我們對美的知覺是對生殖潛力的一種估計，這意思並不是指我們從事性行為只為了生育後代。延伸適應（exaptation）——原本演化來發揮某種功能的特徵後來納入了新的功能——是自然界的常態。我們用性行為來生育，不過也用來享受親密關係、玩耍、療癒和歡樂。

有了這些但書，我們對美的研究就只是一個背景，襯托我們必須解決的核心問題：我們知覺到的是現實的原貌嗎？後面我們會找到一個違反直覺的答案。倘若我們的感官是天擇塑造下的演化成果，那麼時空和物，就和美一樣，也因觀者而異。它們透露的是適應度資訊——而非真相或客觀現實。

第三章

現實

看不見的太陽在惡作劇

「就演化來說，視知覺唯有在具合理準確度時才有用……沒錯，視覺之所以有用，正是由於它很準確。整體而言，你所見即你所得。當這點成立，我們就有了所謂『如實表述的知覺』(veridical perception)……能與環境事務實際狀態相符的知覺。視覺幾乎始終都是這樣。」

—— 史蒂芬・帕默（STEPHEN PALMER），《視覺科學》(VISION SCIENCE)

「我不明白為什麼你對神經元這麼嚴苛，」克立克在 1994 年 4 月 13 日寫道。「你相信太陽在任何人知覺到它之前就已存在，那麼為什麼神經元就非得不同？」在此之前幾週，克立克特地寄給我一本他的新書《驚異的假說》並簽上他的大名。我讀過之後，在 3 月 22 日寫了封信給他，感謝他寄書給我。我還對書中的假設提出一個問題：

或許你能幫我擺脫一個看似矛盾的狀況。我完全同

> 意你說的「觀看是一種主動的建構性歷程」、我們見到的「是對世界的一種象徵性詮釋」，以及「事實上我們對世界上的物並沒有直接認識」。確實我認為知覺就像科學：一種基於現有證據來建構理論的歷程。我們見到我們相信的理論，就像你說的：「眼見為憑。」

在這些觀點上，克立克和我的看法是一致的，不過它們和常理相衝突，因此必須進一步討論。我們多數人並不會主張自己完全知道視覺如何運作。不過若有人追問，我們或許會推想視覺大概很像攝影機。我們相信有一個真實存在的三維世界，即使沒有人在看的時候也一樣，那裡面有真實的物，如紅蘋果和水霧濛濛的瀑布。我們觀看世界時，只是對它拍了一段影片。所以視覺實在沒什麼好說的，而且大半時間都運作良好——我們的影片畫面拍得很準確。

不過常理要大吃一驚了。神經科學家向我們擔保，我們每次睜開眼睛，數十億個神經元和數兆個突觸就立刻動起來，約三分之一的腦皮質，我們最先進的運算能力的三分之一，都投注到視覺上——你要是以為看東西只不過像拍影片，你可能不會料到是這樣的情形，畢竟攝影機在電腦問世之前早就開始拍影片了。所以我們看東西時，大腦究竟在運算什麼，還有為什麼做那些運算？

神經科學家的標準回答是，大腦是在即時建構我們對蘋果和瀑布等物的知覺。[1] 之所以需要建構，是因為眼睛本身並不能看到蘋果和瀑布；實際上，眼睛擁有大約 1 億 3000 萬個感光受體，每個都只看見一事：它剛剛捕捉到多少顆光子。所以感光受體是專門數光子的帳房，只會提出無聊的報告，類似這樣：1 號感光受體

20 顆光子，2 號感光受體 3 顆光子，130,000,000 號感光受體 6 顆光子。在眼睛的感光受體那裡，並沒有香甜可口的蘋果，也沒有賞心悅目的瀑布，只有令人昏昏欲睡，意義不明的連串數字。為了賦予這堆光子一些意義，為了解這些死氣沉沉的數字對生命世界有什麼話要說，是極端艱鉅的差事，必須徵調數十億個神經元，連同眼睛本身的千百萬個神經元一同服役。這並不像把希臘文翻譯成英文，而比較像是偵探工作：數字是撲朔迷離的線索，大腦必須像福爾摩斯那樣去推理。或者也像理論物理學：數字是實驗資料，大腦必須請出一位愛因斯坦來。藉由巧妙的偵探工作和理論建構，你的腦子把龐雜的數字詮釋成一個協調的世界，那個詮釋也就是你眼中所見——你的大腦能召喚出的最佳理論。

因此克立克才會宣稱，而我也認同，「觀看是一種主動的建構性歷程」，還有我們所見「是對世界的一種象徵性詮釋」，以及「事實上我們對世界上的物並沒有直接認識」，而眼見是以你的最佳理論為憑。

不過接著我設立了我的悖論。要是我們見到的一切都是我們建構的，那麼我們要是看到神經元，我們就是建構了神經元。不過我們建構的事物，在我們建構它之前並不存在（多可惜啊；要是我在建構我的夢想房子之前就能先搬進去住，就不用花什麼錢了）。所以神經元在我們建構它之前並不存在。

不過我在 3 月 22 日那封信裡寫道，這個結論「似乎與驚異的假說相矛盾，亦即，神經元預先存在於我們的知覺之前，而且以某種因果關係促成了我們的知覺」。

我不認為克立克會認同我的論點，不過我想知道他的理由。他在 1994 年 3 月 25 日回信：「合理的假設是，一個真實世界是以我們只具備有限認識的事物組成的，神經元是在任何人觀察它們、並視之為神經元之前就已經在。」（斜體是克立克用下加底線表示強調的字眼。）

克立克相信，多數神經科學家也會同意，合理的假設是神經元在任何人知覺到它們並視之為神經元之前早就存在了。不過我還想更深入了解他對知覺和現實之間的關係有什麼想法。所以在1994年4月11日的一封信中，我進一步追問：「我們可以如你所說的，假設神經元在我們看得到任何表徵之前，已預先存在於世界上。不過這個假設儘管合理，卻是不可測試的。我們該如何從原則上否證它？」

這促使克立克在4月13日回覆：「我不明白你為什麼對神經元這麼嚴苛。你一定相信太陽在有任何人察覺它之前就已存在，那麼為什麼神經元非得不同？」不過接著他如我所願，分享了他對知覺和現實的想法。「在我看來，依康德所見，我們必須分辨『物自身』（thing-in-itself）（如前面例子中的太陽）和『智思物』（idea-of-the-thing）之間的差異，『物自身』基本上是不可知的，而『智思物』則是我們大腦建構的。後來這個主張就變成，我們知覺到的東西是象徵式的建構物。『太陽自身』可以是知覺的主體，我們的『智思太陽』是象徵式的建構物。智思太陽並不預先存在於它被建構之前，太陽自身則是！」

可以接受。克立克和我一樣排斥形而上唯我論，那個理念體系認為我和我的經驗就是存在的一切。根據這個唯我論，我見到你，那麼你存在，不過只是作為我的經驗。我閉上眼睛，你就不再存在。我住在一個我自己創造的宇宙中，那是我的經驗構成的宇宙。我隻身一人。我不能加入唯我論者學會，也不能不帶諷刺地想，為什麼有人不是唯我論者。

克立克相信形而上實在論。即使沒有人看，太陽自身依然存在。我只建構我對那個太陽的知覺——我的智思太陽。

我們多數人都是形而上實在論者。這似乎是自然而生的看法。假定，誠如我們在第一章所討論的，你睜開眼，經歷了你描述為 1 公尺外有一顆紅色番茄的體驗。接著你閉上眼，於是你的體驗改了，變成一片灰色視野。當你看到灰色時，1 公尺外有一顆紅色番茄是否依然成立？我們多數人會說是。好，這顆番茄，我們相信就算沒有人看時依然存在的番茄，克立克會稱之為「番茄自身」，它並不等同於你的番茄經驗（或者用哲學家的說法，「你之於一顆番茄的經驗」），你的「智思番茄。」

克立克在他的信中說，物自身——番茄自身或者神經元自身——「基本上是不可知的」。不過我們多數人相信另一種說法。例如我們相信番茄自身就和我們的經驗一樣，是紅的而且是番茄形狀的，而且在 1 公尺外。我們相信那種經驗能準確描繪物自身。

我猜克立克也相信這點。他相信我們的智思神經元準確地描繪了神經元自身。一位神經科學家以顯微鏡觀察時，她體驗到的神經元三維形狀告訴她神經元自身的真正形狀。她從微電極聽到的滴答聲，告訴她神經元自身的真正活動。克立克在他的書中說：「『驚異的假說』講的是，『你』，你的歡樂和你的哀傷，你的記憶和你的抱負，你的個人認同感以及自由意志，其實都只是大批神經細胞與它們的相關分子所表現的行為……『你不過就是一批神經元。』」克立克的意思顯然是指一批神經元自身，而非一批智思神經元。

所以我在 1994 年 5 月 2 日又寫了一封信給他，請教他對這個核心問題的看法。

「『驚異的假說』依然是不可測試的。因為實驗中只能觀察智思神經元，並不是神經元自身。以我目前所能想到的，跨過這個間隙的唯一方法就是，假設神經元自身在某些重要方面與我們的智思神經元是相似的。（這些論述，倘若正確的話，也適用於太陽自身以及其他。）我們暫且稱之為「橋接假說」（Bridge Hypothesis）。

「總之，我認為，即使是修正後的『驚異的假說』依然是不可測試的。或者應該說，唯有採用橋接假說時它才是可測試的，因為這個假說認定在知覺到的和不可知覺的之間存有一種關係，而假說本身則是不可測試的和含糊不明的……物自身是本體論的包袱，對科學上的追求沒有用處。」

我自己並不認同包袱這個部分，我覺得克立克也不會認同，不過我想聽聽他的想法。

克立克在 1994 年 5 月 4 日回應了：「我認為拋棄『物自身』是不明智的，因為這個觀念在警告我們，有些事情我們無從知道時還是用得上。然而，這是一個方便我們用這種方式討論的假說，不過它是所有科學背後的標準假說、甚至（我想）包括量子力學在內。只有在討論感質（qualia）的時候問題才變得嚴重。」

哲學家有時會用「感質」一詞指稱主觀的意識經驗——看到紅色的紅、或者聞到咖啡的香氣是什麼感覺。我會避免使用這個詞，因為往往會引起定義上的爭辯。我改以意識經驗相稱。

克立克繼續寫到：「事實上，我們目前對於大腦如何運作的暫定觀點認為，感質的某些層面是無法傳達的。問題出在要怎麼解釋何以會存在感質這種東西，主流看法是我們應該設法找出意識相關神經區，先別太擔心感質的這個層面。」

克立克對物自身的觀點很務實：這是一個方便我們用這種方式討論的假說（「方便」和「加說」他用下加底線來強調）。他對意識經驗的問題說得很坦白，他認為它們的存在，在當時太難以解釋了。眾所周知，克立克在鑽研 DNA 時，深受薛丁格在《生命是什麼？》（What is Life?）一書中對基因的看法的影響。顯然，克立克也受了薛丁格在同一本書中對意識經驗的看法的影響：「色彩的感覺不能以物理學家用光波所做的客觀描述來說明。如果生理學家能夠比現在更完整地認識視網膜中的歷程，以及視網膜在視神經束和腦中設置的歷程，他就有辦法說明嗎？我不這麼認為。」

然而克立克假定，物自身能以我們的智思物的語彙來描述，也就是以在空間和時間中移動的物作為語彙。舉例來說，熱自身是在空間和時間中運動的分子；神經元自身是在空間和時間中演化、具有形狀和活動的物。他假定我們的智思物真實地描述了物自身，所以同樣的語彙能同時描述這兩者。我不認為這個假設是可行的，不過克立克認為它甚至還適用於物、空間和時間。

克立克這項觀點受到一位年輕神經科學家大衛・馬爾的支持，馬爾在 1970 年代晚期到 1980 年代早期為我們對視覺的認識帶來革新。克立克在英國結識馬爾。之後轉往聖地牙哥索爾克研究所（Salk Institute in San Diego），馬爾則轉往麻省理工學院任職。1979 年 4 月，馬爾和他的同事托馬索・波吉歐（Tomaso Poggio）前往索爾克研究所待了一個月，與克立克討論視覺神經科學。

馬爾主張，我們的知覺通常與現實相符，我們的智思物也能正確描述物自身。正如他在 1982 年出版的《視覺計算理論》一書中所述：「通常我們的知覺處理歷程的確能正確運作（能針對實際存在的事物提出真確的描述）。」他相信知覺和現實的這種相符現象，是長久演化之下的結果：「我們……對外界真實可見表面的外顯屬性進行非常明確的運算，而視覺系統演化有一個有趣的方向，就是會逐漸把『呈現視覺世界愈來愈多的客觀層面』這件困難的差事攬過來做。」

馬爾主張，人類視覺系統的智思物會往與物自身的真實結構相符的方向演化，儘管不見得完美相符：「通常我們的知覺處理歷程的確能正確運作（能對實際存在的事物提出真確的描述），不過儘管演化已設法讓我們的處理歷程能接受眾多變化（好比不一致的照明），但水中光線折射造成的擾動並不是其中之一。」不過馬爾的結論是，整體而言天擇塑造我們的知覺來與現實相符：「收益是比較有靈活度；代價則是分析的複雜度，因此必須動用較大的腦容量和較多的時間。」

克立克認為物自身是個有用的假設。馬爾基於演化的角度進一步認為，我們的知覺、我們的智思物能準確描繪現實，也就是物自身。在 1994 年與克立克的通信內容中，我並沒有對馬爾的橋接假說演化論述提出反駁。

沒錯，我在知覺與現實的想法上確實受了馬爾的影響。我最早接觸他的理念是在 1977 至 78 學年度，在加州大學洛杉磯分校的一門人工智慧研究所課程，當年我是大四生，正在攻讀量化心理學學士學位，不過愛德華．卡特雷特（Edward Carterette）教授特別讓我進入他的研究所課堂。我們討論的論文中有一篇就是馬爾寫的，我發現它的風格和內容都令人振奮。馬爾建立了一些精確度夠高、足以代入電腦程式的視覺模型，電腦若能連上攝影機，則這些程式就可以分析攝影機接收來的影像，推斷出鄰近環境的重要特徵，例如它的三維結構。馬爾的目標很清楚：創造出精確的人類視覺模型，並運用這些模型來建造出能視物的電腦和機器人。

我整個著了迷。這個人在哪裡，我該怎麼和他共事？我很驚訝地得知，馬爾在麻省理工學院的心理學系任教。麻省理工心理系？我還以為麻省理工是數學和硬科學的堡壘，而不是心理學的重鎮。後來我才知道，馬爾也待在人工智慧實驗室（Artificial Intelligence Laboratory）。我決定申請麻省理工學院，投入他的門下。當時正值冷戰高峰，我半工半讀完成加州大學洛杉磯分校的學業，以冷戰戰士的身分在休斯飛機公司（Hughes Aircraft）工作，撰寫飛行模擬器和噴射戰鬥機（如 F-14）座艙顯示器的微處理器機械碼，稱為 AN/UYK- 30。我在 1978 年 6 月從加州大學畢業，繼續在休斯公司多待了一年，然後在 1979 年秋季進入麻省理工，成為馬爾的研究生。

我不久就知道馬爾得了白血病。他在 14 個月後的 1980 年 11 月去世，得年 35 歲。不過那 14 個月超過了我的預期。馬爾的人和他的文章一樣，很能鼓舞人心，身邊包圍著一群熱情的學生和出色的同事。討論充滿活力，涵蓋多種學科，且充滿開創性。

我們有快樂的時刻。馬爾進入緩解期，與露西雅．維納（Lucia Vaina）結婚。也有傷心的時刻， 心理學研究生傑瑞米（Jeremy）在那個春季剛完成博士學業，隔天就結束了自己的生命，傳言是用氰化物。所有研究生都驚呆了。幾天後，我在人工智慧實驗室八樓走過馬爾的辦公室，他招手要我進去。「你要是哪天想結束生命，先來找我。人生是很值得活的。」

不久，馬爾來實驗室開會時已經明顯虛弱，拿著手帕遮掩口鼻。然後情況就急轉直下，他完全不來了。惠特曼．理查茲（Whitman Richards）是出色的心理物理學家，馬爾理念的擁護者，馬爾還在世時，理查茲是我的共同指導教授，馬爾死後，他就成了我唯一的指導教授，在他 2016 年過世前，我們一直是親密的朋友。

我在 1983 年春季修完博士，接著在秋季前往加州大學爾灣分校認知科學系任職。到了 1986 年，我已經對馬爾所主張的我們是往「能看到事物的真實描述」的方向演化感到懷疑。我也懷疑知覺的語言——由空間、時間、形狀、色彩、質感、氣味、味道等構成的語言——真能傳達出對事物的真實描述。這完全是不當的語言。不過在 1994 年，我還沒辦法向克立克提出能反駁馬爾這項主張的有力論證。

其實反而有一批支持它的論證，認為在我們的祖先當中，那些能更準確看到現實的人，比看得不那麼準確的人更有競爭優勢，他們比較可能把能夠更準確察覺現實的基因傳遞下來，我們就是那群人的後代，每一代都看得比前一代更準確。所以我們可以很自信地認定，這樣經過幾千代下來，我們看到的就是現實原貌。當然並不是看到現實的全貌，只有那些對我們在自己的生態區位中的生存有影響的部分。如比爾．蓋斯勒（Bill Geisler）和蘭迪．迪爾（Randy Diehl）的說法：「一般而言，比較接近事實真相的（知覺）估計，比起偏離實情的那些有更大的用處。」[2] 所以，「一般而言，人類的知覺在自然情況下大半是如實的〔準確的〕。」[3]

演化理論學者羅伯特．崔弗斯——他的演化研究徹底改變了我們對社會關係的認識——也提出了類似的論述：「我們的感官已經演化成能夠讓我們對外部世界產生極端詳細且準確的看法……

我們感覺系統的組織方式，是為了讓我們對現實產生詳細而準確的看法，若外部世界的相關事實能幫助我們更有效地在其中存活，這個結果正如我們所預期。」[4]

視覺科學家對許多技術問題看法分歧，如動作的角色與知覺的體現（embodiment），以及知覺是否牽涉到建構、推論、運算和內在表徵（internal representation）。不過有一點是他們都認同的：我們知覺的語言適合用來描述當沒有人觀看時存在的東西；還有在正常情況下，我們的知覺都能正確感知。

舉例來說，史蒂芬．帕默在他的《視覺科學》教科書中告訴研讀知覺的學生：「從演化的角度來說，唯有具備相當準確度時，視知覺才有用處。」關鍵是更真實的知覺、更符合客觀世界狀態的知覺，就具有更高的適應度。所以天擇把我們的知覺塑造得更能感知真實。

多數知覺理論學家主張，大腦創造出外在世界的內在表徵，而這些內在表徵造就了我們的知覺經驗。他們聲稱，我們的經驗是如實的，意思是這些內在表徵的結構，乃至於我們的經驗的結構，都與客觀世界的結構相符。

阿爾瓦．諾埃（Alva Noë）和凱文．奧雷根（Kevin O'Regan）告訴我們：「感知者要設法使自己獲取環境細節是合理的。」[5]諾埃和奧雷根同意，大腦創造出外部世界的內在表徵，不過他們聲稱，我們的知覺經驗並不是這些內在表徵所引起，而是出自我們對客觀世界的主動探索，以及在這個過程中，行動與知覺之間出現的偶發狀況帶給我們的發現。不過他們同意，這個過程造就了如實的知覺經驗。

齊格蒙特．皮茲洛（Zygmunt Pizlo）和他的同事告訴我們：「如實性是知覺和認知的一種根本特質，最根本的。少了如實性的知覺和認知，就像少了守恆定律的物理學。」[6]斜體是他們下的。皮茲洛認為我們的知覺是如實的，因為演化已經把我們的感官系統塑造成能夠感知外部世界的真實對稱性。

有些研究者，如傑克・盧米斯（Jack Loomis），同意我們的知覺和客觀現實之間是有一些相似性，不過仍主張我們的知覺可能有系統性偏誤，特別是對形狀的感知。[7]不過這些研究者認為，我們知覺的語言是對實在界建構真實描述的適當語言。

然而儘管專家有這樣的共識，我還是懷疑天擇會偏袒能描述現實的知覺。更深入地說，我懷疑天擇是否會偏袒能對實在界建構真實描述的知覺。我說的並不是知覺偶爾會誇大、低估或者出差錯的情況，而是我們的知覺所用的詞彙，包括空間、時間和物，在描述現實上是無能為力的。

我在馬爾的《視覺計算理論》書上一個出自馬爾本人的說法中找到疑點，那個說法他以較簡單的生物體，如蒼蠅和青蛙為例：「像蒼蠅那樣的視覺系統……並不是非常複雜；所取得的和世界有關的客觀資訊少之又少。得到的資訊全都非常主觀。」他認為「蒼蠅極不可能取得牠周遭視覺世界的詳盡表徵——例如，牠沒有真正的表面概念」。不過他相信，蒼蠅儘管沒辦法建構世界的表徵，但依然能存活，理由比方說在於牠「追求配偶時有足夠頻繁的成功次數。」[8]

接著馬爾解釋，為什麼一種「並不真正重現視覺世界」的簡單系統依然有可能演化出來。「這種簡單性的一個理由必定是，系統告訴蒼蠅的事實提供了牠足以存活下去的充分資訊。」[9]

馬爾認為，天擇有可能偏袒不重現客觀現實的簡單、主觀的知覺，只要這個知覺確實能指導適應性行動即可。這就引發了一個問題：天擇何時不偏袒主觀的知覺，而是偏袒如實的知覺？馬爾的回答是：當生物體比較複雜時。他主張，人類有如實的知覺，而簡單的蒼蠅並沒有。不過這是對的嗎？

或許不對。認知科學家史蒂芬・平克（Steven Pinker）解釋過為什麼天擇不會偏袒如實的知覺。我在麻省理工學院讀研究所的最後一年，也是平克在那裡擔任助理教授的第一年，我有幸選上了他的一門課，也和他成為很好的朋友。那時就已經可以清楚看出，以他的創造力、精闢的邏輯和淵博的文獻掌握能力，平克會對認知科學做出卓絕的貢獻，而事實也正是如此。他在 1997 年出版的《心智探奇》（How the Mind Works）一書，使我開始認真研究演化心理學。[10] 讀他這本書之前，我對演化心理學已有認識，也知道勒妲・科斯米德斯（Leda Cosmides）和約翰・托比（John Tooby）的開創性研究。其實我在 1991 年就曾想說服我的系聘請勒妲來任教，結果沒有成功——演化心理學在當時是有爭議的，今天也依然如此。舉例來說，有人指控這門學科缺乏可測試的假設、為不名譽的道德和政治理念辯解，且主張人類行為由基因決定，環境影響微乎其微。這些指控實際上都受了誤導。

平克的書讓我相信，研究知覺時要把它看成天擇的產物。他提出一項驚人的主張：「我們的心智經由天擇演化而來，是為了解決對我們的祖先來說攸關生死的問題，而不是與正確性交流。」這個見解就是核心。天擇塑造我們的心智是為了解決生死問題，就這樣。心智不是用來與正確性交流。至於我們的信念和知覺是否剛好是真實的，這就是必須審慎研究的問題。

傑瑞・福多（Jerry Fodor）在對《心智探奇》的評論中指稱，

這樣的研究是不必要的，因為科學中沒有任何東西「顯示、或甚至暗示認知的適當功能除了執著於真實信念之外還有別的。」[11]

平克在回應時提出好幾項理由，來說明為什麼信念可能演化成會出錯。[12] 舉例來說，計算真相需要耗費大量時間和能量，因此我們經常冒著犯錯或落伍的風險來使用經驗法則。不過平克也坦承：「我們對於身旁中等體積的物體分布，確實有一些可靠的見解。」[13]

我們身旁這些中等體積的物體——桌子、樹木和番茄——怎麼了？當我們看到這些東西，感覺上我們看到的就是真相。視覺科學家多半同意：我看到一顆番茄然後閉上眼睛，那顆番茄仍然在那裡。

這有可能錯嗎？沒有人在看時，有可能就沒有番茄嗎？就沒有空間和時間嗎？就沒有神經元嗎？就沒有神經活動來造成、或者成為我們的意識經驗嗎？有沒有可能我們看到的，並不是實在界本身的樣貌？

史蒂芬．霍金（Stephen Hawking）和雷納．曼羅迪諾（Leonard Mlodinow）支持一種模型依存實在論（model-dependent realism）：「根據模型依存實在論，質疑模型是否為真是毫無意義的，我們只能問，它是否與觀察結果相符。倘若有兩種模型都與觀察結果相符……那麼我們也不能說，其中一種就比另一種更真實。」[14]

霍金和曼羅迪諾又問：「若是我走出了房間，看不到那張桌子，我又怎麼知道桌子依然存在？……我們是可以創造出一個模型，讓桌子在我離開房間時消失，我回來時它又重新出現在原來的位置，不過那會顯得很彆扭……桌子固定不動的模型要簡單得多，而且與觀測結果相符。」[15]

而且，若兩種模型都與觀察相符，那就偏好比較簡單的。不過，儘管聰明絕頂的神經科學家花費了大量心力，到目前為止神經元固定不動的模型仍無法解釋意識經驗的起源、本質和資料：沒有任何從神經元和神經活動入手的理論，能說明對意識經驗及其與神經活動的相關性所作的觀察結果。或許神經元固定不動的模型，會妨礙我們在了解意識起源上的進展。

幾個世紀以來，哲學家就不斷思辨知覺和現實之謎。我們能不能把這種哲學謎團轉變成精確的科學問題？達爾文的天擇理論能不能提出一個明確的答案？

在 2007 年，我決定著手一試。該看看是神經元固定不動，還是我們該對神經元嚴苛看待了。

第四章

感覺

適者勝真者

「沒想到我會在短短幾年內遇上一種觀念——達爾文的觀念；這個觀念帶有一種明顯與萬能酸（universal acid）雷同的性質，它能蝕穿幾乎一切傳統概念，留下的痕跡是一種革新過的世界觀，其中大多數的老地標仍清晰可辨，卻都從根本上改頭換面。」

——丹尼爾·丹尼特（DANIEL DENNETT），《達爾文的危險觀念》（DARWIN'S DANGEROUS IDEA）

「你要是問我我的抱負是什麼，那就是讓所有人都明白，他們的存在是多麼了不起又多麼非凡的事情，否則這個世界就只是平庸的物理學。這個過程的關鍵就在於自我複製。」

——理查·道金斯（RICHARD DAWKINS），摘自約翰·布羅克曼（JOHN BROCKMAN）的《生命》（LIFE）

我們多數人都假定，我們通常會看到現實本身的樣貌；你見到一顆蘋果，是因為那裡真的有一顆蘋果。許多科學家認為我們要感謝演化賜予這一點——準確的知覺強化了我們的適應度，因此天擇偏袒這些知覺，尤其是對於像智人這種擁有較大頭腦的物種。大多數神經科學家和知覺專家都這麼認為。他們有時候會說，我們的知覺復原或重建了真實物體的形狀和色彩；很多人根本就不會特別去提這一點，因為實在太明顯了。

不過他們想的是對嗎？天擇真的有利於真實的知覺嗎？有沒有這個可能，就是演化並未讓我們看見實情——我們對空間、時間和物的知覺，並沒有揭露現實原貌？會不會沒有人在看的時候，桃子就不存在？演化論能不能把這首陳腐的哲學老調，彈成充滿新意的科學理論？

有人說不能：沒有人在看就沒有桃子的想法是完全不科學的。畢竟有哪種觀察能告訴我們，沒有人在觀察時發生了什麼事？完全沒有。這是自我矛盾。這種不成熟的提案不可能用實驗來檢查，所以是形而上學，不是科學。

這種抗辯忽略了一個邏輯要點和一個事實問題。首先是邏輯：我們要是不能測試沒有人看桃子就不存在的主張，也就不能測試一般人相信的相反情況，也就是桃子存在。兩種主張都是針對沒有人在看的情況提出假定，若一種不是科學，那麼另一種也不是。其他科學界經常提出的主張，例如沒有人在看的時候太陽仍存在、大霹靂發生在超過 130 億年前等等諸如此類的主張。

然後是事實問題：觀察當然能檢驗沒有人看時會發生什麼事。不明白這一點是可以原諒的，因為連厲害的物理學家沃夫岡．包立（Wolfgang Pauli）也忽略了這一點，還把這樣的主張拿來和「一個針尖上能坐多少個天使的古老問題」相提並論。[1] 不過 1964 年，物理學家約翰．貝爾（John Bell）就證明他錯了：這類主張確實能用實驗來檢驗，如沒有人看時電子就沒有自旋的主張。[2] 貝爾的實驗已經出現眾多變化型式，並得到一致的結果。貝爾定理（Bell's theorem）把這類主張從天使的國度帶到科學的管區。我們在第六章會討論他怎麼做的。

因此這些主張都屬於科學的範疇。然而它們屬於演化的範疇嗎？我們能不能明確地這樣問，天擇是否有利於真實的知覺？我們能期待演化理論做出裁決嗎？

有人認為不能：如實的知覺必然也會強化適應度。他們宣稱，事實真相和適應度並不是對立的策略，而是從不同視角來審視的相同策略[3]。因此，演化不能做出公正的裁決。

這個論點並不成立，因為它忘了適應度的一個簡單要點：根據演化的標準描述，適應度收益儘管取決於世界的真實狀態，也取決於生物體、牠的狀態、牠的行動和牠的競爭。例如，糞便為飢餓的蒼蠅帶來巨大的收益，對飢餓的人類就沒有。海底熱泉分布在幾公里深海，能噴發攝氏 80 度的硫化氫進入水中，為龐貝蠕蟲（*Alvinella pompejana*）帶來巨大收益，但卻為其他生物帶來死亡，除了少數嗜極端生物之外。世界的某一狀態（比方一坨糞便）和它為某一生物（比方一隻蒼蠅或一個人）帶來的適應度收益是完全兩回事，這是演化的本質。

根據演化的標準描述，在真實世界的狀態保持固定的同時，收益可能呈巨大落差。由此可推論，看到事實和看到適應度是知覺的兩種迥異策略，並非從不同觀點來看的同一個策略。兩種策略可能相互競爭，可能一個占主導地位時，另一個就滅絕。所以我們現在要問的是核心問題，而非概念上的錯誤：天擇偏袒的是調校來感知實情的知覺呢，還是調校來感知適應度的知覺？

有人認為演化論無法處理這個問題，因為答案有可能與理論打對臺。演化假定空間和時間裡面有物，如 DNA、RNA、染色體、核糖體、蛋白質、有機生物（organic being）和種種資源，所以它沒辦法作出這樣的結論，說天擇讓能感知真實物體的知覺走向滅絕，否則就自打嘴巴了。也因為這樣一來，空間、時間和物構成的語言，就會變成不適合用來描述客觀現實，於是我們在時空中對 DNA、RNA 和蛋白質等物的科學觀察結果，也就不會是對客觀現實的如實描述了，就算這些觀察是動用了諸如 X 射線繞射儀、和電子顯微鏡等先進技術也一樣，演化理論會和自己的關鍵假設打對臺，在邏輯上搬石頭砸自己的腳。

天擇演化確實包含「有機生物」存在的假設，達爾文本人也曾這樣描述。不過達爾文自己的理論摘要暗示了真正的演化作業是由一套抽象的演算法來完成——變異、遺傳和天擇。「不過若真的發生了對任何生物有用的變異，那麼毫無疑問，具有那種特性的個體就會有最佳機會在生存競爭中存活下來；而且根據強大的遺傳原理，牠們往往會生下具有相似特性的後代。為簡明起見，我稱這項存續原理為天擇。」[4]

這種變異、遺傳和天擇的演算法適用於有機生物，不過達爾文也認識到它還有更廣泛的用途，並適用於較抽象的實體，例如語言。「語言，就像有機生物，可以分門別類並再區分細類，而且可以根據世系自然分類，或者遵照其他特性採人為分類。強勢語言和方言都流傳很廣，也導致其他語言逐漸消亡。」[5]

湯瑪斯・赫胥黎了解到達爾文的演算法也適用於成功的科學理論。「生存競爭在知識界和在物理世界同樣適用。理論是思想的物種，它的生存權和它抵禦對手滅絕的能力是同等外延的。」[6]理查・道金斯（Richard Dawkins）提出達爾文的演算法適用於「迷因」，即文化傳播單元，諸如「曲調、點子、流行語、時裝、壺罐製造法或者拱門營建法」。[7]迷因能在人與人之間傳遞，傳遞過程中可能會被改動。在伍迪・蓋瑟瑞（Woody Guthrie）心目中，《這塊土地是你的土地》（This Land Is Your Land）起初就是個迷因，不過後來它增殖了，產生變異，進入了彼得、保羅和瑪麗（Peter, Paul, and Mary）、巴布・狄倫（Bob Dylan）以及其他人的心中，成功和許多歌曲競逐有限的時間、興趣、注意力和人類心智的記憶。我們沒聽過的許多歌曲，都曾是某人心中的迷因，不過在複製上沒有那麼成功。

達爾文的演算法已經被應用在經濟學、心理學和人類學等領域。物理學家李・斯莫林（Lee Smolin）把它用在史上最大尺度：宇宙學上，主張每個黑洞都是一個新的宇宙，比較可能產生黑洞的宇宙，就比較可能產生更多宇宙。[8] 我們的宇宙之所以具有它所具有的性質——好比弱核力、強核力、重力和電磁力的強度——是因為這些性質有助於創造出黑洞，繼而透過黑洞創造出新的宇宙。和我們這個宇宙差異太大的宇宙比較不可能產生黑洞，也因此比較不可能增生新的宇宙。

達爾文的演算法不只適用於有機生物的演化，稍加改變之後也適用於各種不同領域，這項見解稱為普適達爾文主義（universal Darwinism）。[9]（道金斯首創這個詞，指達爾文用來解釋生物演化法則的演算法，不只適用在地球上，也適用於全宇宙。）普適達爾文主義和現代生物學演化理論的不同之處在於，它並不假定空間和時間中有物存在。這是處理抽象事物的演算法，在實際運作上不要求基質的存在。

普適達爾文主義能處理我們的關鍵問題，且不會自打嘴巴：天擇是否有利於真實的知覺？若答案恰好是「否」，那麼它就沒有搬石頭砸自己的腳。普適達爾文主義不可思議的力量，被哲學家丹尼爾・丹尼特比擬為萬能酸：「不可否認到了這個地步，達爾文的觀念已成了萬用溶劑，能夠直接切入眼前一切事物的核心。問題是：它留下了什麼？我曾設法表明，一旦它穿透一切事物，留給我們就是我們目前最重要觀念的更強大、更健全的版本。某些傳統細節會消失，甚至有些損失會令人遺憾，不過其餘的都是不需要的包袱。剩下的東西作為重建的基礎還綽綽有餘。」[10]

我們可以把達爾文的酸應用在我們對真實知覺的信念上。我們會發現，這個信念破滅了：天擇讓真實知覺快速滅絕。我們的知覺所用的語言——空間、時間和物——是完全不能用來描述客觀現實的語言。達爾文的酸溶掉了「客觀現實是由時空與物如DNA、染色體和生物所組成」的主張，留存下來的就是普適達爾文主義，就算在我們丟棄了時空和物之後依然可以拿來運用。

我們該怎麼使用那種酸？特別是，我們該如何從達爾文的抽象演算法中提取一個具體的答案？幸運的是，理論生物學家約翰・史密斯（John Maynard Smith）和喬治・普萊斯（George Price）在1973年發現了一種方法——演化賽局理論，[11] 它的基本理念最好用例子來了解。

袍澤情誼並不是副尾戮蠍（Paruroctonus mesaensis）的強項。[12] 當一隻蠍子感受到振動，發現了競爭對手行蹤，就會轉身用牠的兩隻爪子鉗住入侵者。入侵者立刻猛揮鞭尾螫刺對方，於是兩隻蠍子都以一爪鉗住另一隻的尾巴，另一爪鉗住對方身上的某個部位。接著就展開一場無限制摔角，直到一隻蠍子的尾刺鑽進另一隻的甲冑縫隙，注入一劑致命毒液為止。勝利者就拿征服成果當佳餚，用消化液把牠化成精力湯喝掉。這種現捕現吃的大餐並不罕見，蠍子的飲食內容有10%來自同類相食，而且在性愛之後特別美味，這點雌蠍會同意。

在爭奪配偶和領地的鬥爭當中，有些動物——包括獅子、黑猩猩、人類和蠍子——會殺害敵手。不過也有些只做儀式性的對壘，或者有所節制，各方會遵守交戰規則。[13] 例如有些蛇會先把毒牙收進去，再開始扭打。駱鹿抵角纏鬥時往往十分激烈，不過並不會出陰招攻擊身體其他部位。交戰各方為什麼在這樣的比試中遵守規則？既然「自然界就是見紅的尖牙利爪」和「情場戰場無所謂不公平」，那為什麼會有這種明顯的例外？

我們在一個簡單的賽局中找到一種答案，進行時玩家從兩種策略——鷹派或鴿派——擇一使用，競逐資源。鷹派總是升高衝突，鴿派則在對手升高衝突時退讓。[14] 所有鷹派和鴿派都同等強大。假使賽局取勝的收益為 20 點，然而損傷代價是 80 點，會發生什麼事？若是兩個鷹派競爭，雙方都不會退讓，直到一方受傷，另一方獲勝為止。由於他們實力相當，每一方鷹派都是半數時間獲勝，每贏一次都得到 20 點。不過每一方鷹派都有半數時間受傷，每次受傷都損失 80 點。因此當鷹派互鬥，兩方平均會損失 30 點，鷹派適應度受損。若兩方鴿派競爭，各有半數時間獲勝，每次贏得 20 點，沒有鴿派受傷，則兩方鴿派平均得到 10 點。他們的適應度改善了。若是鷹派遇上鴿派，則鷹派獲勝，沒有人受傷，鷹派每贏一次都得到 20 點，鴿派什麼都沒有得到。結果鷹派的適應度提高了，鴿派沒有。

我們可以用一個矩陣來概括這場賽局，如圖二，顯示橫列的策略與直欄的策略競爭時的預期收益。所以，比方說，一個鷹派與一個鴿派相遇時，鷹派的預期收益為 20 點，而一個鴿派與一個鷹派相遇時，鴿派的收益為零。

	鷹派	鴿派
鷹派	-30	20
鴿派	0	10

圖 2：鷹派—鴿派賽局的預期收益。一個鷹派遇上另一個鷹派時會損失 30 點，不過若遇上的是鴿派，就能獲得 20 點。© DONALD HOFFMAN

基於這些收益，哪種策略能獲得天擇青睞？答案取決於鷹派和鴿派的比例。假定每個人都是鷹派，那麼平均而言，每次競爭每人都會損失 30 點——快速走向滅絕。假定每個人都是鴿派，那麼平均而言，每次競爭每人都會贏得 10 點——取得更高適應度。

不過這裡有個玄機。若每個人都是鴿派，而這時出現了一個鷹派，這時那個鷹派就銳不可當了，他每次出場和鴿派對陣都可以得到 20 點。這個收益比鴿派得點的兩倍還要多（鴿派與其他鴿派競賽時，平均可得 10 點，與鷹派競賽時就沒有點數）。更多適應度點數意味著更多後裔。因此這隻鷹就能生下更多鷹。然而鷹派的喜樂必然在某處停止，因為，如前面所見，若所有玩家都是鷹派，那麼平均每玩一次都要損失 30 點——賽局內爆釀成滅絕。

鷹派族群幾時停止增長？當鷹派比例達到玩家的四分之一。若超過四分之一是鷹派，那麼鷹派賺得的點數就會不如鴿派。倘若不到四分之一的玩家是鷹派，那麼鷹派賺得的點數就會勝過鴿派。所以長期來看，最終會有四分之一的玩家成為鷹派。

這個例子是獲勝一次能得到 20 點，受損一次會失去 80 點。

把數字改成 40 和 60，則預期收益如圖三所示。這次到最後會有三分之二的玩家成為鷹派。

	鷹派	鴿派
鷹派	-10	40
鴿派	0	20

圖 3：第二種鷹派—鴿派賽局的預期收益。這時一個鷹派遭遇另一個鷹派時，會損失 10 點，不過若遭遇鴿派，就能贏得 40 點。© DONALD HOFFMAN

適應度取決於收益，以及每種策略各有多少玩家。若每個人都是鴿派，那麼當鷹派比較適存。若每個人都是鷹派，那麼當鴿派會比較適存。天擇的力量取決於每種策略的施行頻率。[15]

這是一個關鍵點。適應度並不是世界的鏡子。事實上，適應度是以很複雜的方式，視世界的狀態、生物的狀態以及各種策略的採行頻率而定。

若有兩種策略對陣，演化動力就可能很複雜。我們看到鷹派和鴿派是可以共存的。不過還有其他可能性：一項策略或許始終都能把另一種策略推向滅絕——宰制（domination）；或者兩種策略都可能有若干機會把另一種推向滅絕——雙穩（bistability）；又或者兩種策略都可能始終處於同等適應度的狀況——中立（neutrality）。

有三種策略競爭時，演化的動力就允許循環，如小朋友最愛玩的剪刀石頭布：剪刀贏布，布贏石頭，石頭贏剪刀。[16] 有四種以上的策略競爭時，演化的動力可能包含混沌模式，初始的微小擾動就會造成後續不可預測的大改變，[17] 這也稱為「蝴蝶效應」——蝴蝶在這裡拍動翅膀（微小擾動）可能在別處觸發一場颶風（不可預知的後果）。

這一切都能以演化賽局理論來研究，這個理論效用強大，有正確的工具可用來研究我們眼前的問題：天擇是否偏袒如實的知覺？

它給了很清楚的答案：否。

這一點可用「適者勝真者」（FBT）定理加以詳盡闡述。這個定理由我提出，經過切坦．普拉卡什（Chetan Prakash）的證明。[18] 假設有兩種感覺策略：「看見真相」和「求取適應度」，每種都能在具有 N 個狀態的客觀現實中，產生 N 種不同的知覺：看見真相（真者）要盡可能看清客觀現實的結構；求取適應度（適者）完全不看客觀現實，只尋找相關的適應度收益——收益不僅取決於客觀現實，同時也依生物、它的狀態和它的行動而定。

> 適者勝真者定理：適者造成真者滅絕的概率至少是 (N-3)/(N-1)。

意思是這樣。假設某個生物的眼睛有 10 個感光受體，每個受體都有兩種狀態。適者勝真者定理說，這隻眼睛看見現實的機率最多是千分之二。有 20 個感光受體的眼睛，機率是 100 萬分之二；有 40 個感光受體，機率是 100 億分之一；有 80 個感光受體，機率是 10 的 23 次方分之一。人眼有 1 億 3000 萬個感光受體，機率幾乎為零。

假定有某種客觀現實。那麼適者勝真者定理說明，經過天擇塑造的我們，並不能察覺到那種現實的結構。天擇塑造我們能察覺適應度點數，以及如何取得點數。

適者勝真者定理已經在許多模擬情境中通過檢驗與證實。[19] 結果顯示，真者往往是滅絕的那一方，即使適者的複雜程度比真者低得多也一樣。

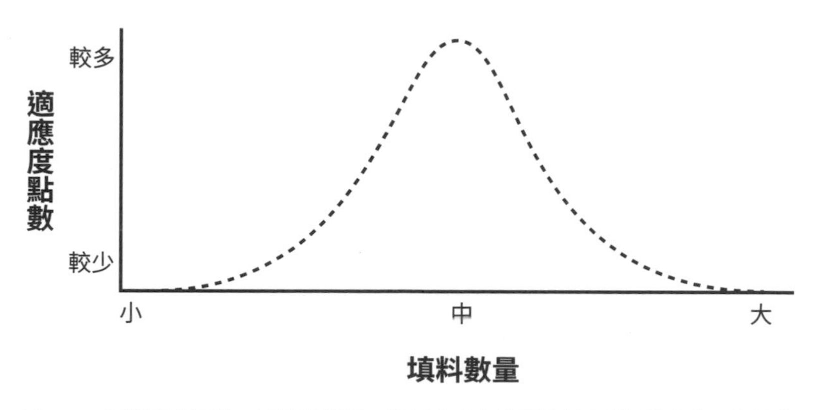

圖 4：一種適應度函數。以這個例子，數量小或大的資源都不利於適應度。中等數量對適應度才是最好的。© DONALD HOFFMAN

我們用一種特定的賽局賽局來看一下真者的問題。假設一個人造世界，裡面有一種名叫「克奇獸」的生物，它需要一種稱為「填料」的資源。填料過多或過少，克奇獸就會死亡；填料數量合宜，克奇獸就能興盛繁衍。（填料對克奇獸的影響，就如同氧氣對我們的影響——太多或太少我們都會死。）填料賦予克奇獸的適應度點數如圖四所示。假定克奇獸只有兩種知覺：灰色和黑色。真者克奇獸會盡可能看到此一世界的真實結構：填料較少時，牠會看到灰色，填料較多時，牠會看到黑色。適者克奇獸則會盡可能看到可取得的適應度點數：填料給予較少點數時，牠會看到灰色，給予較多時，牠會看到黑色。這兩種策略顯示如圖五。

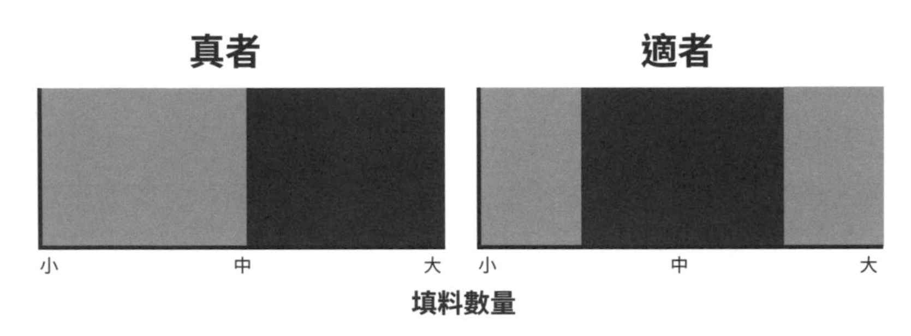

圖 5：看見真相對比於看見適應度。真者看見的灰色只回報資源數量，卻不告知適應度收益。適者看見的灰色直接回報適應度收益。© DONALD HOFFMAN

真者見到灰色，就知道填料少了，不過對於可取得的適應度點數一無所知。適者見到灰色，就知道可取得的適應度點數減少了，不過並不知道填料數量是大是小。所以看見真相時看不見適應度，看見適應度則看不見真相。比方說，人類的感官察覺不到氧氣；是的，我們直到 1772 年才發現氧氣。我們的感官呈報的是適應度：氧氣不足時，我們會感到頭疼，氧氣太多時，我們就會感到頭昏眼花。相同道理，我們的感官察覺不到紫外線輻射；我們一直到 1801 年才發現這種輻射。我們的感官呈報的是適應度：接受太多紫外線輻射時，我們只會感覺到被曬傷。

適者尋找填料時若看到一片黑色，牠就知道那裡是安全的；若看到一片灰色，牠就知道該遠離。然而真者就有問題了，牠看到一片黑色時，並不知道那裡安不安全；看到一片灰色時也有相同的問題。所以真者和適者不同，牠必須冒著生命危險去覓食。真相不會讓你自由，而是讓你滅絕。

在圖四中，隨著填料數量增多，適應度點數先是增加，然後減少，呈鐘形曲線。若適應度點數只會增加，那麼用來感知適應度的知覺，也就同時可用來感知真相，純粹因為兩者是相關的。我們觀察樹的年輪就能知道那棵樹的年齡，因為兩者是相關的——年輪愈多就表示年歲愈長。不過要是兩者並不相關，有些年紀會增加年輪，有些年紀會消掉年輪，那麼看見年輪就不會知道那棵樹的年齡。

若適應度收益只會增多或者只會減少，那麼用來感知適應度的知覺，也會碰巧適合用來感知真相。所以天擇碰巧有利於真實的知覺。這有多高的可能性？為了回答這個問題，我們計算了只增加或者只減少的適應度函數有多少個，然後除以所有可能的適應度函數的總數。假使比方說，填料有六種數值，適應度收益也有六種數值，那麼每 100 個適應度函數中，只有一個容許演化出真者。若有 12 種數值，那麼每 1 億個函數中，只有兩個容許演化出真者。

演化就像足球，你的得分多於競爭對手，你就能獲勝。天擇偏袒能幫助我們取得適應度點數的知覺，若適應度點數碰巧與世界上某種結構相關，好比填料數量，那麼演化也必定恰好有利於真者。然而對簡單的知覺來說，這種機率很微小，對於比較複雜的知覺，就更是微乎其微。

填料是有結構的，可能少也可能多。不過可能還有其他結構，如生活區、距離和對稱性。針對每一種結構，我們都可以探究適應度點數是否恰好與那種結構相關。每一次我們都得到相同的答案：隨著世界和知覺變得愈複雜，相關的機率也快速降到零。在每個情況下，與適者競爭時，真者都會滅絕。

很多大學者都提出過相反的主張。馬爾相信，蒼蠅是簡單的生物，因此看不見真相，而人類因為複雜，能見到部分真相。[20] 他認為，我們較大的頭腦容許我們「逐漸把『呈現視覺世界愈來愈多的客觀層面』這件困難差事攬過來做。」[21] 這與我們的直覺相符，但如適者勝真者定理所揭示的，和演化邏輯相衝突。

我們的腦愈來愈大，所以愈來愈能見到真相，這個看法同樣與人類的一項演化事實相衝突：我們的腦正在逐漸縮小。[22] 過去 2 萬年間，我們的腦已經縮小了 10%——從 1500 立方公分減少到 1350 立方公分——少了一顆網球的體積。

腦化商數（encephalization quotient, EQ）是腦質量對身體質量的比值，我們的腦化商數與其他哺乳動物腦化商數的平均值相較，已經大幅下滑，且發生的時間從演化史來看只是一眨眼。根據化石紀錄，這種陡降與氣候有些微相關，而與人口密度密切相關，因此我們可以假設，這也和社會複雜性密切相關。對此我們可得到一個有趣的解釋：社會安全網紓解了對物種成員的天擇壓力；原本無法單獨、或者在小團體中存活的個體，在較大的社會網中就能生存下來。電影《蠢蛋進化論》（Idiocracy）就以幽默的方式探討了這種可能性，這個看法目前還只是推論，而我們的腦化商數陡降是事實。若情況繼續快速進展，在 3 萬年內我們的腦容量就會退回到 50 萬年前直立人（Homo erectus）的腦容量。我們的腦以前是搭電梯上樓，現在搭的是下樓的電梯。

達爾文的天擇理念蘊含了適者勝真者定理，繼而蘊含了我們知覺的語彙——包括空間、時間、形狀、色調、飽和度、亮度、質感、味道、聲音、氣味和運動——不能用來描述在沒有人觀看時的現實原貌。這並不只是說這個或那個知覺是錯的，而是說我們的知覺，在用這種語言傳達的情況下，都不可能是對的。適者勝真者定理和我們所有人（不管是專家還是外行人）的強烈直覺都背道而馳。丹尼特說得對——達爾文的理論是一種「萬能酸：它能蝕穿幾乎一切傳統概念，留下的痕跡是一種革新過的世界觀，其中大多數的老地標都清晰可辨，卻都從根本上改頭換面。」

那種革新過的觀點留下了一種革命性的生物學，它本身已經改頭換面了。在達爾文的酸中浸泡過後依然清晰可辨的，是普適達爾文主義的地標：變異、天擇和遺傳；而從客觀現實中失去的，是時空中的物，包括生物學的核心要素：DNA、RNA、染色體、生物和資源。這並不蘊含唯我論。客觀現實中確實有某個東西，讓人類體驗到它在DNA、RNA、染色體、生物和資源這些方面對我們適應度的重要。不過適者勝真者定理告訴我們，不論那個東西是什麼，它幾乎肯定不是DNA、RNA、染色體、生物或者資源。它告訴我們，有很好的理由可以相信，我們所感知的事物如DNA和RNA，並非獨立於我們心智之外的存在，理由在於適應度收益——這東西塑造了我們的知覺——的結構，有很高的概率和客觀現實的結構有別。同樣地，這也不是從唯我論來的：客觀現實是存在的。不過那個現實和我們對空間和時間中物的知覺完全不同。

這樣的結論似乎很荒謬，肯定是邏輯出了錯。我們只要找出那個錯誤就行了。那個錯誤或許就潛藏在演化賽局的簡化假設當中。舉例來說，這樣的賽局忽略了外顯突變（explicit mutation），又假定玩家數量無限，並規定每個玩家都有平等機會來彼此競爭。這些簡化通常都是錯的。自然界的生物會發生突變，族群數量有限，而且會和較近的個體有較頻繁的互動。

演化賽局忽略了這些複雜之處，只關注天擇的效用。這正是我們檢驗「天擇有利於真實知覺」這項主張時必須鎖定的焦點，結果也很清楚，適者勝真者定理告訴我們：事實不然。

演化賽局忽略了一項重要歷程，那就是中性漂變（neutral drift），這是一種對適應度沒有效用的突變，偶然傳遍了整個族群，甚至有可能使其他等位基因滅絕。這種突變有可能緩和天擇的作用，於是一種對演化賽局原本具有決定性作用的適應度差異，在發生突變、數量有限的族群中，就不再是決定性因素了。倘若，舉例來說，適者對真者的天擇優勢是百分之百，那麼一個族群數量無限的演化賽局中，真者與適者競爭時每次都會滅絕。不過在一個有 100 名真者玩家的賽局中，當突變導入一個適者玩家之後，真者滅絕的機率就只有一半。這是很大的差別。

不過主張天擇有利於真者並不會帶來什麼好處。那個主張是錯的，不論族群數量是有限還是無限，也無關乎突變是不是外顯。族群有限能延緩天擇消滅真者的速度，就像炸毀橋梁或許能拖慢敵軍的戰車，卻不會讓它變得友善。

若我們希望建立玩家間互動的各種可能性模型，那麼演化賽局就必定要在紙上作業。[23] 這項理論很困難，也還在起步階段。我們知道，玩家之間的聯繫網絡能以很複雜的方式來放大或稀釋天擇的壓力。這是個較新的領域，還有許多東西必須研究，不過到目前為止，天擇有利於真者的主張並沒有證據支持。網絡的結構或許有幫助，或能拖慢天擇的壓力，不過這些壓力對真者依然不友善。

賈斯汀．馬克（Justin Mark）讀研究所時在我的實驗室工作，他採用帶有外顯突變的遺傳演算法，來研究有限族群的知覺和行動的共同演化。[24] 他創造了一個人造世界，玩家可以在其中尋覓資源，取得適應度點數。它能行走、找資源、吃下資源，也會撞上那個世界的圍牆。一套基因決定了它的行動和知覺。第一代玩家的基因是隨機選定的，因此它的行動和知覺都是散亂無章的，甚至蠢得可笑。有的會反覆撞牆，或者待在定點不動，或者一再嘗試什麼都不吃，每個都十分蠢笨，結束一回合覓食時只得到寥寥幾個點數。不過有的就沒那麼呆，這些是「培育的」，它的基因突變成新的一代。這個歷程重複了好幾百個世代，到了最後一代，所有玩家都能很有效率地覓食，也明顯有了智慧。問題是：它們演化到能見到真相了嗎？

答案是否定的。即使知覺和行動共同演化了好幾百個世代，真者依然沒有出現。最後一個世代的玩家見到資源的適應度，卻沒有見到資源的真正數量。唯有在極少數情況下，適應度點數與世界的結構同步，真者才會出現。

這些模擬並不構成證明，不過顯示了演化賽局中真者的滅絕不能歸因於錯誤的假設，而應該是，真者之所以滅絕是由於它尋找的是現實，而非適應度，就像西洋棋手一直追著城堡，卻不吃下國王。

此外還有哪種錯誤可能造成真者滅絕這項結論？會不會是「如實知覺」的觀念太強了？

設想三種如實知覺的觀念。[25] 最強的是「全知實在論」（omniscient realism）——我們見到現實全部的本來樣貌。其次是「素樸實在論」（naive realism）——我們見到現實的某些本來樣貌，不是全部。 最弱的是「批判實在論」（critical realism）——我們的知覺結構保留了一些現實結構。倘若適者勝真者定理瞄準的是全知或素樸實在論，那麼我們確實就可以不理會它的結論——沒有人（瘋子和唯我論者除外）能宣稱全知，而且鮮少有人擁戴素樸實在論。不過這個定理瞄準的是批判實在論，這是在知覺科學、乃至於更廣的科學範疇中，強度最弱、也最被普遍接受的一種如實知覺觀念。適者勝真者定理不會自己紮個稻草人來打。[26]

或者會不會是這個定理對客觀現實做了錯誤的假設？它證明看見現實會導致滅絕，不過是什麼現實呢？還有這個定理怎麼能先驗地知道（know a priori）或假定現實為何？在這點上犯錯，肯定會削減這個定理的效力。

的確會這樣。定理要有價值，就不能指定客觀現實符合某特定模型，而是必須在一般情況下都為真。基於這個理由，適者勝真者定理只假設現實（不論是什麼現實）具有一組狀態。至於是什麼的狀態，定理並沒有說明。它只假定那些狀態，或者狀態的子集，有出現的概率，不過不指定特定概率。

適者勝真者定理斷言，若觀察者外界的現實有任何概率以外的結構，那麼天擇就會塑造知覺來忽略它。這個定理不對現實狀態做出任何假設，只主張我們可以討論現實狀態的概率。這個主張有可能是錯的，不過如果是錯的，那就不可能有研究現實的科學了，因為這樣一來，就無法比對實驗得出的概率與理論主張的現實概率。或許真的不可能有研究現實的科學，但我希望不是這樣。不過適者勝真者定理本身是直接假定可以有這種科學。

說不定適者勝真者定理和人類演化無關？或許要想了解人類演化，必須有一套完備的人工智慧來模擬人類，連同一套人工智慧來模擬人類與所有其他生物、以及與地球本身的交互作用。若沒有這麼全方位的模擬，或許我們就不可能宣稱自己知道人類並不是演化來看見現實原貌的。

沒錯，我們與環境的互動很複雜——複雜到我們的演化是混沌型態：此刻對世界最輕微的一碰，都可能在日後觸發地殼板塊變形。不過適者勝真者定理依然適用於人類演化。

有一個類比可以幫助我們了解原因。想想政府彩券，每一期都有成千上萬人基於數百種不同理由，買了幾百萬張彩券。他們選號的方式有好幾十種——生日、紀念日、在幸運餅裡面收到的訊息等等。假設我們要預測有多少人會在下次開獎時贏錢，是不是一定要把這麼多複雜的條件完整納入模擬？根本不用。沒錯，這樣做會失去重點。真正需要的只是幾項適用的概率原則，不用管細節多麼繁複。

適者勝真者定理也是如此，它讓我們可以基於概率原則，猜測演化會讓多少種生物看見現實原貌。這項定理的核心見解很簡單：「適應度收益反映世界上任何結構」的概率，會隨著世界和知覺的複雜度飆升而陡降至零。混沌效應會阻礙精準預測，無法評斷哪種知覺系統會占上風。不過概率法則表明，真者存活的機率比你中樂透還渺茫。

這是否代表我們的知覺是騙人的？不盡然。我不會說我們的感官在騙人，就像我的電腦桌面把電子郵件顯示成藍色的矩形圖示，我也不會說電腦在騙人。我們的感官就像電腦桌面介面，只是在克盡職責，它的職責並不是揭露真相，而是帶出有用的舉動。適者勝真者定理表明，當感官變得愈來愈複雜，它揭露客觀現實的任何真相的機率也愈來愈小。

或許適者勝真者定理只在收益固定時才適用？若收益會快速波動，那麼或許最佳策略就是看到現實原貌？

我承認收益就像天氣那樣反覆無常，反覆無常的原因也一樣——兩者都有眾多因素在進行複雜的交互作用。不過千變萬化的收益是真者無法消化的。真者和適者同樣必須追蹤適應度收益的無常變動序列。適者勝真者定理揭露，在這個序列的每個步驟上，真者都比較不適存——它會在負攤提中加速自身的毀壞。

收益的變動雖然對真者沒有幫助，但研究顯示適者會被天擇塑造成回報收益的差異，而不是收益的絕對數值。我們在知覺適應研究上見到了這方面的證據。戴上玫瑰色的眼鏡，世界看起來就帶點紅色，但不會持續太久，很快你就會見到正常的色域。盯著瀑布一分鐘，然後改看旁邊的岩石，你會覺得岩石好像在往上跑，同時又很矛盾地固定不動。在晴天的午後進入電影院，眼前會一片漆黑，不過很快你就會看見灰色調。盯著一張快樂的臉一分鐘，接著改看一張無表情的臉孔，你會覺得它看起來是悲傷的。盯著一幅模糊的影像幾秒鐘，世界看起來會變得比較清晰；盯著一幅銳化過的影像之後，看到的世界就會變模糊。有人認為適應只不過是過度曝光造成的異常現象，不過認知科學家麥可．韋伯斯特（Michael Webster）的實驗揭露，這是知覺處理歷程的每個層級都有的基本特徵。[27] 改變知覺環境，戴上玫瑰色眼鏡，你的感官會很快適應，在新的環境脈絡中回報相對收益；它能很有效率地為適應度資訊進行編碼。

或者你也可以修正環境並改變收益。布萊恩．馬里翁（Brian Marion）在我實驗室當研究生時，曾請觀察者玩一場遊戲，以分辨顏色來贏得點數。當觀察者發現分辨出不同藍色能得到的點數，比分辨出不同紅色得到點數要多，不到幾分鐘，他們分辨不同藍色的成績就變好了。[28]

若知覺呈報的是收益的差異，這個實驗結果就很合理。在收益沒有差異的地方，看得出差異是沒有收益的。在收益有差異的地方，即時調整以看出那些差異是能帶來收益的——不用看得很清楚或很完美，只要比競爭者稍微強一點就夠了。對情境的適應，以及獎勵，是追蹤適應度收益這同一歷程的兩個層面。適應之所以不是異常現象，反而發生在知覺處理歷程的每個層級中，就是因為追蹤適應度收益並不是異常現象——而是整個賽局的全貌。

不過這樣強調天擇和適應，引發了不同的反對意見，心理學家萊納・莫斯菲爾德（Rainer Mausfeld）就提出：「天擇在複雜生物系統的演化上實際扮演的角色是非常不清楚的……後來這幾年演化生物學已經累積了廣泛證據，指出絕大多數的演化改變，幾乎都和天擇沒有關係。」莫斯菲爾德擔心這裡的論點，把天擇「當成幾乎獨一無二的演化改變調節因素。」[29]

天擇確實與許多合作因子協調運作，如前面討論過的遺傳漂變——對適應度沒有作用的等位基因在偶然的機會下傳遍整個族群；這比較可能發生在較小的族群上。有人認為這種漂變構成了大部分的分子演化。[30] 當生態區位改變了，今天的中性漂變，明天說不定就變成顛覆遊戲規則的因子。

另外還有物理學。比方說，重力會阻撓活動肢體的穩定性和血液循環——誘發大多數動物往雙側對稱性的方向演化，並有礙於演化出比長頸鹿更長的脖子。還有化學：自然界生成的元素有 92 種，其中 6 種——碳、氫、氮、氧、鈣、磷——就構成了生物質量的 99%。還有連鎖遺傳：染色體上相鄰的等位基因容易在減數分裂中一起遺傳給後代。還有基因多效性（pleiotropy）：一個基因能影響表現型的互異層面，有時對適應度有妨害的作用。

演化改變無疑還有其他影響因素。而且就我所知，莫斯菲爾德的觀點或許是對的，絕大多數的演化改變，和天擇幾乎都沒有關係。不過這對我們的論證並不會造成困擾。問題並不是有多少演化改變歸因於天擇，而是天擇本身的方向。比方說，沒有人會主張我們能看到現實原貌是因為遺傳漂變的演化歷程。遺傳漂變辦不到這一點。物理學、化學、連鎖遺傳或基因多效性也都不行。支持如實知覺的人拿演化來當論據，主張如實知覺是適應度較高的知覺，能看見現實原貌就是一種天擇優勢。不管天擇是不是演化的主要力量，擁護如實知覺的人就是借用這個力量——看來也是他們唯一能借用的力量——來支持他們的主張。

適者勝真者定理揭露的情況是，不論那種力量是多麼主要還是多麼次要，它都沒有把我們的知覺塑造成如實的。在這個相信如實知覺的人唯一能寄託希望的地方，我們帶來了壞消息。

或許適者勝真者定理犯了一個不同的大錯，而且是非常基本的大錯。哲學家強納森・科恩（Jonathan Cohen）是這麼說的：「直覺上，知覺狀態是有內容的，這些內容是關於這個世界它所攜帶的資訊、它要告訴我們的事、它的說法，以及可供評定真偽的事。」[31] 所以，比方說我有一種知覺經驗，我描述為我看到 1 公尺外有一顆紅番茄，那麼我這個經驗的內容，它關於這個世界的說法，或許真的就是在 1 公尺外有一顆紅番茄。這確實是很多哲學論述在探討這類經驗的內容時的標準主張。

不過適者勝真者定理並不指明知覺經驗的內容可能是什麼，純粹推斷知覺經驗並不是如實的，不管內容如何。

科恩認為這是大紕漏，因為「你要是不先知道它在說什麼，就不能判定它是不是如實的。」[32] 所以，如果我說「一加一等於二，」你可以判定這個陳述成不成立，因為你知道那是在講什麼。不過我要是說「嘰哩加上呱啦」，你就沒辦法知道這個陳述成不成立，因為是無意義的。它沒有內容。

若科恩是對的，那麼適者勝真者定理就是從一開始就犯了很基本的錯誤。它並沒有預先告訴我們知覺經驗的內容是什麼——我們的經驗對世界有什麼看法。所以這個定理不可能告訴我們，我們的知覺經驗是不是如實的。定理從一開始就注定徒勞無功。

所幸，適者勝真者定理沒有這個問題。很多哲學家已經在形式邏輯研究中告訴我們理由了。假設我告訴你 p 是某個特定主張，q 是某特定主張，不過我不告訴你這兩個主張的內容是什麼。然後假設我進一步提出主張：「p 為真或 q 為真。」若我問你，最後這項主張是否為真，你只能聳肩；若我不透露 p 和 q 的內容，那麼就像科恩說的，你沒辦法回答這個問題。但假設我改個說法：「若 p 為真或 q 為真，則推得 p 為真。」現在我問你這項主張是否為真，你就不必聳肩了。就算你不知道 p 或 q 的內容，你依然知道這項主張為偽。

這就是邏輯的力量，或者更廣義來說，是數學的力量。它讓我們單單憑藉邏輯或形式結構，就得以評定各類陳述的真偽。數學家證明了函數和其他集合結構的定理，而且完全沒有回答過「是什麼的集合」這樣的問題。他們不在乎。這根本沒有關係。不論那種集合是蘋果、柳橙、夸克，或者可能的宇宙，定理都能適用。無須預先為集合的元素指定內容。

尤其是，資訊理論這個奠定了網際網路和電信基礎的豐饒領域，擁有威力強大的工具和定理，可詳細闡述訊息如何建構並傳達——而且無須指定任何訊息的內容。[33] 內容的多樣性是無窮的，不過全都遵循特定規則，讓我們得以創建出一門嚴謹科學——資訊理論，適用於任何內容的所有訊息。這個見解是適者勝真者定理的根基。這項定理使用普適達爾文主義的形式結構，來告訴我們演化出來的任何知覺系統的普適事實，無須理會它們的具體內容。

適者勝真者定理不需要知覺內容的事前理論。不但如此，這個定理還與科恩的邏輯反其道而行，實際上是限制了知覺內容的可接受理論。尤其是，根據適者勝真者定理，任何內容理論，只要它假定知覺在正常情況下是如實的，就幾乎一定是錯的，因為我們是為了偵測適應度並據以行動而演化，不是為了感知客觀現實的真實結構。這適用於我們對中等大小物體的知覺。當我得到一個體驗，我描述為 1 公尺外有一顆紅番茄時，這個體驗的內容並不是「在客觀現實中、就算沒有人在看的情況下」在 1 公尺外有一顆紅番茄。果不其然，適者勝真者定理排除了所有目前知覺哲學界提出的內容理論。[34]

適者勝真者定理延伸了演化理論家崔弗斯的一項見解：「傳統看法是，天擇有利於能對這個世界產出愈來愈準確影像的神經系統，這肯定是非常天真的心智演化觀點。」[35] 根據適者勝真者定理，那也是個非常天真的知覺演化觀點。

平克對這個論證做了很好的總結：「我們是生物，不是天使，我們的心智是器官，不是通往真相的管道。我們的心智經由天擇演化，是為了替我們的祖先解決攸關生死的問題，而不是和正確性交流。」[36]

當達爾文這個萬能酸的危險觀念淋到我們的知覺上，就把物的客觀性溶掉了，我們假定物就算沒有人在看時依然存在，並有交互作用。然後這種酸也溶掉了時空本身的客觀性，達爾文演化論正是假定發生在時空的架構中。因此，我們有必要設計出一種更基本的，沒有空間、時間和物的架構來認識現實。我們需要認識這種新架構的動力學。當我們拿這種動力學回頭投射到智人的時空介面時，應該要能得回達爾文演化論。達爾文的觀念強迫我們把達爾文演化論本身想成一種不完美的暗示，並以我們知覺的時空－物語言來傳達，講述一種更深奧，卻尚未知曉的動力學。達爾文的觀念確實危險。

第五章

虛幻的知覺

電腦桌面的虛張聲勢

「這是你最後的機會。過了這裡，就沒有回頭路了。你吞下藍色藥丸——故事就結束，你會在床上醒來，想相信什麼就相信什麼。吞下紅色藥丸——你會繼續待在奇境，我會讓你看看兔子洞有多深。」

——莫斐斯（MORPHEUS），電影《駭客任務》（THE MATRIX）

我有人壽保險。我敢說就算我不存在，客觀現實也是存在的。要是真的有一個客觀現實，而且我的感官是天擇塑造的，那麼適者勝真者定理說，我的知覺是如實的——也就是知覺保留了客觀現實的若干結構——的機率比我中樂透的機率還低。世界和我的知覺愈複雜，這個機率還會變成零——即使我的知覺系統有高度可塑性，而且能在必要時快速改變。

這個定理是違反直覺的。我的知覺若不是真的，怎麼可能會有用？說到這裡，我們的直覺需要一點幫助。

一種可敬的傳統是徵用最新的技術——時鐘、配電盤、電腦——來當作人類思維的隱喻。秉持這種傳統，我邀請你探索知覺的新隱喻：每個知覺系統都是一套使用者介面，就像筆電的桌面。這套介面是由天擇塑造而成，可能依物種而異，甚至在同一物種內可能依不同個體而異。我把這個概念稱為知覺介面理論（interface theory of perception, ITP）。這名字用來稱呼區區一個隱喻好像虛華了點，但我會在下面嘗試揭開它充實的內在。[1]

我們先用序文提過的一個例子來深入探究。假設你要寫一封電郵，電郵的檔案圖示是電腦桌面中央一個藍色的矩形。這是不是代表檔案本身是藍色的、矩形的，位置就在你的電腦正中央？當然不是。圖示的顏色並不是檔案的真正顏色；圖示的形狀和位置，也不是檔案真正的形狀和位置。實際上檔案沒有顏色，也沒有形狀，且它的位元容量在電腦內的位置，也和它的圖示在桌面上的位置完全無關。

藍色圖示並不是刻意要錯誤呈現檔案的真實本質，呈現本質並不是它的目標。事實上，圖示的工作是隱藏那個本質——讓你不必費心去應付電晶體、電壓、磁場、邏輯閘、二進制代碼和十億位元組的軟體。若你必須看清楚那一堆複雜的東西，才能用位元和位元組來鍛造出一封電郵，或許你就會選擇實體郵件了。你花了一筆錢買一個介面，把那一堆複雜性隱藏起來——那些東西全是真相，只是會干擾你進行手邊的工作。複雜性會咬人，介面是為了讓它咬不到你。

介面的語言——像素和圖示——無法描述被它藏起來的硬體和軟體。要描述就需要另一種語言：量子物理學、資訊理論、軟體語言。介面能幫你寫電郵、修照片、按讚一則推文或複製一個檔案。它交給你電腦的韁繩，不讓你看見事情是怎麼辦成的。對現實的無知有助於掌控現實——這項主張若脫離語境來看，是違反直覺的。不過從介面來看這是顯而易見的。

知覺介面理論主張，演化把我們的感覺塑造成一種使用者介面，而且是依照我們這個物種的需求量身訂製。我們的介面隱藏客觀現實，指引我們在自己的生態區位表現適應行為。時空是我們的桌面，而物如湯匙、恆星等，是智人介面的圖示。我們對空間、時間和物的知覺，都被天擇塑造成不是如實的——不揭露或重建客觀現實，而是讓我們活得夠久，足以生養後代。

知覺無關乎真相，而是關乎生孩子。那些塑造知覺來幫助我們生養孩子的基因，就是可能在適應度賽局中獲勝、擠進下一代的基因。適者勝真者定理告訴我們，獲勝的基因並不是為了感知真相而生。知覺介面理論告訴我們，這些基因實際上是為了形成一種介面，好隱藏客觀現實的真相，並提供圖示——所有有顏色、質感、形狀、動態或氣味的物——給我們，讓我們根據生存、繁殖的需要來操控看不見的現實。時空中的物，只不過是我們電腦桌面上的圖示。

如果要問，我對月球的知覺是不是如實的——我是不是看到月球真實的顏色、形狀和位置，還有它在沒有人看的時候是否依然存在——就像在問，我的繪圖軟體的筆刷圖示是否顯示出我電腦裡一支畫筆的真實顏色、形狀和位置。我們對月球和其他物的知覺，並不是被塑造來看清客觀現實的，而是要呈現演化的一個要項——適應度收益。物展現了恰好滿足所需的關鍵資訊，這些資訊透露的是主宰我們生存和繁殖的收益。物是我們創造並銷毀的資料結構。

空間和時間的語言，以及具有形狀、位置、動量、自旋、偏振、顏色、質感和氣味的物的語言，是適合用來描述適應度收益的語言。不過要用來描述客觀現實的話，這基本上是錯誤的語言。

用桌面和像素的語言無法適切描述電腦的內部運作；相同的道理，用時空和物的語言無法描述客觀現實。

「可是，」你或許會說，「知覺介面理論犯了一個愚蠢的明顯錯誤：若響尾蛇只是你介面上的一個圖示，你怎麼不伸手去抓？等你死了，你的知覺介面理論也跟著你一起走了，我們就會知道知覺告訴我們的是真相了。」

我不會伸手去抓響尾蛇，跟我不會在繪圖軟體上拉著筆刷圖示在我的作品上隨便亂塗是同一個道理。不是因為我把圖示當真——我的筆電裡當然沒有筆刷。不過我確實把它看得很認真，因為我要是亂拉它，是會毀掉作品的。重點就在這裡。演化塑造我們的感官是要讓我們活下去，我們最好認真看待。看到一團火，別走進去；看到一處懸崖，別跨出去；看到一條響尾蛇，別伸手抓它；看到毒藤，別拿來吃。

我必須認真看待我的感官，所以我就必須把它當真嗎？不用。邏輯不要求、也不會合理化這個舉動。

不過我們都會傾向說「要」，因而成了認真－當真謬誤（Serious-Literal fallacy）的犧牲品。我們把認真和當真做了似是而非的熔接，唆使我們把物具體化，然後在虛構的世界中徒勞地尋找意識先驅。我了解這種誘惑，我也有衝動想把中等尺寸的物具體化的衝動。不過我並不信任它。

設想一下生物危害和游離輻射警告標誌，兩者都是必須認真看待的東西，輕忽任何一個標誌，都可能是你最後一次、而且是痛苦的錯誤。但也沒有人對標誌本身來解讀：生物危害標誌並不是一如客觀現實那般描繪生物危害，游離輻射標誌也沒有準確描繪出游離輻射的情況。同樣道理，潛艦聲納操作員必須認真看待朝螢幕中央移動的綠色閃爍光點，但魚雷本身並不是綠色的閃爍光點。演化以符號塑造了我們的知覺，例如移動的綠色光點或者生物危害三角形，它無須描繪真相就得以警告或指引我們。

所以是的，看到一條響尾蛇往我這邊爬過來，我就必須認真看待。不過並不能接著認定沒有人在看的時候，仍有一條褐色的、有鋒利牙齒的東西在那裡。蛇只是指引我們適應行為——好比逃跑——的介面上的圖示。

這種例子說服不了一些懷疑論者，如麥可・舍默（Michael Shermer）就在《科學人》（Scientific American）專欄中寫到：「不過圖示為什麼一開始就是蛇的模樣？因為天擇。還有為什麼有些無毒蛇卻演化成模擬有毒蛇種？因為捕食動物會避開真正的毒蛇。擬態只在有某種客觀現實可供模擬的情況下才有用。」[2]

非也。若有個圖示可供模擬，擬態也能有用。這裡舉分布在澳洲東部和南部的鳥糞蛛（Celaenia excavata）來說明。這種蜘蛛演化成類似牠的鳥類捕食者的排泄物造型，天擇把牠塑造成讓牠在鳥類介面上的圖示近似鳥糞的圖示。沒錯，知覺介面理論的一個意涵就是，捕食動物和獵物之間的競爭，會觸發介面與介面駭客（如冒充鳥糞）之間的演化軍備競賽。我們在網路釣魚行為上看到了類似的軍備競賽，攻擊者模仿合法銀行或公司的識別標誌、文字設計和樣板資訊，目的是騙取沒有戒心的受害者提供機密個資。比方說，模擬耐吉（Nike）彎鉤的網路釣魚不會生效，因為耐吉本身在客觀現實中就是一個彎鉤。彎鉤只是耐吉的一個圖示，模擬它有助於網路釣魚的成功，就像自然界模擬某個圖示，能對捕食者或者獵物的介面造成蒙騙的效果。

知覺介面理論預測了另一個令人傷腦筋的事：湯匙只在被察

覺到時才存在。夸克和恆星也是如此。

為什麼？湯匙是一種介面的一個圖示，並不是沒有人在看時仍持續不變的真相。我的湯匙是我的圖示，描述潛在收益以及如何獲得那些收益。我睜開眼睛，建構一支湯匙；現在那個圖示存在了，我可以用它來管理收益。我閉上眼睛，我的湯匙在那一瞬間就不再存在，因為我不再建構它了。當我移開視線，有某個東西繼續存在，但不論那是什麼，總之不是湯匙，也不是時空中的任何物體。就湯匙、夸克和恆星而言，知覺介面理論都與 18 世紀哲學家喬治・柏克萊（George Berkeley）「存在就是被感知」（esse is percipi）的說法相符。[3]

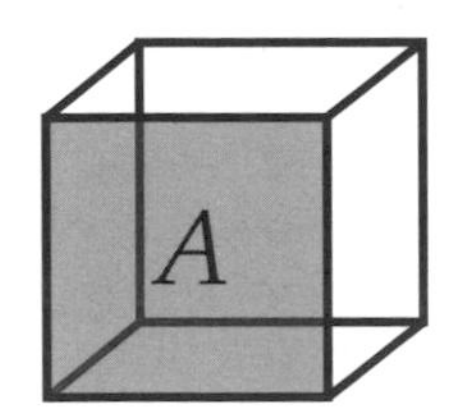

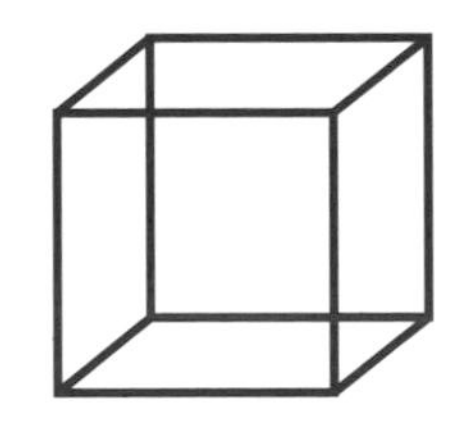
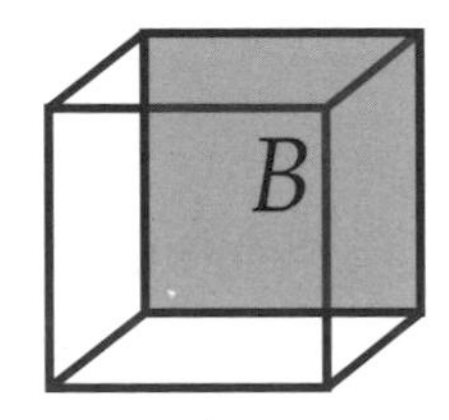

圖 6：奈克立方體。你沒在看的時候，哪一個立方體依然存在？是 A 面朝前的立方體，還是 B 面朝前的立方體？© DONALD HOFFMAN

我們重溫第一章提到的奈克立方體（圖六）。看著中間那張圖，有時你會看到 A 面朝前的立方體，如圖左，稱它為 A 方塊。有時你會看到 B 面朝前的立方體，如圖右，稱它為 B 方塊。請思考一個問題：你沒在看的時候，中間的會是哪種立方體？ A 還是 B ？

好吧，沒道理只選其中一個。你在看的時候，有時看到的是 A 方塊，有時則看到 B 方塊。所以答案勢必是，你不看的時候，就沒有立方體——沒有 A 也沒有 B。每次你看了，你就會看到你在那一刻建構出的立方體。你移開視線，它就消失了。

知覺介面理論說，這對空間和時間中所有的物都成立。你在看的時候見到一支湯匙，那麼就有一支湯匙。一旦你移開視線，湯匙就不存在了。有時會繼續存在，不過那不是湯匙，它也不在空間和時間裡面。那支湯匙是一種資料結構，你和那個東西互動時被你創造出來的資料結構。那是你針對適應度收益以及如何獲得那些收益所建構的描述。

這聽起來或許荒謬。畢竟我拿一支湯匙擺在桌上，房間裡的每個人都會看到那裡有一支湯匙。想當然爾，要解釋這個共識的唯一方式，就是接受顯而易見的事：每個人都能看到那裡有一支真實的湯匙。

不過還有另一種方法也能解釋我們的共識：每個人都用了類似的手法建構我們的圖示。身為一個物種的成員，我們共享一種介面（僅稍微因人而異）。不論現實可能是什麼，我們和它交互作用時，建構的都是相似的圖示，因為我們全都有相似的需求，採用相似的手法來取得適應度收益。因此才會每個人都把圖六看成立方體──我們各自建構屬於自己的立方體，不過大家的作法都大同小異。我見到的立方體和你見到的立方體截然不同。你看到 B 方塊的同時，我可能看到了 A 方塊。沒有必要設定一個真實的、所有人都能見到的、沒人在看時依然存在的方塊。

事實上，沒有必要設定任何的物，或者時空，在沒有人觀察時依然存在。空間和時間本身不過是我們的介面格式，物則是我們為了收集適應度收益而關照不同選項時，根據需要創造的圖示。物並不是先在的（preexisting）、施加在我們感官上的獨立實體，而是為了解決問題而存在，目的是從可取得的眾多收益中，獲取比競爭對手更多的收益。

這是對於物的新思考方式。我們在必要時很快地創造出物，來解決適應度收集的問題，並在暫時達成目的時，同樣快速地把它們廢止。物並不是攫取收益的最佳方案，只是恰好足以讓我們比競爭對手多拿一點的方案。

假設我看到一支湯匙，它有某種形狀、顏色、質感、位置和方向。建構這支湯匙時，我也解決了一個問題——我創造了一幅關於可取得的收益以及如何取得那些收益的描述。我移開視線，於是湯匙消失：我對這些收益的描述不見了。我轉回來看。又看到一支湯匙，因為——毫不奇怪——我以相同方式解決了相同問題。我沒辦法不這樣做，天擇把我塑造成這樣。我需要快速解決方案。我不能隨便嘗試新的技巧，免得對手先發制人。我有我解決這個問題的慣用手法，而且在這個脈絡下，我每次都會創造一支湯匙。這是我的習慣。

我傾向把我的習慣具體化，變成一個客觀世界。我問自己，我為什麼一直看到那支湯匙？我告訴自己，因為那支湯匙一直在那裡。我的部分邏輯是對的，某個東西是一直在那裡：我的習慣和一個客觀現實。不過我假定那個客觀現實是一支湯匙，這就錯了。我錯在把我的習慣具體化，構成一支先在的湯匙。

奈克立方體揭開了這種錯誤。我觀看並見到 A 方塊。我移開視線，它消失了。我轉回視線，結果見到了 B 方塊。看來我移開視線時，A 方塊並不是真的在那裡。那裡確實有東西——是我創造適應度收益描述的習慣性作法。通常它會給出一個描述，而這個例子是給出兩個——很相似，但差異仍大到不可能是一個先在的物。

以類似的方式，我把我的介面上的岩石、恆星和其他圖示具體化，宣告它們是先在的物。接著我把我的介面本身的格式也具體化，把它打造成一個先在的時空。知覺介面理論的這項主張，似乎與伊曼努爾·康德（Immanuel Kant）的哲學相符。[4] 康德在這方面的解釋極具爭議性，他在一項詮釋中聲稱，岩石和恆星都不是獨立於人的心靈而存在，而是完全存在於我們的知覺之中。

有些哲學家覺得康德的主張很令人困擾，如巴里·斯特勞德（Barry Stroud）就說：「我們原本認為是獨立的世界，在這種觀點之下終究並非完全獨立的。最保守地說，實在很難理解這個看法有哪種方式可能為真。」[5] 要理解有哪種方式可能為真，只要理解天擇演化即可。根據適者勝真者定理，若天擇塑造知覺，則知覺就是用來指導有用的行為，而不是呈報某個獨立存在的世界的客觀真相。是有某個事物獨立於我們而存在，不過那個事物和我們的知覺並不相符。這讓人感到很難理解，因為我們有強烈的傾向要把我們的介面具體化。

康德也宣稱，借用哲學家彼得·斯特勞森（Peter Strawson）的說法：「現實是超越感官的（supersensible），我們對它不會有認識。」[6] 這一點是知覺介面理論和康德的分歧之處。知覺介面理論容許客觀現實的科學。至於康德，起碼在某些解釋上，他不認為如此。站在科學家的立場，這是根本性的差別。知覺介面理論斷言關於客觀現實，有一項理論是錯的，那就是相信客觀現實是由時空中的物所組成。不過知覺介面理論相信，科學理論和實驗之間典型的相互影響，有機會導出能夠成立的理論。第一步是要認清，我們的知覺是人類這個物種專用的介面，而不是對現實的重建。

1934年，生物學家雅各布·馮·烏也斯庫爾（Jakob von

Uexküll）認識到，每個物種的知覺都構成了一個獨特的介面——他稱之為「環境界」（umwelt）。[7]這個看法與知覺介面理論相符，也預見了這個理論的出現。不過馮・烏也斯庫爾排斥每一種環境界都是由天擇塑造的觀念，他認為環境界的演化是依循一套總體規劃精心安排而成。知覺介面理論就是在這裡與馮・烏也斯庫爾出現歧異。不過雙方都認同，岩石、樹木等物都是介面的圖示，而非客觀現實的成分。

「可是，」你或許會說，「物是圖示這種主張會創造莫名其妙的法律問題。假設麥可的座車是一輛瑪莎拉蒂，我很忌妒，我沒有那麼多錢，或許永遠也不會有。怎麼辦呢？突然間我知道怎麼解套了。霍夫曼跟我保證，那輛瑪莎拉蒂是我建構的一個圖示。也就是說，那是我的圖示！既然是我的就是我的。我要開我的圖示去兜風。乾脆我留著它好了，還不用付錢！畢竟是我自己建構的圖示，我為什麼要付錢？但是可惜啊，這裡只有一輛瑪莎拉蒂，那是麥克和我都看得到的真實公開物件，而且就算沒有人在看它也依然存在。車是麥克付錢買的，不是我，所以我不能把它占為己有。知覺介面理論也不能幹嘛。真希望是真的，不過它會害你坐牢。」

知覺介面理論確信，我見到的那輛瑪莎拉蒂是我建構的圖示；沒有公開的瑪莎拉蒂。不過知覺介面理論不否認有客觀現實，只否認我們知覺描述的那個現實，不管它是什麼。假設有一位藝術家創作了一幅數位傑作，我從遠處駭進她的電腦，找到她的數位寶藏，於是這件作品成了出現在我桌面上的一個圖示。我的桌面，我的圖示。既然這個圖示是我的圖示，所以我認定我可以拿它來複製、銷售。顯然我這樣推理是錯的，我要是因為這樣坐牢了，該怪罪的是我自己。只因為我的圖示和你的圖示截然不同，且兩者都不描述現實，並不代表我就可以隨心所欲處理我的圖示。

不過若圖示並不描述現實，那麼它是真實的嗎？什麼是真實的？

弄清楚真實的兩層不同意義，有助於思考這個問題：存在的，以及未被察覺時依然存在的。

你若主張一輛瑪莎拉蒂是真實的，你的意思大概是就算沒有人在看，這輛瑪莎拉蒂依然存在。克立克寫道，太陽和神經元在任何人知覺到它們以前就是存在的，他的意思是假定神經元在這個意義上是真實的。你如果要主張神經元導致、或者賦予我們知覺經驗，你就需要這個假定。這項假定被知覺介面理論拒絕，也和適者勝真者定理矛盾。

然而，假使我堅稱我感覺到真實的頭痛，我只是在主張我的頭痛是存在的，並不主張就算沒有被感知，這個頭痛依然存在。我沒有感知的頭痛根本不是頭痛。當然要是有那種「頭痛」我也不介意。不過你要是告訴我，因為我的偏頭痛在沒有被感知的時候不存在，所以不是真實的，那麼我可能會理直氣壯地對你發脾氣。因為我的經驗對我來說當然是真實的，就算我沒有感知到它的時候它並不存在。

通常脈絡會揭露哪種意義的「真實」在起作用。不過為了消除所有疑慮，在討論「未被感知時依然存在」這層意義的現實的時候，加上「客觀」一詞會有幫助。知覺介面理論斷言，神經元並不是客觀現實的一部分，不過它是真實的主觀經驗——比方說用顯微鏡觀察大腦的神經科學家就會得到這種經驗。

「可是，」你或許會說，「如果我看到的瑪莎拉蒂不是客觀的，為什麼我閉上眼睛還能摸到它？這當然就證明那輛瑪莎拉蒂是客觀的。」

這沒有證明什麼。它只是指出，不是證明，有個某物在那裡。不管你感知到什麼，那個某物可能和你感知到的都大相逕庭。你睜開眼睛，你就和那個未知的某物互動，創造出一輛瑪莎拉蒂的視覺圖示。你閉上眼睛，伸出手，你就創造出一個觸覺圖示。

其他所有感官都是如此。你閉上眼睛，或許依然能聽到引擎怒吼，或者聞到排氣惡臭。這些都是你的圖示，沒有一個蘊含了「你感知到的瑪莎拉蒂是客觀現實一部分」的意思。

「不過如果我看到的瑪莎拉蒂不是客觀的，那為什麼我閉上眼睛以後，我的朋友可以看到它？」

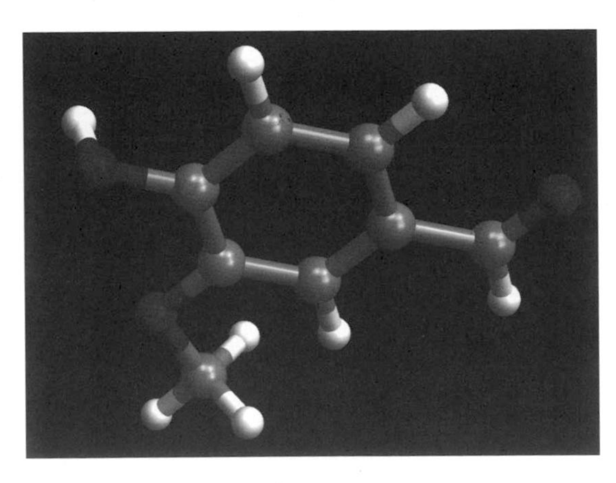

圖 7：一個具有特殊味道的分子。© DONALD HOFFMAN

這裡面是有客觀現實的。你和你的朋友和它互動，不管那個客觀現實是什麼，總之你們各創造出自己的瑪莎拉蒂圖示。你的朋友要在你閉上眼睛時建構出一個瑪莎拉蒂圖示並不是問題，就像她要在你閉著眼睛時建構出 A 方塊（或 B 方塊）也不會是問題。

紅色瑪莎拉蒂看起來晶亮無暇，充滿藝術感和空氣動力線條，它是那麼真實。不過適者勝真者定理告訴我們，它只是一種感官經驗——一個圖示，既不客觀，也不描繪任何客觀事物。我們的直覺造反了：我們的天性會自然想要把瑪莎拉蒂和其他中等尺寸的物具體化，很難把這些東西放下。幸好我們發現放下味覺容易得多。我們恰好比較不會想要把味覺具體化。下面就來看看原因在哪裡，或許能幫助我們克制想要把中等尺寸的物具體化的衝動。

請看圖七這個分子，為了說明起見，假定這個分子是客觀現實的一部分。白色球代表氫原子，淺灰球代表碳原子，而深灰球代表氧原子。你感知到這個分子的時候，應該建構出什麼感覺圖示？哪種味覺經驗能準確描述它？

這些問題可不簡單。有幾個線索，這是一種有機化合物，叫做酚醛，分子式是 $C_8H_8O_3$，含醛、羥和醚等官能基。

那麼，哪種味道能真正描述這個分子？什麼味道最能準確描繪出它的真正現實？

這個分子是香草精，在我們的感知中它是可口的香草味。誰想得到呢？在我所知道的範圍內，香草的味道完全沒辦法描述那個分子。事實上，沒有味道能描述任何分子。味道只不過是成規（convention），但是很有用，能告知我們該選擇吃什麼，這是攸關生死的選擇。

要是在選擇吃什麼之前都必須逐一檢查每顆原子，那麼在檢查完晚餐之前我們就都餓死了。香草的味道和所有的味道一樣，是一種捷徑——指導我們選擇餐飲的圖示。要問香草的味道能不能描述 $C_8H_8O_3$，就和問 CAT 三個字母能不能描述那種毛茸茸的寵物沒有兩樣，也和問我看到的瑪莎拉蒂能不能描述一個客觀現實是相同的道理。

在柏拉圖著名的洞穴寓言中，洞中囚徒看見物體投射的搖曳陰影，卻沒有見到物體本身。[8] 這是往知覺介面理論踏出的一步，不過這步走得還不夠遠。影子和投影的物體隱約相似，因此很容易想見鼠和人的影子在大小和形狀上都不同。知覺介面理論設定的圖示完全不需要與客觀現實相似。

味道的捷徑帶來一個很大的風險——食物中毒。演化找到的解決方案是一舉避開會在接觸後數小時內引發噁心反應的味道。你原本喜愛的食物能在倒楣的一天之內，變成未來好幾年觸發你憎惡感的因子；你預測從它的味道能夠獲得的收益完全付諸東流。

當然，香草精和瑪莎拉蒂的例子都只是例子，證明不了知覺和現實。那是適者勝真者定理該做的事。不過這樣的例子仍可讓我們擺脫一種錯誤的直覺，不再誤以為我們能看到客觀現實，也不再錯誤地相信沒有人看的時候月球仍然在那裡。

我舉的一些例子似乎適得其反。就拿分不清粗短瓶和美女甲蟲的雄甲蟲來說，我提出這個例子是要表明，演化為了讓我們更適存，賦予我們簡單和取巧的竅門，但隱藏了真相。

「可是，」你或許會反駁，「甲蟲顯示的是相反的情況。根據霍夫曼的說法，為什麼甲蟲會被搞迷糊？他說是因為甲蟲看不到真相。他怎麼會知道？因為他認為他知道真相——甲蟲真的是和瓶子交配，不是和另一隻甲蟲。所以在他反對看見現實的論據背後隱藏了一個假設，那就是他能看見現實，他能區分真正的甲蟲和冒充甲蟲的瓶子。不然他為什麼會取笑那隻笨拙的甲蟲呢？」

這招還擊的思路看來很周全，但失敗了。假設我在看一個新手玩《俠盜獵車手》（Grand Theft Auto）電玩，他開著紅色法拉利在山路彎道上狂飆，完全沒有注意到一架黑色直昇機正暗中逼近。我大聲警告他，但晚了一步，他的車被直昇機槳葉攪爛了。我只看到那個新手做出蠢事，卻沒見到「真相」——在充滿聲光效果的電玩背後那些晶片和電流的嗡嗡低鳴。我看到的只有圖示而已，不過我對它們的含意認識更深。（「真相」用了反諷引號，意思是「為了這個例子姑且稱之為真相」。晶片和軟體並不是客觀上真實的。）

甲蟲的愚行也是這樣。我看見的是甲蟲和瓶子的圖示，不是客觀真相。不過我的圖示揭露了一個和適應度有關的事實——和瓶子交配生不出甲蟲寶寶。因為我的圖示透露給我的是適應度，不是真相，我對甲蟲這種不適存的笨拙舉止所做的批評可能很貼切，不過並不是透過全知的視點。

如果圖示絕對不是真相，那麼知覺就永遠是錯覺（illusion）嗎？對錯覺的標準說明大概像這樣：「對環境的如實知覺往往需要經過直觀推斷（heuristics）的歷程，根據的是通常為真，但不必永遠為真的假設。假設為真時，一切都很好，我們見到的或多或少是真實情況。而當這些假設為偽，我們就會感知一種和現實有系統性差異的情況：這就是錯覺。」[9]

若我們的知覺通常是如實的，那麼我們就確實能夠把錯覺，好比奈克立方體，定義為對真相的罕見偏離。不過知覺介面理論說，沒有知覺是如實的，所以它不能以這種方式來定義錯覺。然而，知覺介面理論並沒有否定錯覺的觀點：奈克立方體和方糖都是圖示，不過兩種圖示在某些必須加以了解的關鍵方面有所不同。知覺介面理論需要一個關於錯覺的新解釋。它已經有了，是演化提供的：錯覺是無法引導適應性行為的知覺。

就是這麼簡單。演化塑造我們的知覺是為了引導適應性行為，而不是為了看見真相。所以錯覺是無能引導適應性行為，而不是無能看見真相。

我們試用一下這個理論。為什麼知覺介面理論說，向瓶子求愛的甲蟲是受了錯覺蒙蔽？用理論來回答，並不是因為可憐的甲蟲沒有看出真相，而是因為牠的知覺驅使牠表現出不具適應性的行為：和瓶子交配生不出甲蟲。要不是好心的澳洲人修改了酒瓶的外形，那種甲蟲早就滅絕了。

為什麼根據知覺介面理論，奈克立方體是錯覺？因為我們沒辦法把看到的形狀抓在手裡。對照的例子是我們可以抓住方糖。一種圖示會引導適應性行為，另一種不會引導。事實上我們並沒有被奈克立方體蒙蔽，因為它在深度方面的圖像線索被其他視覺線索推翻了，就像可以消除所有深度感的立體視覺，所以我們知道它是平面的。這是預料中的結果，我們的感官描述適應度收益以及如何蒐羅那些收益，描述對了可能才會活下去。所以演化讓我們可以進行多重估計，若估計結果有衝突，有些估計的信用就會被壓低，甚至忽略。冗餘也是安全保護機制。

知覺介面理論對錯覺的說明，破除了標準說明的一個討厭問題。比方食糞動物——如豬、囓齒類和兔子——的味覺經驗，我們只能說，希望牠們取食糞便時的體驗會與我們的截然不同。知覺介面理論清楚預測，這些經驗必定有別——味覺呈報的是適應度收益，不是客觀真相，美妙的滋味是收益更高的指標。我們和食糞動物對糞便的收益、乃至於味道的知覺是極為不同的。

然而這也給標準說明帶來一個令人困惑的問題，標準說明主張，錯覺是非如實的知覺：誰的知覺是非如實的——是我們的，還是食糞動物的？我們的知覺對嗎，糞便真的有可厭的味道？如果是，那麼豬、兔子和無數的蒼蠅是不是都有味覺錯覺？還是牠們是對的，也許糞便真的很美味？如果是這樣，我們的噁心感受是不是味覺錯覺？

面對這樣的兩難，哲學家和心理學家有時會回答，若一種知覺是標準觀察者在標準觀看條件下體驗到的，則那種知覺就是如實的。舉例來說，紅綠色盲男子在標準照明情況下觀看草地時，他會看到正常色覺者看不到的顏色。所以他的色盲知覺不是如實的。要找到一套原則來指明標準觀察者和標準條件非常棘手，理論家為此也絞盡腦汁。不過這個情況不可能找到定於一尊的作法。宣稱人類是標準的，是狹隘的想法；改為順著豬和兔子，那就是承認糞便其實味道很好。兩種選擇都不可口。糞便對個理論提出了一種歸謬論證：我們的知覺通常是如實的，而錯覺則是非如實的知覺。

變味果（*Richadella dulcifica*）的紅色漿果又稱神祕果（miracle berry），含有名叫神祕果蛋白（miraculin）的醣蛋白分子。吃了這種漿果之後，檸檬和其他酸味食物嚐起來都是甜的。檸檬所含檸檬酸和蘋果酸分子平常味道是酸的，不過在神祕果蛋白面前，它們會引發甜味。

哪種味道是虛幻（illusory）的？如實知覺的理論說，虛幻的味道就是非如實的味道，不是客觀上真實的。那麼，一個檸檬酸分子的如實味道是怎樣？若我們說那是酸的，這個說法的依據是什麼？是什麼原理要求特定分子要有真實的特定味道？對此主張如實理論的人有責任提出一項科學說法，目前還沒有任何說法。

至今，任何關於味道的如實性主張，都是完全不能自圓其說的。

知覺介面理論說，若某種味道引發不利於適應的行為，那種味道就是虛幻的。舉例來說，你獵捕瞪羚一整天了，現在血糖很低，你平常喜歡有甜味的食物，如蜂蜜或甜橙，比較不喜歡酸味食物，好比檸檬。檸檬提供的熱量，依重量比來看是甜橙的一半，蜂蜜的十分之一。在正常情況下，甜味能引導適應性進食行為，恢復你的血糖值。假設你在打獵時吃了神祕果，結果檸檬嚐起來變成甜的，這時檸檬的甜味就引導你取用比較差的熱量來源。它的適應性較差，因此這個味道是虛幻的。

這麼看來，知覺介面理論似乎在更根本的地方有了問題。它訴諸適者勝真者定理，這個定理用數學和邏輯來證明，演化使我們看到客觀現實的機會十分渺茫。但我們對數學和邏輯的知覺呢？定理不是先認定了數學和邏輯的實在性，然後才證明了我們對數學和邏輯的知覺幾乎不可能是真實的嗎？如果是這樣，難道不就證明了根本沒有可靠的證明——這不就是用歸謬法反駁了這整套推論嗎？

所幸，適者勝真者定理證明了沒有這樣的事情。它只適用於我們對世界狀態的知覺。其他認知能力，好比我們的數學和邏輯能力，必須另行研究，看看天擇怎麼塑造它們。認為天擇讓我們的所有認知機能變得不可靠，是太過簡化、也是虛假的說法。這種不合邏輯的思路，有時也被拿來支持與達爾文演化論不相容的宗教觀點。[10] 不過這個講下去就太廣了。

數學能力普通的人有可能面臨天擇壓力。演化國度的貨幣是適應度，點數這種貨幣的能力可能和適應性有關。咬兩口蘋果，帶來的適應度收益約略是咬一口的兩倍。因為數學能幫助推算收益，因此天擇並不會一視同仁地壓抑這種才能的發展。當然這並不是說，數學是客觀現實，或者數學天才有天擇壓力。說不定這樣的天才是遺傳上僥倖出現的。也或許是性選擇（一個性別的喜好和選擇塑造了另一個性別的演化）在一旁搧風，把基本數學技能的星星之火煽成數學天才的熊熊大火——這又是另一個迷人的研究題目了。

邏輯能力普通的人有可能面臨天擇壓力。舉例來說，社會交換涉及一種簡單的形式邏輯，「我為你做這件事，你就必須為我做那件事作為回報。」相較於能在社會交換情境中察覺欺騙的人，無法察覺欺騙的人比較可能遭到剝削，也就比較不適存。所以在這類交換上僅具基本「若則邏輯」（if-then logic）能力的人就有天擇壓力。科斯米德斯和托比發現，多數人的這種邏輯能力一旦脫離了社會交換的脈絡，就不再那麼強健，可見這種能力最早就是在社會交換情境中演化成形的。[11] 相同道理，雨果．梅西耶（Hugo Mercier）和丹．史波伯（Dan Sperber）兩位心理學家發現，我們的邏輯推理在與其他人爭辯時運作得最好。[12] 不過一旦基礎能力養成了，天擇和突變就能把它帶到新的地方，甚至塑造出像寇特．哥德爾（Kurt Gödel）這樣的天才。

所以，儘管知覺介面理論主張、適者勝真者定理也證明，我們對時空中的物的知覺不能反映現實原貌，但知覺介面理論或適者勝真者定理都不排除可以有若干數學和邏輯技能。這個理論和定理對我們的高等概念性技能有什麼評價嗎？是否蘊含了「我們的概念在了解現實原貌上很可能是錯誤的概念」這樣的意思？答案同樣是否定的。我們這個物種喜不喜歡這些了解客觀現實所需要的概念，依然沒有定論。第十章我們會探討一種實在論，它的優點是容許、但並不要求我們具備必要的概念。

「可是，」或許有人會問，「要是我見不到現實原貌，那為什麼我的相機能見到我見到的？我開車到優勝美地谷，再前往隧道觀景點，周圍全是拿著相機的遊客。我拍下這片經典風景——酋長岩、新娘面紗瀑布、半圓丘——這片壯麗石雕在百萬年前先由舍爾溫（Sherwin）冰川粗略挖鑿出來，接著又經太浩（Tahoe）、特納亞（Tenaya）和塔尤戈（Tioga）冰川作用雕琢至完美。我的照片和我親眼所見完全相符，也和其他數百萬人見到與拍到的畫面相符。這種一致的情況肯定只可能代表一件事——我們全都看到一個古老的現實，而且我們看到的是它的真實面貌。相機不會撒謊。」

這個論點在心理上有說服力，但邏輯上靠不住。修習生命科學的學生可以用 Labster 這類的虛擬實境實驗室來做實驗，裡面有顯微鏡、定序器、相機等虛擬工具。學生可以拿起相機——虛擬實驗室裡的一個圖示——拍下一幅畫面，然後就相信那臺相機看到的是他們眼中所見。然而學生和相機見到的都只是圖示而已。他們看到一樣的東西，但都沒有看到客觀現實。

這裡還潛伏了另一個問題，是舍默曾經在《科學人》雜誌中提出過的：「最後，為什麼要把這個問題描述成在適應度和真相之間非此及彼的選擇？適應作用有很大一部分取決於現實的相對準確模型。科學是往比如說消滅疾病和登陸火星的方向走，這個事實必然代表我們知覺到的現實是愈來愈接近真相的，即使還不是全部的真相。」[13]

適應度和真相之間的非此即彼的選擇，如同前面討論過的，並不是知覺介面理論突然靈機一動想到的，而是演化理論的一項最根本特徵——適應度收益和客觀現實截然不同，而且針對某個現實元素，還可能在不同生物體以及不同時期出現極大差異。整體而言，追蹤適應度和追蹤真相完全是兩碼子事。[14]

不過就像舍默說的，科學會進步，學習治癒疾病、探索星球、登陸火星。如果有人從 19 世紀來訪，他看到行動電話和無人駕駛汽車會覺得這根本是魔法。科學技術愈來愈擅長控制我們的世界，這不就代表「我們知覺到的現實愈來愈接近真相」了嗎？

絕非如此。《當個創世神》（Minecraft）的玩家會愈來愈擅長跟遊戲世界打交道，不過他們是靠精通介面來辦到這點，而不是靠接近真相。在新手看來，《當個創世神》的專家簡直就像魔術師，但那個專家可能對潛藏在圖示背後的複雜機制一無所知。

科學理論固然是以時空中的物的語言來傳達，但依然是綁在介面上的。它們沒辦法妥善描述現實，就如同以像素和圖示的語言來表達的理論，也同樣不能妥善描述電腦。後面我們就會談到有些物理學家承認這一點，且下了結論：「時空」連同其中的物都「完蛋了」。

我們在疾病、太空船和相機等方面實在表現得很有本事。但本事只是本事，不是真相。我們已經更懂得掌握我們的介面，不過只要我們的理論還困在時空中，我們就無法掌握潛藏在時空背後的事物。

「且慢，」你或許會說，「這根本不是什麼新的看法。自從 1911 年，歐尼斯特・拉塞福（Ernest Rutherford）發現原子內大半是空的、只在中央有一顆細小的核之後，物理學家就告訴過我們，現實和我們見到的十分不同。椰頭固然看來是實心的，但只要你貼得夠近，你就會發現它也大半都是空的，只有電子和其他粒子以不可思議的高速呼嘯飛竄。」

的確。不過物理學家的這個主張並不像知覺介面理論的主張這麼極端。他們的主張比較像是說：「我知道我電腦桌面的圖示並不是真實的現實。不過要是我有可靠的放大鏡，然後離電腦桌面非常非常近，我就會見到細小的像素。現實的真實本質就是那些微觀的像素，不是巨觀的圖示。」

不是這樣。那些像素依然在桌面上，依然在介面裡面，或許不用放大鏡看不到，但它依然是介面的一部分。相同道理，原子和次原子粒子或許不用特殊儀器就看不到，不過它們依然是在空間和時間裡面，也因此它們依然在介面裡面。

物理學表明，我們經常無法注意到太快的或太慢的、太大的或太小的，或者完全位於我們所能見到的電磁頻譜波段之外的事物。知覺介面理論要說的事深入得多。它說即使我們在技術協助之下，能觀察到這一切新的東西，我們離「看見現實原貌」這件事依然沒有更接近一絲一毫，而只是把介面探索得更徹底，對侷限在空間和時間範圍內的事知道得更多而已。

知覺介面理論的主張確實都很極端，而且在建構這些主張時，這個理論也從它發源的演化和神經科學向外伸展，闖入了物理學的地盤。或許它已經伸得太遠。或許知覺介面理論違反直覺的主張，馬上就被現代物理學的理論和實驗打槍了。

等著看吧。

第六章

重力

時空末路

「愛因斯坦從未停止思索量子理論的意義……我們經常討論他關於客觀現實的見解。記得有一次散步時，愛因斯坦突然停下來，轉頭問我是不是真的相信月球只有當我看著它的時候才存在。」

——亞伯拉罕·派斯（ABRAHAM PAIS），《愛因斯坦和量子理論》（EINSTEIN AND THE QUANTUM THEORY）

「意思是繫好安全帶，桃樂絲，因為堪薩斯就要掰掰了。」

——塞佛（CIPHER），《駭客任務》（THE MATRIX）

倘若我們的感官是天擇塑造的，那麼適者勝真者定理告訴我們，我們並未看到現實原貌。知覺介面理論告訴我們，知覺構成一種專屬於我們這個物種的介面。這個介面把現實隱藏起來，幫助我們養育小孩。時空是這個介面的桌面，物都是圖示。

知覺介面理論提出可測試的大膽預測。它預測，湯匙和恆星——空間和時間內所有的物——在無人察覺或觀看時，是不存在的。我看到湯匙，代表有某物存在，那個某物不管是什麼，觸發我的知覺系統創造出一支湯匙，賦予它一個位置、一個形狀、一種運動狀態或者其他物理性質。但我一移開目光，我就不再創造那支湯匙，它也就不復存在，連同它的物理性質一併消失。

以光子為例，知覺介面理論預測在無人觀察時，一顆光子並沒有明確的極化值。它也預測，在無人觀察時，一顆電子並沒有明確的自旋值、位置或動量。若有實驗與這些預測相左，即可證明知覺介面理論不成立。

我看到的物是我的圖示，你看到的物是你的圖示，我們兩個一核對起來，會發現我們的圖示通常會相符——我看到一隻貓，你也是；我看到火，你也是。通常相符是因為我們都和同一個現實互動——不管那是什麼現實——並且用的是相似的介面和相似的圖示。不過知覺介面理論預測，我們是可以不相符的。我可能看到火，用來煮了晚餐，而你可能沒看到火，你的晚餐依然是冷的；我可能看到一隻活貓，你看到的可能是死貓。

知覺介面理論預測，時空在未被察覺的情況下並不存在。我的時空是我的介面的桌面，你的時空是你的桌面。時空依觀察者而異，且時空有部分性質本來就不需要在不同觀察者之間相符。現實，不論那是什麼，不受時空的侷限。

前面我說過，這些都是大膽的預測。不過這些預測真的是可測試的嗎？有可能被現代物理學排除嗎？我如果知道我的預測永遠不會被檢驗，我可能會大膽預測月球在沒有人觀看時會變成瑞士起司。電子未被觀察時就沒有自旋的說法聽起來很大膽，不過這個主張要怎麼測試？我們能不能設計一個實驗、一套嚴謹的觀測方式，來告訴我們在沒有人觀察時發生了什麼事？若你覺得根本不可能，那麼就如我在第四章提到的，你有大咖作伴，因為出色的物理學家包立似乎也認為不可能。愛因斯坦擔心量子理論是否蘊含了「月球只在我看著它的時候才存在」的意思，對此包立的答覆是：「人不該再為明明不可能知道的事是不是存在的問題傷腦筋，就像一個針尖上能坐多少個天使這個古老問題一樣沒什麼好想的。在我看來，愛因斯坦的問題始終都屬於這一類。」[1]

愛因斯坦相信時空和物都存在，而且不論是否被觀察，都有明確的性質。更精確地說，他相信局域實在論（local realism）。所謂實在論是主張物具有明確的物理性質——如位置、動量、自旋、電荷和極化——即使未被觀察也不例外。局域性（locality）是主張物傳遞影響的速度不能快過光速。局域實在論斷言，實在論和局域性都是真實的。愛因斯坦堅信，如同他在給物理學家馬克斯．玻恩（Max Born）的信中所寫的，物理學應該堅守「這個讓空間中不同區域的物理現實都能獨立存在的必要條件」。[2] 愛因斯坦相信，（違反這項必要條件的）量子理論肯定是不完備的實在論。他在他給玻恩的信中指出，「我在任何地方都還是找不到任何事實，能讓我考慮可能必須放棄那個必要條件。」[3]

愛因斯坦在 1948 年寫那封信時，這段話還能成立。但到了 1964 年，物理學家約翰．貝爾（John Bell）發現了一件會讓愛因斯坦大感震驚的事實：他的一些實驗結果符合量子理論的預測，卻與局域實在論矛盾。[4] 不論量子理論是否如愛因斯坦宣稱的那樣不完備，它與局域實在論都不相容。貝爾的實驗已透過多種變化型式進行，每次都符合量子理論的預測。現在我們有極佳的證據說明了局域實在論在實證上是不成立的，就算量子理論不成立或不完備亦然。這就表示實在論是不成立的，或者局域性是不成立的，不然就是雙方都不成立。對愛因斯坦，或者對我們的正常直覺來說，哪個選擇都不令人滿意。

受到貝爾的啟發，有一項對局域實在論所作的實驗性測試在荷蘭的臺夫特理工大學（Delft University of Technology）進行，測量了纏結電子的自旋。[5] 電子自旋很奇怪。飛盤、陀螺和溜冰選手都能以慢速、快速或中間任意速自旋。電子卻不是這樣。若測量它任意軸的自旋，你會發現只有兩種可能答案——上或下。這就彷彿電子能順時鐘或逆時鐘自旋，但速度只有一種。

纏結也很奇怪。把兩個陀螺併排在一起，你可以分別描述每個陀螺和它的自旋。但對兩個纏結的電子卻沒辦法這樣做。不論兩個電子相隔多遠，都必須把它們描述成彷彿是一個不可分割的物。例如，物理學家用纏結的概念把兩顆電子的自旋視為一體，若一顆電子沿著某軸的自旋為上，則另一顆電子沿著該軸的自旋就永遠是下。不論你選擇測量哪個軸都是這個結果，不論電子相隔多遠也是如此，說不定隔了 10 億光年。然而，你測量你旁邊那顆電子的自旋，立刻就能知道 10 億光年外那顆電子的自旋是什麼。倘若實在論成立，還有倘若你在這裡測量的自旋會馬上影響到 10 億光年外一顆電子的自旋，那麼這個效應就違反了局域性主張——任何影響的傳遞速度都不能超越光速。

在臺夫特的實驗中，相隔了 1280 公尺的兩顆電子出現自旋纏結現象。[6] 光傳播這個距離需要略超過百萬分之四秒。兩顆電子的自旋沿隨機選定的軸來測量。關鍵在於，兩個自旋是同時測量的。這確保了一個測量不會藉由任何局域歷程（也就是傳遞速度不超過光速的歷程）影響另一個。臺夫特實驗和其他所有實驗一樣，確認了量子理論的預測，否定了局域實在論。兩顆電子的自旋以某種方式發生相關，貝爾的實驗顯示，若局域實在論成立就不可能有這種相關現象。要嘛實在論不成立，即電子在被測量之前沒有確定的自旋值，要嘛局域性不成立，即電子能以超光速影響彼此。再不然就是實在論和局域性都不成立。

物理學家正設法分辨是哪個假設不成立，實在論還是局域性。安東·塞林格（Anton Zeilinger）和他的協力研究員做了纏結光子實驗，結果排除了一大類宣稱實在論為真、局域性為偽的理論。[7] 他們的結論是：「我們相信研究結果強烈支持一種觀點，那就是與實驗結果相符的量子理論，在未來不管要如何延伸，都必須放棄現實描述的某些特徵。」[8] 儘管仍無定論，但因為塞林格的實驗，想為實在論辯護已經是愈來愈難了。

知覺介面理論預測實在論不成立，物理學和這個預測也沒有矛盾。實際上，對局域實在論所作的每次測試都違反我們的直覺，並證實了知覺介面理論的預測。諸如塞林格的實驗，都不斷束緊套在實在論脖子上的絞索。

另一個從量子理論推導出來、沒有局域性假設的定理也是如此。這個定理由貝爾在 1966 年，以及西蒙·科申（Simon Kochen）和恩斯特·斯派克（Ernst Specker）在 1967 年證明，稱為科申—斯派克定理（Kochen-Specker (KS) Theorem）。它說沒有任何性質，例如位置或自旋，具有獨立於測量方式之外的確定值。[9] 而與此相反的主張，即某一性質具有獨立於測量方式之外的確定值，稱為「無脈絡實在論」（noncontextual realism）。科申—斯派克定理說，無脈絡實在論是不成立的。

然而無脈絡實在論，正是「沒有人在看時月球依然存在」的說法所擁護的觀念。當初克立克寫到，沒有人觀看時太陽和神經元依然存在，他心中抱持的就是這個實在論。不成立的正是這個實在論——獨立於局域性任何相關議題之外。

科申—斯派克定理粉碎了愛因斯坦對現實的另一個信念。1935年，他在一篇與鮑里斯．波多爾斯基（Boris Podolsky）和納森．羅森（Nathan Rosen）合寫的著名論文中宣稱「如果我們能在系統不受任何干擾的情況下，確定地預測（亦即概率等於一）某一物理量的值，則必定存在一個能與該值相對應的現實元素。」[10]

這個主張似乎很有道理。假定你能在測量之前以十足的自信告訴我，一顆電子沿著某軸的自旋，肯定會被觀察到是向上的——你保證絕對不可能是向下。再假定你每一次都對，幾千次觀察都證明你對。那麼我或許就能認定，你的自信是正當的，你的預測也始終是正確的，因為電子的確始終是那種自旋。

不過我這個認定恐怕是錯的。亞當．卡貝羅（Adan Cabello）、荷塞．埃斯特巴蘭茲（Jose M. Estebaranz）和吉列爾莫．加西亞—阿爾卡因（Guillermo Garcia-Alcaine）三位物理學家，建構一個巧妙的例子來說明科申—斯派克定理。在他們的範例中，量子理論確定地預測了一個物理量的測量值，「概率等於一」。不過他們證明，那個值不能獨立存在於測量之外。[11] 這意思是，我可以確定我會求得什麼值，但那個值並不是客觀現實中的元素。你確定會看到什麼現象，並不代表這個現象已經存在。愛因斯坦、波多爾斯基和羅森提出與此相左的主張完全是錯的。

我們多數人都深信物理現實，那是由時空中的物所組成，在生命和觀察者出現之前早就存在的；我們相信，任何物的位置、自旋或者其他任何物理性質，都不需要觀察者來賦予。然而，隨著量子理論的蘊含意義被理解得愈多、實驗得愈多，這個信念原本只能攀附在實驗可能的縫隙中才能存活，而今這些縫隙已經逐漸合上了。例如費米實驗室的一項實驗就揭露了微中子——幾乎毫無質量的次原子粒子——在被觀察之前，不帶有具輕子風味的物理性質值。[12]

有些物理學家得出結論，認為量子理論提出了一種全新的世界觀。誠如物理學家卡洛·羅威利（Carlo Rovelli）所言，「我所做的並不是要把量子力學修改成和我的世界觀一致，而是要把我的世界觀調整成和量子力學一致。」[13] 羅威利更新他的世界觀的方式是否定「一個系統有絕對的、獨立於觀察者之外的狀態這樣的看法，換句話說就是以為有獨立於觀察者之外的物理量值。」[14] 羅威利摒棄了無脈絡實在論。

他的解釋是：「若不同觀察者對相同的事件序列提出了不同的說明，則每一種量子力學描述都必須從相對於某特定觀察者的觀點來理解。因此，對某個系統的量子力學描述……不能看成是對現實的『絕對的』（獨立於觀察者的）描述，而應該看成是對『相對於特定觀察者的系統中的性質』所做的一種形式化或法典化的動作……在量子力學中，『態』以及『變數的值』——即『測量結果』——是彼此關聯的概念。」[15]

物理學家克里斯·菲爾茲（Chris Fields）則是基於不同理由拋棄了無脈絡實在論。他表明，倘若沒有觀察者一次就看到所有現實，還有倘若觀察需要能量，那麼無脈絡實在論就肯定不成立。[16] 克里斯·福克斯（Chris Fuchs）、大衛·默明（David Mermin）和呂迪格·沙克（Rudiger Schack）三位物理學家宣稱，量子理論蘊含了一個意思是「現實因主體的不同而有差別。這並不像表面聽起來那麼奇怪。對一個主體而言，什麼是真實完全取決於主體的經歷，而不同主體有不同的經歷。」[17] 他們解釋，「測量並不會揭露事物的先在狀態，儘管測量這個詞很不幸地有那樣的暗示。那是一個主體對世界做出一種舉動，導致一種結果被創造出來——對該主體來說這是一種新的經歷。『介入』或許是比較好的詞。」[18]

量子貝氏論（Quantum Bayesianism，簡稱 QBism）是福克斯的量子理論詮釋，這個理論說，量子態描述的不是客觀世界，而是主體對自己的行動後果所抱持的信念。不同主體可能有不同的信念，沒有一種量子態放諸四海皆準，每一種都是私人的。用福克斯的話來說，我的量子態描述是「『我對物理系統採取的行動（為我）帶來的後果！』總之全是我，就像披頭四唱的那句『我、我、是我、是我、我的』（I-I-me-me mine）。」[19]

這個看法和知覺介面理論相符。我對時空和物的知覺是一個介面，由天擇塑造，目的並不是披露現實，而是為了引導我採取能強化適應度的行動，「我的」適應度。有利於我的，說不定對別人有害。巧克力能增進我的健康，但會害死我的貓。天擇是針對個人來塑造知覺，告訴我我對這個世界的行動會為我帶來的後果。這是一個就算我不看也依然存在的世界：唯我論並不成立。但我的知覺，如同量子理論的觀察，並不揭露這樣的世界。我的知覺為我提供指引——不完美但剛好足夠的指引——告訴我怎麼做是適存的。

詮釋起來，量子理論和演化生物學共同編織了一段非常一致的情節。量子理論說明測量並不揭露客觀真相，只揭露主體的行為帶來的後果。演化告訴我們原因——天擇塑造感官，來揭露主體的行為帶來的適應度後果。我們很意外，怎麼測量和知覺都那麼個人化。我們原本預期它們能呈報客觀的、非個人化的真相，儘管可能犯錯，或者只呈報局部真相。然而當科學兩大支柱聯手抵制我們的直覺，我們就該重新考量了。

物理學和演化的這番匯流並不是顯而易見的。1987 年，威廉·巴特利（William Bartley）敘述在一場研討會上，物理學家約翰·惠勒（John Wheeler）說明他對量子理論的研究時，著名的科學哲學家卡爾·波普爾（Karl Popper）爵士「對著他靜靜地說：『你說的和生物學有矛盾。』那一刻很戲劇化……接著生物學家……群起爆出歡欣的掌聲，彷彿有人終於說出他們一直以來的心聲。」[20]

巴特利告訴我們生物學家在想什麼：「感官知覺或感覺本身，只是對外部現實或多或少準確的象徵性表現，這種表現是透過外部現實和感覺器官之間的交互作用而形成的。我們或多或少能準確看見外部現實。」[21] 這個信念並不奇怪。我們前面討論過，演化生物學假定了物——DNA 和生物等——的客觀現實。我們並不能很明顯看出普適達爾文主義的酸液——以適者勝真者定理的形式——能溶掉這層外加的假設，揭露「對外部現實或多或少準確的象徵性表現」，永遠不會比隱藏外部現實、只編碼適應度收益的表現有更高的適應度。

惠勒究竟提出什麼主張惹惱了生物學家？惠勒宣稱，「我們稱為『現實』的東西，是用紙漿糊成的繁複想像和理論，裡面包了少數幾根名為觀察的鐵柱。」[22] 根據惠勒的看法，我們並不是被動地觀察先在的客觀現實，我們是藉由觀察活動主動參與現實的建構。「量子力學證明，沒有所謂單純的『現實觀察者（或者記錄者）。』觀察設備、記錄裝置，都『參與了現實的界定。』在這層意義上，宇宙並不是就在『外面那裡』。」[23]

惠勒以他的延遲選擇實驗（delayed-choice experiment）來闡明這點。這是著名的雙狹縫實驗的一個變異型式。雙狹縫實驗最早在 1927 年由柯林頓·戴維森（Clinton Davisson）和列斯特·革末

（Lester Germer）兩位物理學家進行。[24] 雙狹縫實驗是用光子槍，對一片感光板每次射出一顆光子，感光板會記錄每顆光子的落點。不過在光子槍和板子之間有一面金屬屏幕，上面有兩道狹縫——稱之為 A 狹縫和 B 狹縫——可供光子通過。

若只開一道狹縫，則一如預期，光子會落在感光板上狹縫正後方的一處範圍。若兩道狹縫都開啟，結果就與預期相反，光子的落點會形成一系列條紋，如同兩道水波相撞時會出現的干涉圖案——最奇特的結果是，只開啟一道狹縫時感光板上記錄到許多光子的位置，在兩道狹縫都開啟時記錄到的光子會變少，甚至完全沒有。這個情況乍看之下，是每顆光子都同時通過了 A 和 B 狹縫。以波來說這是沒有問題的，但光子是粒子；我們改用電子（電子也是粒子）來做這個實驗，也會得到相同的干涉圖案。

那麼粒子是怎麼做到這件事的？把自己分割成兩半嗎？倘若我們嘗試仔細觀察狹縫，始終都見到一顆光子只通過一道狹縫，從來不會通過兩道。而且，如果我們觀察到它通過哪道狹縫，干涉圖案就會消失。

沒有人真正知道兩道狹縫都開啟時，光子或電子是怎麼通過的。這是量子理論的一個未解之謎。說它通過 A、通過 B、兩道都通過，或者兩道都沒有通過，似乎都不對。物理學家乾脆說它的路徑是 A 與 B 的疊加（superposition），這只是表示我們不知道那是怎麼一回事，雖然我們可以寫下涉及一種稱為疊加的線性組合的簡單公式來準確代表實驗結果。施展這種雙狹縫魔法的還不只有光子和電子這樣的小粒子。2013 年，珊卓拉・艾本伯格（Sandra Eibenberger）和她的協同研究者發現，一種他們命名為 C284.H190.F320.N4.S12 的大分子也能表演同樣的魔術，這個分子由 810 顆原子組成，質量超過 1 萬顆質子或 1800 萬顆電子，大小比病毒小一點。[25] 所以不是只有次原子領域才會出現量子異象。

惠勒採用延遲選擇的方式來做這個實驗是很聰明的：等光子通過金屬屏幕之後，才決定要在哪裡測量——路徑 A、路徑 B，或是疊加。他的說法是：「我們等量子已經通過屏幕，才隨機決定它是應該要『通過兩道狹縫』還是『通過一道』」。[26] 惠勒的實驗是以光子（還有氦原子！）進行，結果很成功。[27] 我們在光子已經通過屏幕之後才選定的測量路徑，決定了光子在測量之前所展現的行為，或者起碼我們說得出它展現了什麼行為。「在延遲選擇實驗中，我們此時此地的一項決定，對於我們未來想要述說的往事是什麼，造成了無可挽回的影響——這是對正常時間序一種奇異的倒置。」[28] 過去取決於我們現在的抉擇。難怪波普爾和生物學家都不知所措。

惠勒後來把他的實驗擴展到宇宙尺度。[29] 別管光子槍了，而是設想一顆遙遠的類星體——那是一種超大質量黑洞，能把周圍的星系物質吸入它的吸積盤，在過程發出天文級數量的光和輻射，或許百倍於我們整個銀河系的輸出量。假定這顆類星體位於一個龐大星系的後方，根據愛因斯坦的重力理論，這樣的星系會彎曲時空。他的理論還預測，倘若一切排列得恰到好處，我們就能看到那顆類星體的兩個影像，由於它的光會沿兩條不同的路徑通過那處彎曲的時空——這是龐大的重力透鏡引發的宇宙視錯覺。圖八所示為哈伯太空望遠鏡拍下的一個實例，那是距離地球將近 140 億光年的雙類星體（Twin Quasar）QSO 0957+561。

有了這個，就可以用來進行一次宇宙尺度的延遲選擇實驗。我們用望遠鏡捕捉雙類星體射出的光子，可以選擇測量光子通過重力透鏡的哪一條路徑——哈伯影像的上方或下方路徑——也可以選擇測量疊加。若決定測量路徑，發現它是沿著比如說上方的路徑，那麼這顆光子在過去將近 140 億年來就始終是走這條路徑，只因為我們今天做的這個選擇。若我們選擇測量的是疊加，那麼那顆光子在過去 140 億年間的歷史就會有所不同。我們今天的選擇，決定了數十億年的歷史。我們多數人做臥推都舉不起百公斤重量，然而我們卻能回溯數十億年，數兆公里，重寫過往——多麼了不起的壯舉。

圖 8：哈伯太空望遠鏡拍攝的雙類星體 QSO 0957+561 影像。ESA/NASA

這下子玩得更大了。量子理論已經搗毀了我們對物的直覺，否認物的物理性質具有獨立於被觀察與否或者觀察方式之外的確定值。現在它又搗毀了空間和時間。如同惠勒所言：「沒有空間。沒有時間。上天沒有傳授我們『時間』這個詞，是人類發明的……若時間的概念惹了什麼麻煩，也是我們自己惹出來的……像愛因斯坦說的，『時間和空間是我們用來思考的模式，而不是我們生活在其中的環境。』」[30]

愛因斯坦表明，以不等速度移動的不同觀察者，測得的時間和距離會不一致，不過在光速和時空間隔（時空是空間和時間統合成的單一實體，其中空間和時間可以相互抵換）上則是一致的。這一點引起了希望，就算空間和時間各自都不是客觀現實，或許時空就是了。惠勒用延遲選擇實驗作為摧毀常理的武器，把這個希望剷除了。「我們有什麼資格對空間和時間融合成時空這件事發表評論？畢竟那是愛因斯坦在 1915 年給我們的、至今依然是標準學理的古典時空幾何動力論……所有關於存在的解釋，若是不能把整個連續體物理學（continuum physics）轉譯成位元的語言，就沒有希望被歸為最根本的。」[31] 他指出，時空和它的物都不是最根本的，並提出了「萬物源於位元」（It from bit）的學說：最根本的是資訊，不是物質；物質的「萬物」源自位元資訊。惠勒從時空跳躍到位元資訊，和常理的衝突不是只有一點點而已。這兩邊為什麼會有關係？位元為什麼會取代時空？時空似乎是千真萬確的——其實它正是現實的基石和架構。當然了，時空在位元出現之前早就存在了，而且當然位元存在於時空當中，而不是反過來，不是嗎？

不過我們的直覺又錯了，從一個例子可以看出我們錯到什麼地步。假定我在一家電腦製造廠工作，負責設計下一代超級電腦的記憶體，要在最小體積裡面擠進最大的記憶容量。競爭非常激烈，我一定要把事情做對。我從小道消息得知，我的最大競爭對手打算把他們的記憶體塞進六個等尺寸的球體裡面，如圖九所示。我笑了。他們犯了個愚蠢的錯誤。那六個球能輕鬆塞進一個容積更大的球裡——事實上是兩倍以上的容積，那個較大的球應該能容納超過兩倍的記憶量，所以競爭公司完全浪費了六個球之間的寶貴空間。我要用它來擠進更多的記憶體，於是我得意地要行銷部門把廣告準備好——我們的電腦記憶容量是競爭品牌的兩倍。

然而我錯了。若我和競爭對手都在設計中盡可能擠進最多的記憶容量，到頭來我的記憶容量會比較少——約少了百分之三。就算我用的大球容積是對手的六個小球容積加起來的兩倍，可以

圖 9：六個球體塞進一個較大的球體裡面。六個小球能容納的資訊量，高於外圍的那個大球。© DONALD HOFFMAN

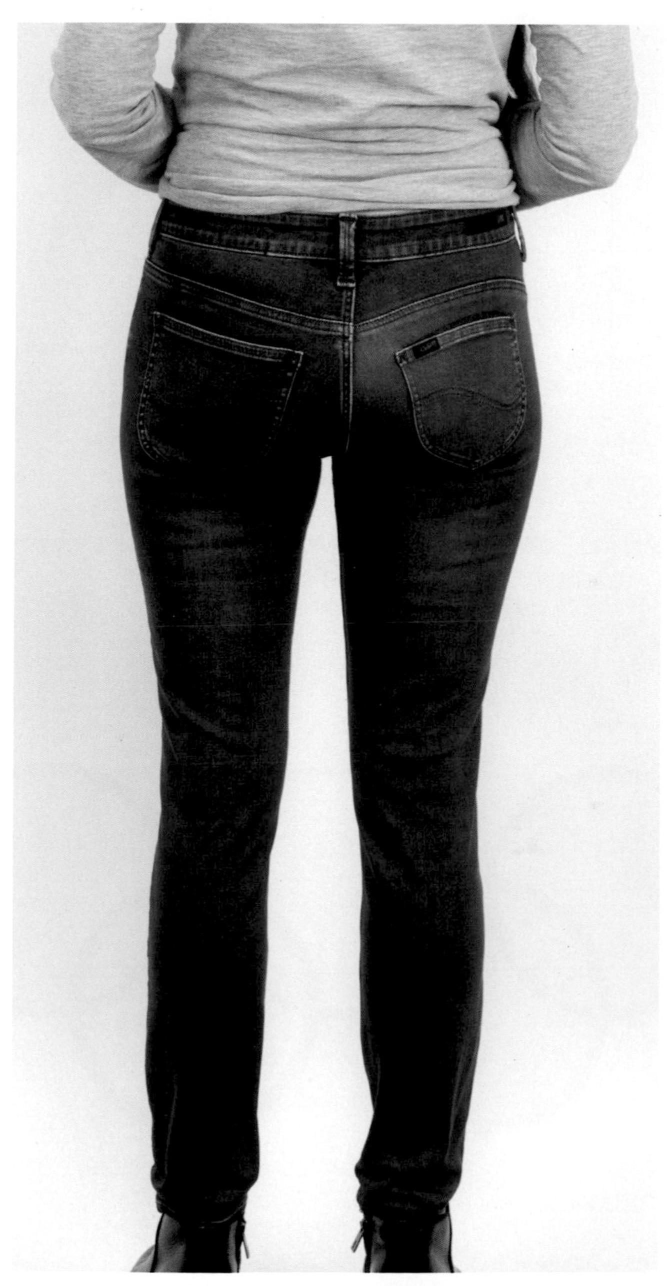

圖 A：用牛仔褲來美化身形。左側看來平坦，右側看來緊實勻稱，兩者的差異出於視覺深度線索的仔細運用。© DONALD HOFFMAN

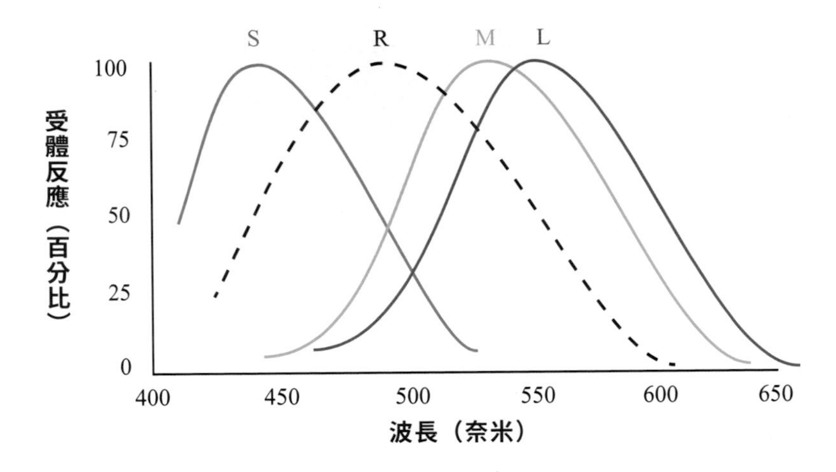

圖 B：視網膜上的三種視錐（L、M 和 S）的靈敏度曲線。視桿負責傳達低光度下的視覺，靈敏度以「R」曲線表示。© DONALD HOFFMAN

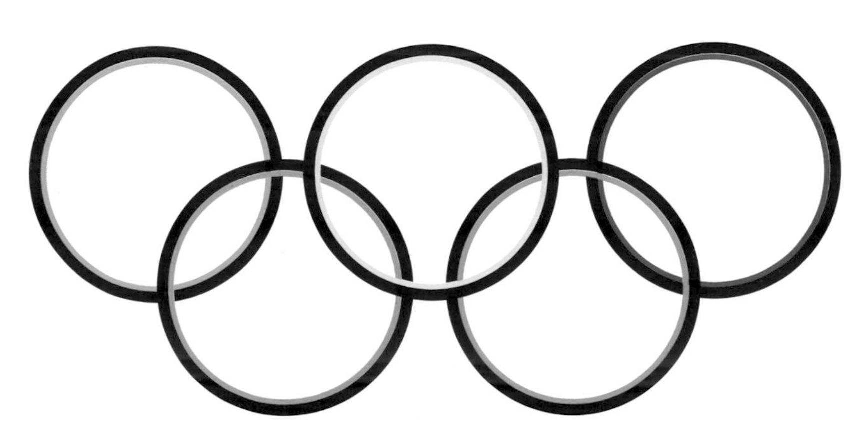

圖 C：奧林匹克環錯視圖。每道環的顏色都是虛幻的。視覺系統創造了這些顏色來校正一次刪除錯誤。© DONALD HOFFMAN

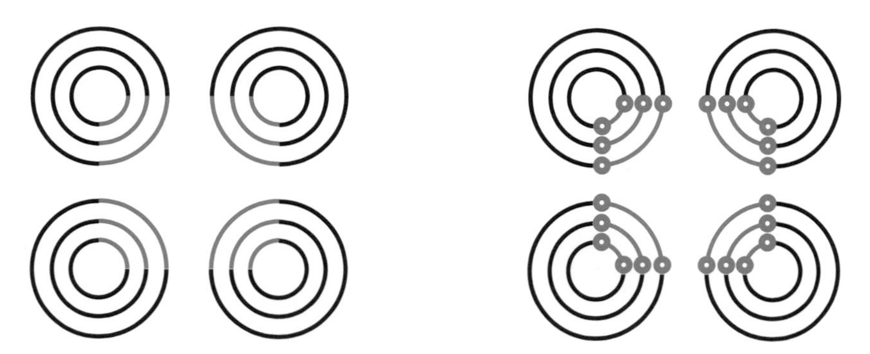

圖 D：霓虹正方形錯視圖。藍色的正方形光暈是錯覺。視覺系統創造它來校正一次誤刪。© DONALD HOFFMAN

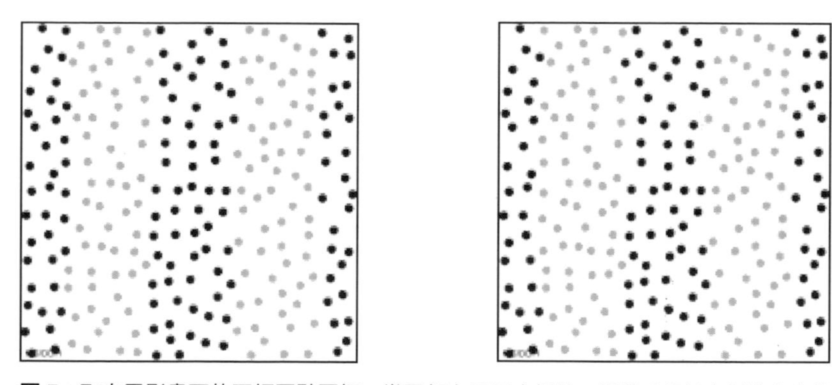

圖 E：取自電影畫面的兩幅圓點圖框。當圖框在電影中播放，視覺系統就會創造出會移動、會發光、邊緣銳利的藍色條帶。© DONALD HOFFMAN

圖 F：約瑟夫帽錯視圖（Joseph's hat illusion）。帽子左側的褐色矩形和帽子前側的黃色矩形是以同色墨水印製。© DONALD HOFFMAN

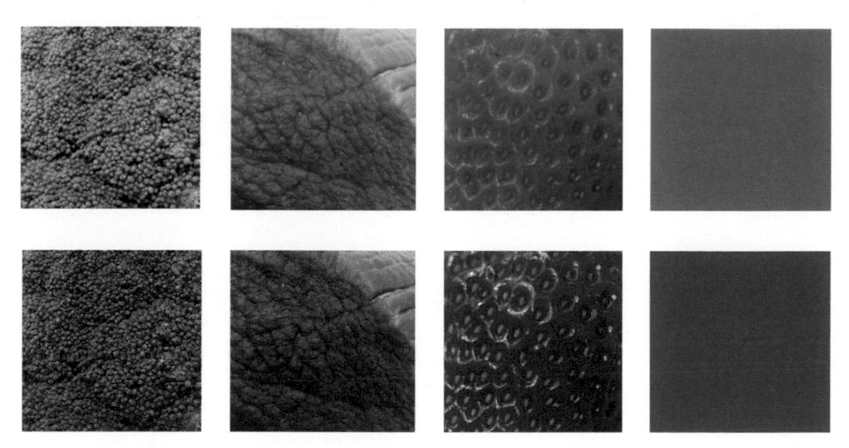

圖 G：八種色質。色質比均一色彩的色塊更能多方觸發特定情緒。© DONALD HOFFMAN

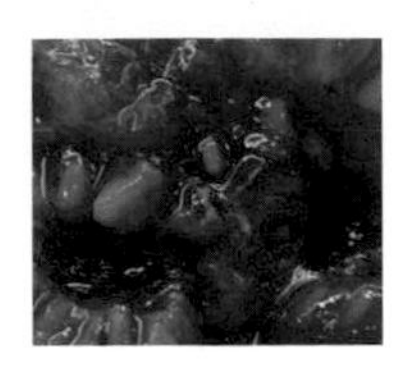
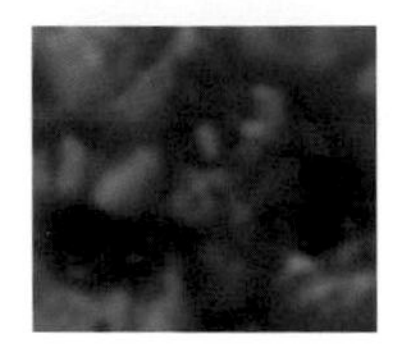

圖 H：四種紅色色質。紅色只有當質感適合時才會觸發飢餓感。© DONALD HOFFMAN

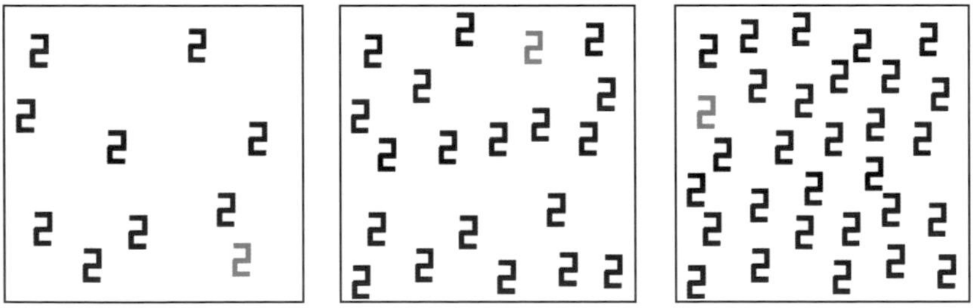

圖 I：色彩凸顯出來。綠色 2 很容易看得出來，即使周圍環繞眾多黑色 2 也一樣。© DONALD HOFFMAN

圖J：櫥窗陳列。這樣的陳列讓人很難找到品牌或產品資訊。© DONALD HOFFMAN

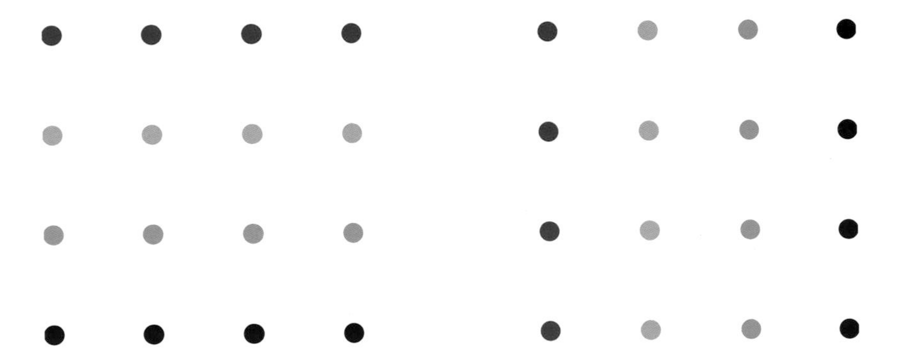

圖 K：色彩區分群組。我們在圖左看到水平群組，並在圖右看到垂直群組。© DONALD HOFFMAN

把那六個小球全都裝進來，它容納的記憶體依然較少。你要是搞不懂，那你就了解問題所在了。

雅各布．貝肯斯坦（Jacob Bekenstein）和史蒂芬．霍金（Stephen Hawking）表明，你能擠進某一空間內的資訊量，和環繞那個空間的表面積成正比。[32] 是的，是面積，不是體積。他們最初是在研究黑洞時發現了這個規則，後來意識到也適用於任何時空區域，而不只是包含黑洞的區域。這個規則稱為「全像原理」（holographic principle）。

霍金計算出一個單位面積能容納多少位元資訊。要了解他求出的結果，首先必須了解時空就像電腦桌面，也有像素，這是時空的最小片段。若是比那更小，時空就完全不存在。時空的每個像素長度都相等，稱為普朗克長度（Planck length）。[33] 這個長度非常細小——和質子相比，約相當於美國和整個可見宇宙相比那麼小。時空也有一個最小面積，稱為普朗克面積（Planck area），是普朗克長度的平方。這是最小的時空面積。霍金發現，能容納多少位元取決於表面的像素數量，而不是內部容積的體素（voxel）數量。

我們對空間和時間都有很堅定的信念。我的信念被全像原理撼動了。不過我很快就明白，這個結果與知覺介面理論十分吻合，因為知覺介面理論說的就是你感知到的時空就像一個介面的桌面。透過放大鏡來看你的電腦桌面，你會見到幾百萬個像素，即構成桌面的最小斑塊。比那個再小，桌面就不存在了。退一步看，桌面就像一個連續的表面。你要是玩《毀滅戰士》（Doom）或《祕境探險》（Uncharted）等電腦遊戲，你就會見到逼真的三維世界和三維物體。然而其中的資訊完全是二維的，受限於螢幕的像素數量。當你從電腦移開視線，看向周遭的世界時，也是相同的情況。世界同樣有像素，而且所有的資訊都是二維的。

倫納德·薩斯金（Leonard Susskind）和傑拉德·特·胡夫特（Gerard 't Hooft）兩位物理學家協助開創了全像原理。薩斯金說，「那麼，這就是特·胡夫特和我得到的結論：普通經驗的三維世界——充滿星系、恆星、行星、房屋、巨礫和人群的宇宙——是一幅全像圖，是編碼在遠方一個二維表面上的現實畫面。這個新的物理定律稱為全像原理，認定空間區域內的一切事物，都能以限定在邊界上的資訊位元來描述。」[34] 如今全像原理在理論物理學界已經得到廣泛接受。觀察者不能接觸到「空間」中的「物」，只能接觸到寫在圍繞空間的邊界上的資訊——位元。

黑洞研究促成全像原理的發現，為我們的時空直覺帶來另一次攻擊。霍金發現，黑洞縮小、溫度升高時，會放射能量，如今稱為霍金輻射（Hawking radiation）。霍金輻射把黑洞的能量帶走，黑洞因而收縮，最後完全蒸發。霍金主張在這個過程中，黑洞會摧毀所有掉進去的物的相關資訊。[35] 如果一隻貓掉進去，牠就會消失在黑洞裡面，牠的所有資訊也都會永遠堙滅。

這對貓來講很糟糕，但對量子理論也是，因為量子理論假定資訊是永遠不會消滅的。這可不是什麼次要假設，若把這個假設拿走，量子理論就會崩解成胡言亂語。因此霍金的說法構成了嚴重威脅。

愛因斯坦的廣義相對論說，黑洞會吸入並吞噬的不只是物，還包括空間本身。當空間被吸引到黑洞附近，它就會流動得更快，最終達到光速，之後超越光速。沒有任何東西能以超光速在空間中移動。不過那個速限不適用於空間本身。當空間以光速湧入黑洞，光（即資訊）就不再有機會以夠高的速度逆流逃出黑洞。這就是黑洞的事件視界（event horizon），也就是光能夠逃逸的外側，和不可能逃逸的內側之間的分界。

根據愛因斯坦的說法，若黑洞夠大，穿越事件視界掉進黑洞的貓不會體驗到任何不尋常，直到最後，那隻貓往黑洞中心衝去時，會被「拉成麵條」，被快速變化的重力拉扯到面目全非。不過在視界上，牠只會一直飄過去，完全不知道自己的命運已經無法翻轉。

同樣根據愛因斯坦，滑行越過事件視界的貓和牠的所有資訊，永遠不會再被看到了。之後當黑洞蒸發，連同那隻貓的所有資訊也會一併蒸發。

量子理論說資訊永遠不會被摧毀。廣義相對論說資訊可以越過事件視界被抹除。這是個嚴重的悖論。

還有更糟的。假設有兩位愛貓人士，阿慎和阿憨。阿慎在離黑洞一段安全距離之外看著貓，她看到貓靠近（不過始終沒有越過）事件視界，慢慢被拉長，變形得面目全非，最後被霍金輻射烤熟——很可怕的命運。阿憨則是和貓一起縱身躍進黑洞，她看到的比較賞心悅目——貓安全越過了視界，沒有變形也沒有被焚身。在阿慎看來，貓和牠的資訊在視界外側嚴重毀損，而在阿憨看來，貓和牠的資訊在視界內側好端端的。

不過貓的資訊存在兩個地方——黑洞內側和外側——違反了量子理論的另一個規則：量子資訊不可複製。量子資訊不只是永遠不會摧毀，也永遠不可複製。這是違背直覺的。我可以把資訊拷貝到硬碟上，也可以弄丟、或是弄壞那臺硬碟。不過我的檔案是傳統位元組成的，這些位元紀錄的是傳統資訊。然而，量子資訊不同於傳統資訊，這就提高了廣義相對論和量子理論發生衝突時的輸贏賭注。[36]

我們能不能解決這場衝突，且不違背這兩根科學臺柱的關鍵原理？物理學家薩斯金找到了一種方法，用的是源自量子理論的概念：互補性（complementarity）。[37] 在古典物理學中，你可以同時指定某物的位置和動量。你可以說，一位足球選手踢出球之後的那個瞬間，球在球場上的位置是這樣、往球門飛去的動量是那樣，但在量子物理學中不行。你用電子槍射出一顆電子，你能精確測量它的位置或它的動量，但不能同時測量二者。根據海森堡的測不準原理（uncertainty principle），你愈知道位置，就愈不能知道動量，反之亦然。前面討論過的科申—斯派克定理告訴我們，電子的位置和動量其實不具有獨立於你在做的測量（位置或動量）之外的真實值。

薩斯金把互補性提升到一個新的境界，他稱之為「黑洞互補性」（Black Hole Complementarity）。[38] 同樣用貓的例子，黑洞互補性說，黑洞內側的貓與外側的貓，兩者的描述是互補的。你可以觀察到一隻貓在黑洞視界外側被燒成灰，或者觀察到一隻貓在視界內側沒有著火。兩邊都是合乎原理、但彼此互補的描述。關鍵點在這裡：沒有觀察者能同時見到那隻貓的兩種描述，就如同沒有觀察者能同時見到一顆電子的位置和動量。

薩斯金的想法如今稱為「視界互補性」（horizon complementarity），因為這不只適用於黑洞的視界，還適用於任何事件視界，包括界定可見宇宙的視界。

視界互補性似乎很極端，但很有效，它讓量子理論和廣義相對論可以沒有矛盾地共存。不過我們不能再想著同時描述視界之外的和視界之內的時空和物。問題就出在我們總是假設能看到這兩者，假設我們有上帝視角，而事實上根本沒有觀察者有這種視角。倘若我們能摒棄這種無端得來的天神視角，那麼量子理論和廣義相對論就能和平共存，但其中蘊含的意義非常令人震驚。有人會認為電子的位置和動量的互補性只是微觀事物的古怪特徵，但這種看法不適用於黑洞的視界，因為它的直徑可達好幾百萬公里。龐大視界內側的浩瀚時空，與外側的浩瀚時空是互補的。若我們執著於包含黑洞內側與外側的單一客觀時空——這是愛因斯坦的觀念，也是一般認為的常理——我們就是讓量子理論和廣義相對論起衝突；如果我們能放下客觀時空，它們就能和睦相處。

視界互補性挑戰了「有一個包含了所有觀察者的客觀時空」的觀念。不過約瑟夫．波爾欽斯基（Joe Polchinski）、阿赫麥德．阿姆黑利（Ahmed Almheiri）、唐納德．馬若夫（Donald Marolf）和詹姆斯．蘇利（James Sully）四位物理學家（依他們的姓氏首字母縮略稱為 AMPS；「阿馬波蘇」）找到另一個方法來擊潰這個觀念，就是利用量子纏結。[39] 同樣用阿憨和黑洞當例子，不過這次讓黑洞發出霍金輻射，直到它縮小到只剩一半，到那時候，量子理論告訴我們，我們就可以開始解碼輻射中的資訊。

根據量子場論，真空不是空無一物，而是充滿了成對的虛粒子（virtual particle）。這是不斷瞬時生滅的纏結粒子對，雙方的性質是相反的。一對粒子出現，接著它們的對立性質馬上又把對方消滅，留下一片沒有實粒子（real particle）的真空。現在想一想有兩顆這種虛粒子，稱為 1 和 2，恰好在緊鄰黑洞視界的位置現身，從阿憨縱身躍入黑洞前的視角看來，這兩顆沒有彼此消滅，而是粒子 2 落入黑洞，粒子 1 在她看來變成霍金輻射中的實粒子。

阿憨進入黑洞之前，可以測量到粒子 1 與某粒子 3 發生纏結，那是早先在霍金輻射中從黑洞出現的。接著她進到黑洞，發現 1 和 2 纏結了。

不過這引發了一個問題：量子理論規定纏結必須是一對一的。粒子 1 可以和粒子 2 或是粒子 3 構成最高程度相關，但不得同時與兩者相關。

視界互補性不能解決阿馬波蘇問題，因為這個問題牽涉到的不是被視界分開在兩邊的兩位觀察者，而是同一位觀察者阿憨，她看到 1 和 3 纏結，接著又看到 1 和 2 纏結。阿馬波蘇為了解答這個問題，提出的理論是在視界上有一道火牆，可憐的阿憨越過視界時就被火牆燒成灰，因此她永遠不會見到 1 和 2 纏結。這道火牆拯救了量子理論，但卻違背了廣義相對論，廣義相對論預測視界上不會發生任何異常現象——阿憨應該會滑進去，沒有任何問題，當然更不會看到一堵無緣無故出現的火牆。

阿馬波蘇「火牆悖論」（firewall paradox）造成了恐慌，很多人設法解決這個悖論，例如丹尼爾・哈洛（Daniel Harlow）與帕特里克・海登（Patrick Hayden）就發現，要想破譯霍金輻射並不容易，[40] 就算用最好的量子運算，也會讓阿憨耗費太多時間才能弄清楚 1 和 3 是纏結的，到時候黑洞恐怕已經揮發殆盡，因此阿憨沒辦法也觀察到 1 和 2 纏結。沒有觀察者能同時測量到這兩個纏結。

有物理學家建議避開上帝視角，把物理學侷限在觀察者的「因果鑽石」（causal diamond）系統內——這是可能與觀察者互動的時空區域。

例如，物理學家拉斐爾・布索（Raphael Bousso）提出了觀察者互補性（observer complementarity）原理：「每個觀察者的實驗都允許某個一致的描述，但兩位觀察者的同步描述是不一致的。這蘊含了一項耐人尋味的結論，我稱之為觀察者互補性……觀察者互補性的陳述是，對自然的最根本描述，只需要描述符合因果關係的實驗即可……觀察者互補性暗示了每個因果鑽石都必定有一個理論，不過不在因果鑽石之內的時空區域就不見得會有。」[41]

物理學家湯姆・班克斯（Tom Banks）在一次與科學作家阿曼達・蓋夫特的訪談中，也提出了類似的主張。「相對性告訴我們，沒有哪個觀察者是特殊的。因果鑽石之間必然有一種規範等價性（gauge equivalence），於是在我的視界之外的一切事物，全都是我在這裡能觀察的物理學規範的副本。所以你要是考慮每一種可能的因果鑽石，你就會對不同觀察者所見到的同一個量子系統，產生一種無限冗餘的描述……當你把這些描述全擺在一起時，時空就會出現。」[42]

這與我們先前討論過的福克斯、默明和沙克的主張一致，「現實因不同的主體而異，這並不像表面看來那麼奇怪。對一個主體而言，何為真實，完全取決於該主體的經歷，而不同主體有不同的經歷。」[43] 量子態因不同觀察者而異，時空本身也是如此。

這帶來了一個令人困惑的問題：大霹靂呢？那不是發生在距今 137 億 9900 萬年，早在任何觀察者出現之前嗎？這不就是客觀現實的一項事實，而不僅是一位觀察者的一項介面描述嗎？知覺介面理論說，時空是我的電腦桌面的一項特徵，並不牽涉到現實的本來面貌，那麼意思就是它也是這樣看大霹靂的。這肯定沒有物理學家會同意吧？

至少有一位物理學家說過，沒有觀察者的宇宙就沒有歷史，

「宇宙的歷史……取決於被觀察的東西是什麼，這與一般觀點相左，一般認為宇宙有一段獨特的、獨立於觀察者的歷史。」[44] 那位物理學家就是霍金，他與物理學家湯瑪斯・赫托格（Thomas Hertog）合作研究時，偏愛一種「由上而下」，起點在觀察者的宇宙論，而非「由下而上」，從上帝視角出發的宇宙學，

他們解釋，「在我們的過去，曾有一段量子重力很重要的早期宇宙時代。這個早期階段的殘骸都在我們周遭。宇宙學的核心問題是要了解為什麼這些殘骸會是這個樣子，還有我們宇宙獨特的特徵如何從大霹靂中浮現。」[45] 他們的觀點在於，新生宇宙的巨大能量和密度需要一種量子力學的描述，要有疊加態。宇宙具有獨特原始狀態的古典前提是不恰當的：「若真的採行由下而上的宇宙學門路，立刻就會導出一種本質上很古典的框架，在那裡面會失去所有的解釋能力，解答不了宇宙學的核心問題：為什麼我們的宇宙是這個樣子。」[46]

所以，儘管這一步很激進，他們依然放棄了由下而上的框架。「因此我們提出的框架更像是由上而下的宇宙學門路，在這裡，宇宙的歷史取決於問的是什麼問題。」[47] 我們今天所做的測量——例如真空的能量密度，或者宇宙的膨脹速率——約束了我們所能處理的宇宙歷史。

霍金的宇宙學和惠勒的實驗一致，在前面的討論中，我把數十億年的歷史歸因於一顆發自古老類星體的光子上，那段歷史取決於我今天測量的是什麼。若我測量的是光子採取哪條路徑繞過重力透鏡，那麼我就有立場把一段數十億年的歷史歸因到它採取的比方說上方路徑。不過，要是我測量的是干涉圖案，我就沒有立場那樣做。惠勒說得好：「每一種初級量子現象都是『事實創造』

的一個初級行動，這是無庸置疑的。不過要創造一切的實在，那是唯一需要的機制嗎？大霹靂發生的事，是億萬兆個這種初級歷程、這種初級的「觀察者參與行為」、這種量子現象造成的結果嗎？是否在這整段期間，這種創造現實的機制始終都在我們眼前，只是我們沒有認清這個真相？」[48]

霍金的思路與量子貝氏論的宇宙學一致，相信量子態是觀察者的信念，而非對現實的擷取。我現在看到的透露了我指派給過去的狀態，包括大霹靂。誠如福克斯說的，「『大霹靂本身就是創造的時刻』這件事，和每一次量子測量都有若合符節之處，注意到這一點會令人開始猜想，會不會連大霹靂也『可能知道內情』。當然量子貝氏論說的是創造隨時隨地都在發生，量子測量就只是說一個主體搭上便車，參與那個無所不在的歷程。」[49]

本章開頭談到，知覺介面理論預測時空和物在未被察覺時並不存在，它們不是最根本的現實。我問到，當物理學追求萬有理論（theory of everything, TOE）時，是否就否定了這項預測？我們有很清楚的答案：不是。非但如此，這項預測還有很強大的支持力量。

不可否認，本章對物理學的簡短導覽只是概略式的，遺漏了許多試圖把現實套在物和時空上的量子理論詮釋——包括玻姆（Bohm）、艾弗雷特（Everett）等人。[50]我的目的並不是寫一部物理學概論，那寫起來會是一本磚塊書，我只是把能顯示知覺介面理論並沒有遭到排斥的物理學簡要敘述出來。

值得注意的是，知覺介面理論的一項關鍵預測——擺脫時空，萬有理論才會現身——將要成為物理學界的共識，例如尼馬．阿爾卡尼—哈米德（Nima Arkani Hamed）就在2014年圓周研究所

（Perimeter Institute）的一次演講中提到，「我們幾乎所有人都相信時空並不存在，時空要完蛋了，必需被某種較原始的構造單位取代。」[51]

若時空要完蛋，那麼物也一樣。它們必然要被較原始的基本構造單位給替換下來。不過倘若時空不是現實的基石，不是生命劇場的先在的舞臺，那麼什麼才是？我要指出，那就是適應度的資料壓縮和錯誤校正碼。

第七章

虛擬性

膨脹出一個全像世界

「有許許多多各自不同且非常強大的論述，都指出了時空並不是最根本的概念。時空要完蛋了。時空在物理定律實際的基本描述中是最根本的東西，結果並沒有這樣的東西。這實在令人吃驚，因為物理學本該是用來描述事物在空間和時間中發生的現象。所以要是沒有時空，就不清楚物理學要做什麼了。」

——尼馬・阿爾卡尼—哈米德，《康乃爾梅森傑講座，2016年》（CORNELL MESSENGER LECTURE 2016）

「根本沒有湯匙。」

——湯匙男孩（SPOON BOY），《駭客任務》

科學可以解密異象，這項才華導致新技術——從行動電話到人造衛星——的出現，而且，套用亞瑟・克拉克（Arthur C. Clarke）的說法，看來有可能「和魔術沒有分別。」

科學也能讓俗事變得神祕。它能無預警地讓我們墜入奇怪程度不斷升級的兔子洞。例如，我看到一支湯匙現在就擺在那邊的桌上，這實在是尋常到我連一秒鐘都不會去想的事。不過就在這裡，在我料想不到之處，科學注入了一個深奧的謎團：我們依然不懂「現在」和「那邊」。意思是，我們不懂時間和空間——長、寬、深；這些我們視為理所當然的東西，已經和我們的日常知覺結構融為一體，我們逕自認定這些是看見物理現實的真正、可靠的引導。

如今已有許多物理學家告訴我們，我們真正了解的是時空完蛋了。空間和時間在我們的日常知覺扮演核心角色。不過就算在愛因斯坦的鍛造之下，時空成了一個構造精密的結合體，但它依然無法進入最根本的自然律的真實描述。時空，以及它所包含的一切的物，都會在那個真實的描述中消失。例如諾貝爾獎得主大衛．格羅斯（David Gross）就發現，「弦論界所有人都深信……時空完蛋了。不過我們並不知道它會被什麼取代。」[1] 菲爾茲獎得主愛德華．維騰（Edward Witten）也說過，時空可能「完蛋了。」[2] 普林斯頓高等研究院（Advanced Study at Princeton）的納森．塞伯格（Nathan Seiberg）說：「我幾乎能肯定，空間和時間都是錯覺。這些原始的見解會被某種更發達的概念取代。」[3]

這點令人深感不安。誠如本章開頭引述阿爾卡尼—哈米德說的話，「物理學本該是用來描述事物在空間和時間中發生的現象。所以要是沒有時空，就不清楚物理學要做什麼了。」對物理學家而言這是很棒的新聞。坦承理論失敗，不論理論多麼寶貴，都是個進步。把時空理論換掉，用某個更根本的理論取代，對於有創意的理論家是個令人振奮的挑戰，而且有機會讓我們對世界的看法改頭換面——或許是有史以來第一次讓我們知道物理學真正在做什麼。

本章的雄心沒有這麼大。現有的視知覺理論還不知道時空——連同其中的物——要完蛋的消息。這些理論一般都假定，空間和時間中的物，是物理現實中最根本的存在，視知覺在正常情況下都能找回先在物的真正性質。目前的知覺理論對於知覺呈報了哪些真正的性質，還有那些報告是怎麼產生的，往往沒有一致的看法，不過對物理學家已經發現為偽的一件事，這些理論倒是都認定為真——時空中的物是最根本的存在。

我會先簡要討論知覺的標準理論，然後提出一個新觀點來看待我們對時空和物的知覺。啟發這個新觀點的是知覺介面理論和全像原理——這是我們在第六章討論過的重大發現，內容是說你能儲存在一個空間區域內的資訊量，取決於圍繞那個區域的面積，而非容積。這個有關時空和物的新看法源自一個觀念，那就是我們知覺的演化方向是針對適應度收益進行編碼，以及引導適應行為。[4] 不知道為什麼，時空和物做的就是這件事。不過是怎麼做到的？我主張，它們之所以做得到這件事，部分是藉由適應度資訊的資料壓縮和錯誤校正。

我們先來看資料壓縮。適應度收益函數可能很複雜，許多適應度收益函數一般也都攸關我的生存，因此和我息息相關的適應度資訊量可能十分龐大——大到無法招架，如果我要全部看到的話。所以我必須把它壓縮到我能處理的大小。

假設你要用電子郵件傳一張度假照片給朋友，但圖檔太大，你的伺服器不能傳送。所以你把圖壓縮，檢查一下畫質是不是還可以，如果不好，看不出那是你和家人在大峽谷拍的照片，你就把壓縮程度降低。你在找一種滿意的妥協——壓縮到伺服器傳得出去、但畫質不會差到不值得傳的程度。

對於人的視覺，時空和物就是一種滿意的妥協。適應度收益函數可能在數百個維度上出現變化。人的視覺在天擇的長期塑造下，被壓縮成三個空間維度和一個時間維度，以及有形狀和顏色的物。我沒辦法應付數百個維度，但幾個維度還可以。這種壓縮無疑會省略一些適應度資訊，例如我見不到每天穿透我、以游離輻射傷害我的身體的千百萬顆緲子，不過我確實看到了足以讓我生存並生養後代的適應度資訊。

我們見到三維中的物，並不是因為我們重建了客觀現實，而是因為這剛好是演化為我們內建的壓縮演算法格式，其他物種或許有其他資料格式來呈現適應度。我們的生活、移動和存在，並不是在時空和物的客觀現實裡面，而是在一種資料結構裡面，以時空和物的格式；那種資料結構恰好在智人的演化上形成，以一種簡約、有用的方式來呈現適應度收益。我們的知覺是編碼成這樣的資料結構，但我們誤以為它的時空格式就是我們生活的客觀現實。這個錯誤是可以理解的。甚至是可以原諒的：我們的資料格式不只限制了我們如何看，也約束了我們如何思考。要踏出它的界線、甚至只是體認到有這種可能性，都不是容易的事。在悠久的知識和宗教文化中都談到了在這種可能性中覺醒的觀念。

把時空和物當成適應度收益的壓縮編碼，這裡面有很多需要探討的地方。比方說，空間抓住了適應度的哪個層面，物又抓住了哪個層面？形狀、顏色、質感和運動如何在適應度的壓縮中浮現？適應度的壓縮為什麼會導致我們的知覺被編寫成不同模態格式——視覺、聽覺、味覺、嗅覺和觸覺？或許空間距離是把資源的取得成本加以編碼：耗費少數熱量就能取得的蘋果可能顯示為位於短短 1 公尺外，耗費更多熱量才能取得的蘋果可能顯示為遠得多的距離。一隻捕食動物若必須耗費較多熱量才能逮到我，則牠看來就顯得比較遠。有近期實驗支持這個觀念，例如，丹尼斯·

普羅菲特（Dennis Proffitt）和協同研究者發現，人拿到含葡萄糖飲料時，估計的距離會比較短，拿到不含碳水化合物（只含人工甜味劑）的飲料時，估計的距離會比較遠；有氧適能較佳的人，估計的距離短於有氧適能較差的人。這個結果顯示我們的距離知覺不單純取決於能量消耗，而是由能量消耗與我們可用能量之比來決定。[5]

我們先岔題一下討論錯誤校正。我們操作網銀或網購時，寶貴的資料在網際網路上高速傳輸，為防止駭客竊取，我們把資料編成密碼。不過另一個問題也同樣重要：雜訊。假設你在線上花了 2000 元買花送媽媽。後來你得知，網絡雜訊滑移了兩個位數，結果你花了 20 萬元——非常昂貴的錯誤。若這種錯誤是常態，那麼網路商務就會停頓。為了避免這些錯誤，資料會先編寫成一種錯誤校正碼格式，然後才發送出去。

檢測和校正錯誤的一項關鍵是冗量（redundancy）。[6] 一個簡單的例子就是重複。假設你要發送四位元資料，例如位元串 1101。你可以連續發送三次：1101 1101 1101。接收方檢查所有三次傳輸是否一致，一致的話，她就認定沒有錯誤，若有一次傳輸和其他兩次不同，她就檢測出一項錯誤了。她可以要求另一次傳輸，或者假定相符的兩個字串是正確的。

有很多巧妙的方式可以增加冗量，例如把訊息嵌進較高維度空間。不過關鍵點在於，我們的感官傳達的是適應度收益訊息，獲得正確訊息對生存至關重要。適應度相關數值滑移一個位數，你就可能從生變成死。我們應該預想得到天擇已經把冗量內建到我們的知覺介面中，它已經塑造了我們的時空桌面和我們的物圖示，作為適應度收益的冗量代碼，並能允許檢測、校正錯誤。

這正是貝肯斯坦和霍金在時空上的發現：它是冗量。兩個維度就包含了任何三維空間的所有資訊。這就是我們上一章討論的薩斯金和特．胡夫特發展完備的全像原理。它違背了直覺，違背了我們把三維空間當成感官重建的客觀現實的假設。不過你要是假定我們的感官呈報的是適應度，而且需要冗量——比方多一個空間維度——來擔保它的報告不會因雜訊干擾而癱瘓，那麼這就很合理了。

物理學家已經證實了關於天擇的一項預測，即空間是冗量。不過他們是否也證實了這個空間的冗量，實際上核可了一個錯誤校正碼？這方面的研究正在進行中，看來很有希望。阿姆黑利、董茜（Xi Dong）和哈洛三位物理學家發現，全像原理揭露的空間冗量，反映出錯誤校正碼能保護資料不被雜訊擦除的性質。[7] 他們的說法是，「全像原理也很自然地裝扮成一般陳述的模樣出現，並說明某一給定代碼能保護的量子資訊量是有上限的。」[8] 物理學家約翰．普雷斯基爾（John Preskill）、哈洛、費爾南多．帕斯塔夫斯基（Fernando Pastawski）等人發現了可將時空幾何學解釋為量子錯誤校正碼的幾個特定方式。[9]

至此浮現的整體局面就是，時空和物是我們的感官用來呈報適應度的代碼。和任何像樣的代碼一樣，它也用了冗量來抵銷雜訊。這正是知覺介面理論主張的整體局面，而且還多了一項理解，就是介面能壓縮資料並抵抗雜訊。

這個局面並未獲得多數視覺科學家的認可，他們多半假定視覺是如實的，並能在時空中重建真實的物。這項假設在《大英百科全書》「空間知覺」（space perception）詞條中說得很清楚，撰寫者是曾任加州大學洛杉磯分校醫院暨診所精神科主任的路易斯．

韋斯特（Louis Jolyon West）。在那個詞條中，韋斯特告訴我們如實的知覺是：「依刺激原貌呈現的直接知覺。若對物理空間沒有某種程度的如實知覺，人就無法覓食、逃避敵害，甚至無法社交。如實的知覺還能讓人在體驗刺激的變動時彷如穩定不變：例如老虎逼近時，即使感官影像逐漸變大，人仍傾向感知老虎的大小保持不變。」

當然視覺科學家並未宣稱知覺總是如實的，他們承認知覺有可能透過直觀推斷來扭曲現實，不過他們認定如實性就是目標，而且通常都能達成。

舉例來說，他們的論點是，我們對物的對稱性知覺，揭露了客觀現實的對稱性。視覺科學家皮茲洛說得很詳細：「想想動物身體的形狀。動物絕大多數都是鏡像對稱的。我們怎麼知道牠們是鏡像對稱的？因為我們看牠們就是這樣。看到鏡像對稱的物，除非能把對稱的兩半感知為一模一樣的形狀，否則就不可能把它看成鏡像對稱的。請注意，這是很了不起的，因為：第一，我們只看到了兩個半邊的正面、可見到的表面；第二，我們看這兩個半邊的觀察角度相差了 180 度。除非形狀恆定性是真實的現象，還有除非它接近完美，否則我們連對稱形狀的存在都無法得知。」[10]

我們可以把這段話改寫成明確的主張：我們知覺中的任何對稱性，都蘊含了客觀現實中有一個對應的對稱性。

這個主張成立嗎？對此我們不需要直覺，需要的是定理。而且我們就有一個定理：「對稱性發明定理」（Invention of Symmetry Theorem），這是由我推想出來，經普拉卡什完成證明，結果揭露了這個主張並不成立。[11] 這個定理是說，我們的對稱性知覺並不蘊含客觀現實的結構。這項證明很有建設性，它精確地表明了在沒有任何對稱性的世界中，知覺和行動如何共享對稱性——諸如平移、旋轉、鏡像和勞侖茲群（Lorentz）。

至此帶來了一個明顯的問題。我們看到很多的物都有對稱性，為什麼？倘若對稱性知覺顯示的並不是現實的對稱性，那麼我們何必看到對稱性呢？

答案同樣是資料壓縮和錯誤校正——其中的演算法和資料結構經常牽涉到對稱性。[12] 過量的適應度資訊可用對稱性來壓縮到可行水準。要感覺一下這個概念，請設想你在看一顆蘋果，如果把它稍微往左移動，蘋果看起來如何？你可以用對稱性來回答這個問題——簡單的旋轉和平移。不用每幅視圖都儲存幾百萬個數值，只需要五個——三個數值給平移，兩個給旋轉。對稱性是我們用來壓縮資料、校正錯誤的簡單程式。我們的對稱性知覺揭露的是我們如何壓縮並編碼資訊，而不是客觀現實的本質。

「可是，」或許你會反對，「我們能製造出會駕車，能看到與我們所見相同的形狀和對稱性的電腦視覺系統。這不就表明了我們和電腦都是看到現實原貌嗎？」

絕非如此。對稱性發明定理適用於任何知覺系統，不論是生物還是機器的。電腦看到的對稱性，與客觀現實的結構沒有絲毫關聯。我們可以製造一臺機器人，讓它看到我們見到的對稱性，但我們並不會因此對世界的結構有更多了解。

皮茲洛為物和空間的如實知覺，提出一套演化的理論基礎。「若沒有規劃和有目標的行為作為前提，就不可能設想動物的成功演化，以及牠們在天擇上的成功。」[13] 他認為我們在狩獵、種植和採收上的成功，取決於規劃和協調，這些都必須具備對客觀現實的如實知覺。

規劃和協調對我們的成功至關重要，但客觀現實的如實呈現是必要條件嗎？根據適者勝真者定理，不是，而是像《俠盜獵車手》這樣的線上遊戲，讓玩家合作幹些不光彩的事，例如搶劫商店或偷車。他們的計畫並不是透過玩家對晶片和網絡協定的如實知覺來傳達，而是透過這個由跑車和誘人目標所組成的虛假世界。

支持如實知覺的論述失敗了，但它依然是視覺科學的標準理論。根據這種理論，時空中確實存在著具備形狀等客觀性質的三維物，就算無人觀看也依然存在。你看著一顆蘋果，光線從它的表面反射開來，透過你眼睛的光學構造聚焦到你的二維視網膜上。當蘋果投影到你的二維度視網膜上，它就失去了三維的形狀和深度資訊。於是你的視覺系統分析它的二維資訊，計算出蘋果的真正三維形狀。它復原了、或者重建了光學投影喪失的資訊。有時這個復原歷程稱為「反向光學」（inverse optics），有時則稱為「貝氏估計」（Bayesian estimation）。[14]

支持「涉身認知」（embodied cognition）的人對這個情節敬謝不敏。[15] 涉身認知也稱為體感認知，以心理學家詹姆斯·吉布森（James Gibson）的理念為基礎，他們認為我們是具有真實身體、與真實物理世界互動的實體生物，我們的知覺和我們的行動密切關聯。知覺和身體行動必須一起理解。當我看到一顆紅蘋果，我不只解決了一個反向光學（或貝氏估計）的抽象問題，我還看到了一種與我的行動緊密耦合的三維形狀——我如何朝它移動，把它拿起來，然後把它吃掉。多數採信反向光學或貝氏估計的視覺科學家都同意，行動和知覺是緊密相連的。

支持「基進涉身認知」（radical embodied cognition）的人不只主張知覺和行動相連，還主張知覺不需要處理資訊。[16] 他們認為，知覺和行動的交互作用毋須動用運算和表徵再現也能理解。這種基進觀點沒有幾個人信奉，也違反量子物理學家的主張，即所有物理歷程都是資訊歷程，以及沒有任何資訊會被摧毀。它也違反了一個當然之理，即任何歷經一系列狀態變換的系統，都可以詮釋成一臺電腦（或許是一臺愚蠢的電腦，不過還是電腦）。

知覺介面理論和相信如實知覺的標準與涉身認知理論分歧，不過在知覺和行動是緊密相連的這部分看法一致。我們的知覺演化是為了引導適應性探索和行動：我的蘋果圖示引導我下達要不要吃的決定，以及拿取和啃咬的動作；我的毒藤圖示引導我選擇不去吃它，並採取避免任何接觸的步驟。

知覺介面理論對因果關係提出了一項違背直覺的主張：時空中的物之間出現的因果互動是虛構的——那是有用的虛構，不過依然是虛構的。我看到一顆母球把八號球撞入角袋，自然會假定是母球導致八號球向邊角滾去。不過嚴格來講，我錯了。時空只不過是一種物種專用桌面，物都是那個桌面上的圖示；或者如同前面討論過的，時空是一種溝通渠道，而物則是關於適應度的訊息。若我把圖示拉到垃圾桶，而且裡面的檔案被刪除了，因此我就認為把圖示移到垃圾桶的動作本身導致檔案被刪除，這樣想往往很有用，即使那是錯的。沒錯，這種藉由偽因果推理來預測一個人的動作會造成哪些後果的能力，正是這種精心設計的介面存在的跡象。

知覺介面理論的這項預測——時空中的物之間出現的因果互動是虛構的——從欠缺因果順序的量子運算中得到了有趣的佐證。[17] 運算通常是依循特定的因果順序，每次一個步驟。比方說從數字 10 開始，先除以 2，接著加 2，求得的結果是 7。若顛倒順序，先加 2，再除以 2，求出的結果就是 6。運算順序很重要。不過如今電腦並沒有內建明確的因果運算順序，電腦實際使用的是因果順序的疊加，而得以提高運算效能。[18]

介面理論預測，物理因果關係是虛構的。這和物理學並不牴觸。要是像物理學家現在說的，時空要完蛋了，那麼時空中的物和它們的表觀因果關係也一樣，還有目前的意識理論也是，如朱利奧・托諾尼（Giulio Tononi）的整合資訊理論（integrated information theory, IIT），或約翰・希爾勒（John Searle）的生物自然論（biological naturalism），都把意識視為等同時空中物理系統的特定因果性質。[19] 若神經元之類的物並沒有因果效力，整合資訊理論就把意識視為等同虛構事物——這種作法沒什麼前途。何況，因果運算的效力還不如放棄因果關係的運算。[20] 當整合資訊理論把意識視為等同因果運算，就是把意識視為等同次等運算。為什麼意識就該是次等的？是哪個有關意識的原則性理解決定了這種可疑的主張？

物理因果關係的虛構本質，導致虛無飄渺的「萬有理論」難以建構。我們首先必須假定出一個關於我們介面的理論，還有它的各種資料壓縮和錯誤校正程度，然後我們才能用這個理論來問，根據我們在這個介面中看到的結構，我們能——如果能的話——推斷出客觀現實的哪些事項。要是推斷不出任何事項，我們就必須假定出一個客觀現實的理論，預測它會如何出現在我們的介面上。這就是用我們的理論來提出能透過嚴謹實驗加以檢驗的實證預測的正常科學程序。我猜想，要是能順利完成這項大工程，我們就會發現，我們在生命和無生命之間所作的劃分，是出自我們時空介面上的人造界線，而不是對現實本質的理解。一旦我們把我們介面的限制也考慮在內，我們就會找到一種現實的統一描述——有生氣的（animate）和無生氣的（inanimate）。我們還會發現，神經元網路是我們錯誤校正編碼器所用的符號之一。

在知覺介面理論中，我們可以用一種簡單的圖解，把知覺和動作之間的連結視覺化，如圖 10 所示，其中是一個主體與世界交互作用。圖解頂部的圓角框代表主體外部的世界。此時的我不會宣稱對這個世界有絲毫認識，尤其是我不會假設它有空間、時間或物。我只會說，這個神祕的世界有很多狀態——不管那是什麼——而且是會改變的。在主體部分，它有一整套的經驗和行動，顯示在圓角框中。主體根據現有經驗，決定自己是否、以及如何改變它現有的行動選項，圖中以標有「決定」字樣的箭頭表示。然後主體對世界做出行動，由標有「行動」字樣的箭頭表示。主體的行動改變了世界的狀態，世界則改變了主體的經驗，如標了「知覺」字樣的箭頭所示。因此知覺和行動相連，串連成一個「知覺—決定—行動」（perceive-decide-act，簡稱 PDA）迴圈（數學描述參見附錄）。

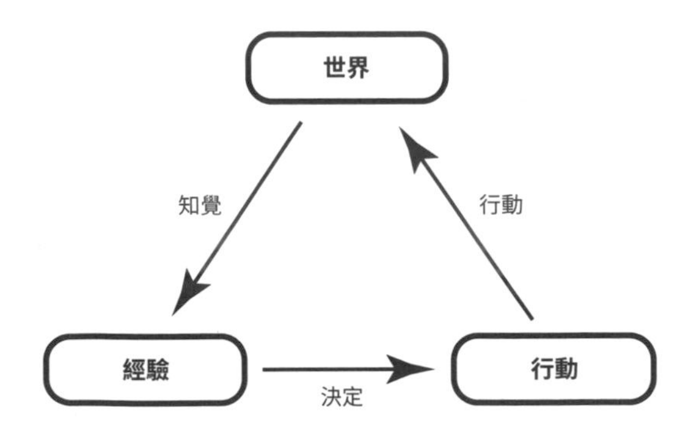

圖 10：知覺—決定—行動（PDA）迴圈。天擇塑造這個迴圈，讓經驗引導行動來強化適應度。© DONALD HOFFMAN

PDA 迴圈是由演化的一項基本特徵——適應度收益函數——塑造成形。一個行動的適應度取決於世界的狀態。不過也視生物（主體）和它的狀態而定。主體每次對世界做出行動，都改變了世界的狀態，並收割一份適應度獎賞（或懲罰）。主體只有在做出能收割到足夠的適應度獎賞的行動時，才能生存下來並生育後代。天擇有利於能因應適應度來妥善調校 PDA 迴圈的主體。對於這樣的主體，它的「知覺」箭頭把適應度訊息發送給它，而它的經驗代表的是這些關於適應度的訊息。訊息和經驗的一切都是為了適應度，並不是世界的狀態。主體的經驗成為一種介面——並不完美，但夠好了。它引導能蒐集足夠適應度點數的行動，讓主體能存活下來生養後代。

每個主體經過一代又一代無情天擇的塑形，學習如何行動來取得合意的適應度收益。生殖這項要務，為了蒐集足夠的適應度點數以生養後代所必需採取的作法，強迫知覺、決定和行動三者配合。欠缺這種配合的個體會有早夭的傾向，擁有這種配合的個體就會具備能形成有用介面的知覺，以及能與該介面妥善連結的行動。

經驗和行動不是免費的。你的經驗和行動方案庫愈大，需要的熱量也愈多，因此會有天擇壓力要你把方案庫維持在小規模。但要是方案庫太小，你或許就會欠缺必要的適應度資料，或者欠缺能強化適應度的必要行動。不同主體演化出不同的解決方案，以不同的方式來平衡在天擇中不可兼得的力量。人類或許有比甲蟲更大的經驗方案庫；熊有比人類更大的嗅覺經驗方案庫。沒有面面俱到的完美辦法——只有能讓主體在可用的生態區位中存活的可行辦法。

不過在所有解決辦法中，和適應度收益的複雜度比起來，經驗和行動方案庫都顯得很小。主體察覺到的所有適應度相關訊息，都必須把適應度資訊壓縮成可處理的大小以及有用的格式，同時不能喪失關鍵資訊。而且訊息應該容許主體找到並校正錯誤。

舉例來說，黃昏時你悠閒地走在人行道上，突然被什麼東西嚇了一跳。你四處張望，想找罪魁禍首，看清楚之後發現是草叢裡的一條澆花軟管，才鬆了口氣。你受到的驚嚇是被一則錯誤校正不當的適應度訊息觸發的——它不正確地說了「蛇」。由於這則訊息沒有花時間校正錯誤，很快就傳達給你，你也立刻採取行動來躲避會降低適應度的蛇咬。最初的驚嚇過後，勘誤訊息來了，跟你說「沒事，只是一條水管。」你徒勞的一跳浪費了熱量，觸發了會誘發壓力的皮質醇，稍稍削弱了你的適應度，不過從長遠來看，這種容易出錯的速簡訊息能大大減少你被蛇咬而喪命的風險，讓你的適應度更暢旺。要是你只接收可靠但遲緩的訊息，你正確得知「你被咬了」的那一天就會加速到來。正確是正確了，但幫助不大。

這說明了適應度訊息的壓縮和校正問題有多重解決方案。我們可以預期，天擇針對千變萬化的適應度，各自訂做了不同的解決方法，單一生物也可能針對自身的適應度需求，體現多重解決方案。不過我們也可以預期，不同物種會採用類似的解決方案，因為在物種形成的過程中，演化往往會重新調整用途（repurpose），而不是重新設計。從人類眼睛的不高明設計就可以看出重新調整用途的情況：通過眼球水晶體的光必須穿越血管和中間神經元的重重障礙，才能偶然觸及視網膜後側的感光受體。所有脊椎動物都有這種拼湊後遺症，可見這是脊椎動物演化早期出現的構造，後來始終沒有校正。這種拼裝是沒有必要的，像章魚和烏賊等頭足類動物就把事情做對了——牠們的感光受體位於中間神經元和血管的前側。

從圖 11 的視覺實例，可以即時看到錯誤校正的情況。圖左邊是兩個帶了白色缺口的黑色圓盤；右邊是兩個圓盤轉成缺口對齊。突然之間，你看到的不只是有缺口的圓盤，而是一道發光線條飄浮在圓盤上面。你可以檢查看看圓盤之間的發光現象是不是你創造的：用你的兩個大拇指遮住兩個圓盤，發光現象就消失了。

你可以把發光線條想成是你對被抹除線段的校正，彷彿你的視覺系統判定，發送來的訊息實際是一條直線，只是部分線段在傳輸時被抹除了，因此用一條發光線段把間隙填起來，校正這個錯誤。這和簡單的「漢明」（Hamming）碼的錯誤校正類似，這種碼只能發送兩個訊息： 000 或 111，[21] 若接受器收到的是比如說 101，它就知道出了一個錯，中間的 1 被抹除了，於是它就會校正被抹除的部分，得到訊息 111。漢明碼使用三個位元來發送僅僅一位元的資訊，因此能容許接受器偵測並校正一次誤刪。

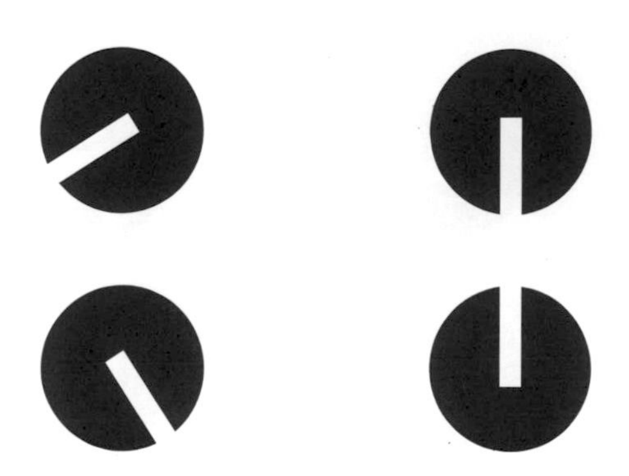

圖 11：校正一條被抹除的線條。視覺系統在兩個圓盤之間創造出一條線，如右圖，以校正一次誤刪。© DONALD HOFFMAN

藉由校正黑色圓盤影像被抹除的部分，你也找到了一則訊息：「圓盤上面有一條線。」你還可以找到第二則訊息：「圓盤後面有一條線。」想看出這則訊息，請把圓盤想成白紙上的圓孔。你透過圓孔觀看，會見到紙張後面有一條線。可以注意一下，看著這條線時，圓盤間的線段就不再發光，不過你依然能感覺到線段就在那裡。

你不看的時候，在那裡的是哪條線——發光的還是不發光的？這個問題當然很荒唐。你不看就沒有線。事實上你看到的線是你校正誤刪時找到的訊息。

我們問個不一樣的問題：你在看的時候，會看到哪條線——發光的還是不發光的？你沒辦法肯定，有時看到發光的線，有時看到不發光的線。不過你可以猜一下機率。我比較常看到發光的線，所以我猜我看到線條發光的機率大約是四分之三，看到線條不發光是四分之一。若有人要求我對線條的「狀態」——發光或不發光——寫下我的機率值，我寫下的就是一種「疊加」態，其中發光態占四分之三機率，不發光態占四分之一機率。這類似前

圖 12：校正被抹除的正方形。視覺系統在右邊的四個圓盤前面創造出一個正方形，來校正一次誤刪。© DONALD HOFFMAN

面討論量子理論時遇到的疊加態，我們說根據量子貝氏論，量子態不是描述沒有人觀看時依然存在的客觀狀態，它描述的實際上是一個主體的信念，也就是若這個主體採取行動，他會看到什麼，或者說得更專業一點，若他進行測量，會得到什麼結果。[22]

我們進一步來看這個例子。圖 12 左邊是四個帶白色缺口的黑色圓盤，右邊是同樣這組圓盤轉成缺口對齊。突然之間，你看到的不只是帶了缺口的圓盤，而是四條發光的線飄浮在圓盤前面，每條發光的線看來都持續穿過圓盤間的空白空間。你可以再檢查一下圓盤間的光是不是你創造的，伸出兩根大拇指遮住兩個圓盤；光就消失了。

你的視覺系統校正了四處誤刪，並創造出四個發光線段。不過它還偵測到另一則編碼訊息，位於更高的層級：一個正方形。它從不同抽象層級接收訊息——即一維的線條和二維的正方形。你的錯誤校正或許同時牽涉到兩個層級；你有證據認為這個訊息是正方形，這個證據會讓你的視覺系統更相信你有證據認為線條被抹除了，應該予以恢復。

你的視覺系統能偵測到正方形這個第二訊息。同樣地，設想四個黑色圓盤是白紙上的四個圓孔，並想像你正透過這些圓孔觀看，你會看到紙張後面有一個正方形。請注意，你這樣做的時候它的線條是不發光的。你會很相信線條都在那裡，但是被白紙遮住了。

所以你從這張圖可以得到關於正方形的兩個不同訊息。訊息一是正方形位於前面，有發光的線條；訊息二是正方形位於後面，線條不發光。請注意，是全部四條線都發光，不然就是四條線都不發光。你永遠不會看到比方說兩條線發光，兩條不發光。為什麼？因為你的視覺系統全部把四條線合併成單一的訊息：一個正方形。它把四條線「纏結」成單一的物，於是發生在一條線上的情況，必然也發生在所有線條上。

現在我們再次把這個例子最後推進一步。圖 13 左邊是七個帶白色缺口的黑色圓盤，右邊是同樣這些圓盤旋轉成缺口對齊。突然間你看到了六條發光的線；你校正了六個被抹除的線段。

圖 13：校正被抹除的三角錐。視覺系統在右邊的七個圓盤前面創造出一個三角錐，來校正一次誤刪。© DONALD HOFFMAN

不過現在你做的是一件激進的事：你把這些線條纏結成了單獨的物：一個三角錐，而且過程中你還創造出一個新的維度：深度。23 你從二維資訊入手，接著使它全像式地膨脹，變成三維。在這個例子，纏結與三維空間意識經驗的創造密切相關。請注意，有時候你看到三角錐中間的角在前面，有時在後面。你從一個三角錐翻轉到另一個時，也逆轉了你用全像手法建構出來的三維深度關係——前面的線條退到後面，反之亦然。你可以再次確認這些線條的纏結，比方說，你會注意到你把三角錐看成在圓盤前面時，線條全都發光，你把三角錐看成在圓盤後面時，線條全都不再發光。

在量子理論上，馬克·范·拉姆斯東克（Mark van Raamsdonk）、布萊恩·斯溫格（Brian Swingle）等人的研究指出，時空是由纏結的絲交織而成。[24] 我猜想這不單只是類比而已。我猜想，上述視覺例子中的疊加、纏結和三維全像膨脹，與量子理論研究的這些是完全相同的。時空並不是獨立於任何觀察者之外的客觀現實，那是個介面，由天擇塑造來傳達適應度訊息。在立方體的視覺例子中，我們親眼見到了這種時空介面的作用，連同錯誤校正、疊加、纏結和全像膨脹這一整套現象。

另外一個把二維膨脹成三維的方法如圖 14。圖左圓盤中各點的亮度是隨機選定的，你只看到雜訊。中間圓盤的亮度固定，看來是平的。而右邊圓盤的亮度是均勻地逐漸改變。現在魔法出現了——你把圓盤膨脹成圓球。即使資訊是二維的，你還是把它全像式地膨脹成一個三維物。

圖 14：帶色調的圓盤。左邊圓盤的隨機明暗色調和中央圓盤的均勻色調，讓這兩個圓盤看起來是平的。右邊圓盤的色調讓它看來像個球。© DONALD HOFFMAN

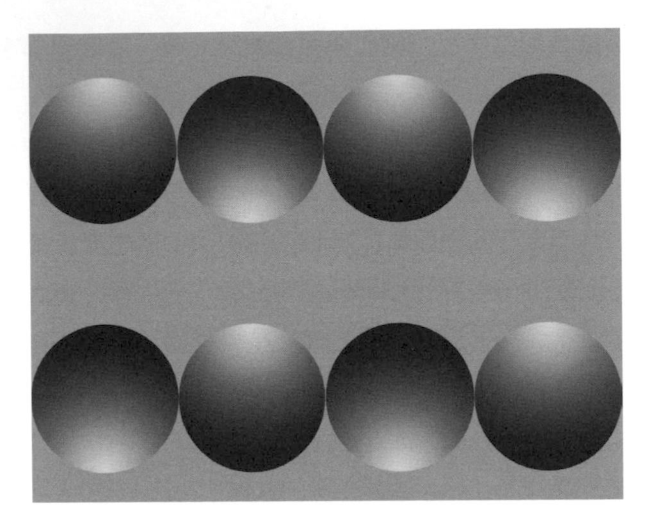

圖 15：凸面圓盤和凹面圓盤。假定光源從頭頂上來。© DONALD HOFFMAN

有時候則像圖 15，你會把一個形狀膨脹成凸面，有時候膨脹成凹面：你的視覺系統傾向把這樣的形狀看成光源從頭頂上來。[25]

除了把漸變的亮度看成維度膨脹之外，曲線也能看成維度膨脹，如圖 16，左邊是帶了直線柵格的圓盤，看來是平坦的；中間圓盤的線條彎曲，於是你會把它膨脹成球體；右邊結合了曲線和亮度梯度，於是你膨脹出一個逼真的球體。

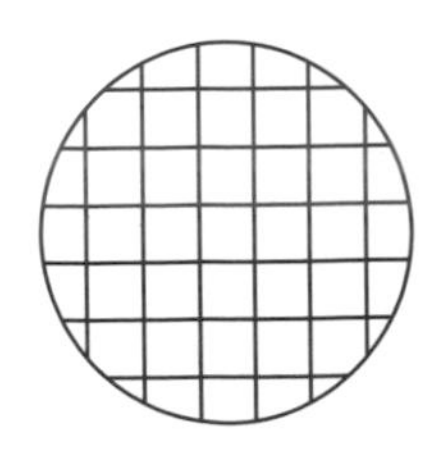

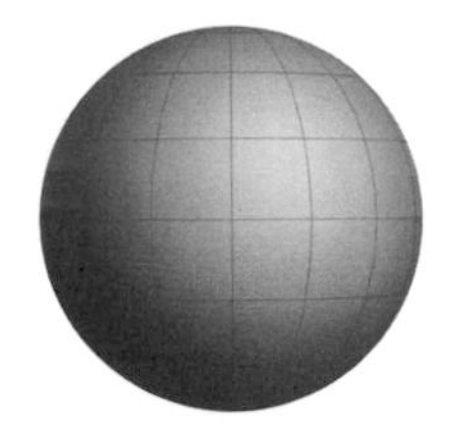

圖 16：擴大第三維度。有時我們會把彎曲輪廓詮釋成具有深度的三維形狀。© DONALD HOFFMAN

我們從這幾個線條、正方形、立方體和球體的例子了解到什麼？根據標準的視覺科學，這些例子告訴我們視覺系統如何重建客觀時空中真實物體的真實形狀。

而根據知覺介面理論，這些例子告訴我們完全不同的事——視覺系統如何解碼適應度訊息。沒有客觀時空，也沒有時空中先在的、有什麼真實性質是我們想要復原的物。事實上，時空和物僅僅是處理適應度訊息的編碼系統。上面的視覺例子是讓我們眼睜睜看著自己把資訊從二維膨脹成三維，並未顯示客觀現實是二維不是三維。這些例子的用意是削弱我們對「時空本身是客觀現實的層面」這件事的確信。這裡用二維當例子只是為了適合頁面刊載。

要是適應度訊息因為一些雜訊而受損，系統有時也能校正錯誤，就如發光線條的例子。若雜訊太嚴重，好比那個帶了隨機亮度像素的圓盤，我們就無法校正錯誤，只會看到沒有清楚適應度訊息的雜訊。

而要是亮度和輪廓傳達一致的訊息，我們通常就能把那則訊息解碼成三維形狀的語言，那正是專門用於引導適應性行動的語言。例如，我們看到一個球體，連帶也知道了怎麼把它抓起來或避開它。我們看到一顆蘋果，就知道把它拿過來吃可以增進我們的適應度；看到一隻豹，就知道不能採取同樣的動作。

簡言之，我們並沒有去復原先存物的真實三維形狀——沒有這樣的物。實際上我們復原的是一則適應度訊息，只是恰好是用三維形狀作為解碼語言。

一旦我們知道人類視覺用來解碼適應度訊息的規則，我們就可以運用這些規則來發送我們想發送的訊息。拿牛仔褲來說，牛仔褲通常有刷色，可能採手工砂洗或雷射蝕刻，目的是呈現出仿舊和磨損的效果。這些刷色有亮度漸變，就像圖 16 球體的亮度梯度一樣，傳達三維形狀的訊息。牛仔褲也有彎曲輪廓——口袋、接縫和裁片。就像圖 16 球體的曲線，這些輪廓也傳達了關於三維形狀的訊息。佩舍克和我發現，仔細安排這些曲線和刷色，我們就能更動被感知到的形狀，傳達另一則適應度訊息——穿著這條牛仔褲的身軀很誘人。所以才會有像 Body Optix™ 優形丹寧這樣的新系列問世。[26] 服裝就像彩妝，也能傳達經過精雕細琢的適應度訊息——和一點無傷大雅的謊言。

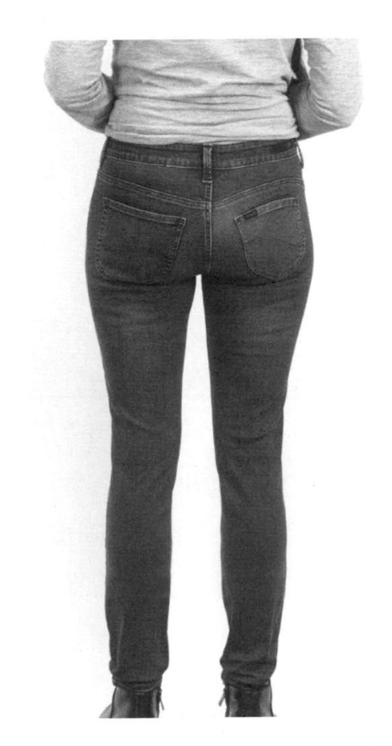

圖 17：用牛仔褲來美化身形。左側看來平坦，右側看來緊實勻稱，兩者的差異出於視覺深度線索的仔細運用。© DONALD HOFFMAN

這點可用圖 17 的牛仔褲來說明（本圖的彩色版請見彩色頁圖 A）。圖中牛仔褲的左半邊採用標準剪裁和刷色，右半邊的剪裁和刷色則經過仔細設計，傳達身材勻稱誘人的訊息。左半邊看起來比較平，右半邊則凹凸有致。同一個人穿上那條牛仔褲，兩邊的視覺形狀和和吸引力卻如天壤之別。

總而言之，時空並不是早在任何生命萌芽之前很久，就已搭建起來的古老劇場。它是我們此時此刻創造出來追蹤並攫取適應度收益的資料結構。像梨子和行星這樣的物，並不是在意識登場前就已擺上定位的古董舞臺道具，它們同樣是我們創造的資料結構，梨子的形狀是描述適應度收益的代碼，提示我可以採取哪些行動來攝取那些收益，它的距離是「我接近並拿取它的能量成本」的訊息編碼。

我們膨脹出時空，建構了物，並精心打造它們的形狀。接著我們還在裡面加入了一份絢麗。我們為這些形狀畫上色彩和質地。為什麼？因為色彩和質地編寫了適應度關鍵資訊的代碼，這是我們下一章要探討的。

第八章

彩飾
介面的突變

「單憑色彩，不受意義毀損，不與明確型式連結，就能以上千種方式向靈魂說話。」

——奧斯卡．王爾德（OSCAR WILDE），《身為藝術家的評論者》（THE CRITIC AS ARTIST）

色彩能傳達千言萬語。它能管理和適應度收益有關的上千個不同訊息，並為每個訊息分別觸發一種適應反應。色彩是通往適應度的窗口——也是牢房。試試看想像一個你從來沒見過的顏色。我試過了，什麼都想不出來。當然了，有些色彩是其他人或其他動物見過的，只是我沒見過，不過我連一個都沒辦法具體想像出來，就如同我也沒辦法具體想像出有四個維度的空間。色彩和我們的每一種知覺一樣，都既是窗口，也是監獄。

身為適應度的窗口，色彩並非完美無瑕，只是適足以引導行動，讓我們活下來生育後代。色彩和我們的每一種知覺一樣，把適應度收益的複雜狀況壓縮成基本要素。

每個窗口都有邊框。人眼只能看到波長介於約 400 到 700 奈米的光——只占整個電磁頻譜的一小段。這不只是資料壓縮而已，這是資料刪除了。在我們的窄小色彩窗口之外，還有大量的適應度資料，是我們甘冒風險自願拋棄的，包括會把我們煮熟的微波，會把我們曬傷的紫外線，還有會讓我們長癌的 X 射線。我們看不見的東西有時會殺死我們，不過通常也要到我們生養後代了之後才會。既然這些風險很少會損害我們的生殖機會，天擇就讓我們看不見它們，顧不到我們會受傷。知覺告訴我們適應度的事，不過它說的事並不如實，也不是未經刪節。它告訴我們的，不如我們私心期盼的那麼多——足夠讓我們生養孩子，但不足以讓我們成為活力充沛的百歲人瑞。

在我們看得到的窄小波長窗口裡面有大量資訊，然而我們卻努力不懈地把它壓縮，壓縮到眼睛的每個小區域只剩下四個數值，其中三個數值得自叫作視錐的感光受體，視錐有三類——L、M 和 S；最後一個數值得自叫作視桿的感光受體。[1] 它們壓縮資料的方法如圖 18 所示（本圖的彩色版請見彩色頁圖 B）。

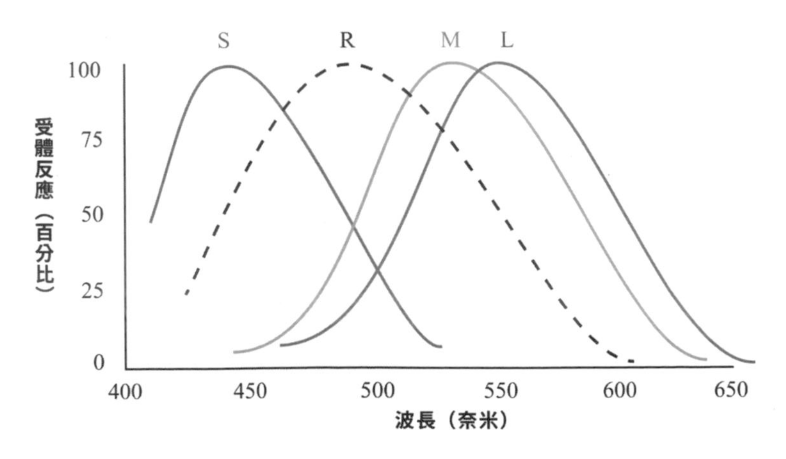

圖 18：視網膜上的三種視錐（L、M 和 S）的靈敏度曲線。視桿負責傳達低光度下的視覺，靈敏度以「R」曲線表示。© DONALD HOFFMAN

先看標記為「L」的紅色曲線，它顯示的是L視錐對各種波長光線的敏感度。若有一顆光子的波長約為560奈米——接近紅色曲線的頂端——則L視錐捕獲它並發出一則信號的機率，就遠高過波長為460奈米——靠近紅色曲線底部——的光子被視錐捕獲並轉成信號發送的機率。

相同道理，M視錐對大約530奈米的光反應最靈敏，S視錐對大約420奈米的光反應最靈敏。這三種視錐——L、M和S——是我們顏色知覺的關鍵，在明亮光線下最有用。剩下那條標記為「R」的虛線顯示視桿的靈敏度，視桿負責傳達我們在昏暗光線下的灰色調視覺。視桿的整體靈敏度遠高於視錐，因此得以在昏暗中運作。

這是對資料的大幅壓縮。我們忽略了這個窄小波段之外的所有光子，再把殘餘的極少部分光子擠過圖18的四種濾鏡。

人眼有700萬個視錐和1億2000萬個視桿，每個都攜帶了壓縮過的資訊。眼睛的電路再把這些資訊壓縮成100萬個信號，轉發到大腦，接著大腦必須校正錯誤，把其中關於適應度、可產生行動的訊息解碼出來。

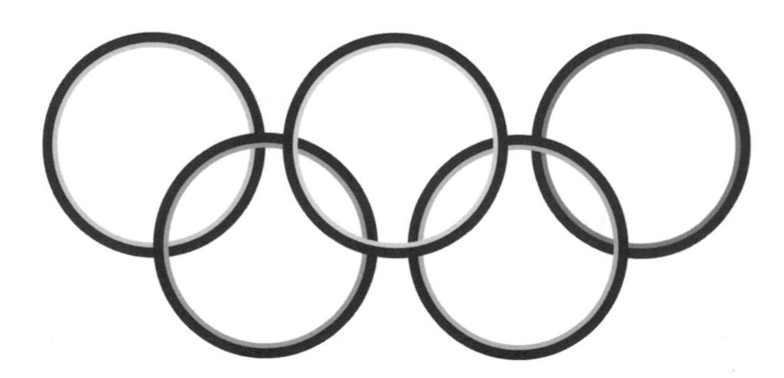

圖19：奧林匹克環錯視圖。每道環的顏色都是虛幻的。視覺系統創造了這些顏色來校正一次刪除錯誤。© DONALD HOFFMAN

我們可以從圖 19 的奧林匹克環，見證自己如何校正刪除錯誤（本圖的彩色版請見彩色頁圖 C）。這張圖有五個黑色圓圈，每個都嵌入了一圈顏色，圓圈的內部是白色的。你的視覺系統偵測到一項錯誤，它假定內嵌的顏色原本是填滿圓盤的，但是被刪除了，因此它注入顏色，修復了誤刪。於是你看到的是淡淡的藍色、橙色、灰色、綠色和紅色圓盤。這種效應在你略往圖形側邊看時最明顯。老式的世界地圖會運用這種「水彩錯覺」，為不同國家著上不同色彩。[2]

我們可以從圖 20 的霓虹正方形錯視圖（本圖的彩色版請見彩色頁圖 D），再次見證自己如何校正色彩錯誤。[3] 圖左是由黑色圓圈和藍色圓弧組成。圓圈之間的空間是白色的。不過你的視覺系統假定有個透明的藍色正方形被刪除了，為校正錯誤，它補上了一個邊緣銳利的藍色正方形光暈。你可以遮住圓圈來確認正方形是不是錯覺；藍色光暈消失了。

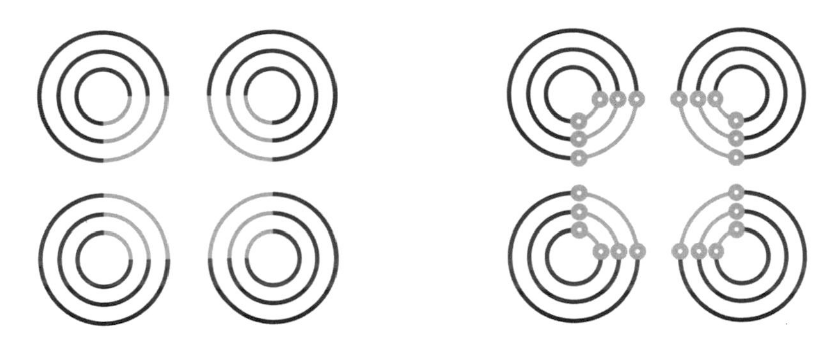

圖 20：霓虹正方形錯視圖。藍色的正方形光暈是錯覺。視覺系統創造它來校正一次誤刪。© DONALD HOFFMAN

你校正錯誤和解碼色彩的邏輯很複雜，視覺科學家目前仍在設法了解。圖 20 的右邊和左邊一樣，只是加入了一些藍色小圈圈。儘管右邊的藍色輪廓比左邊的多，但你卻不再假定有一個被抹除的藍色正方形在那裡，也不會再看到一個正方形光暈。

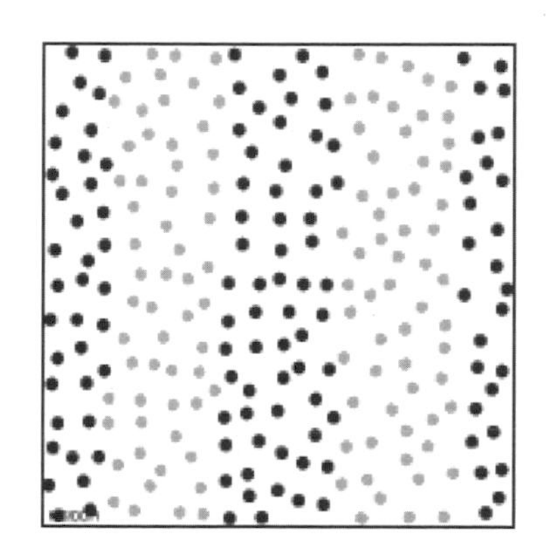
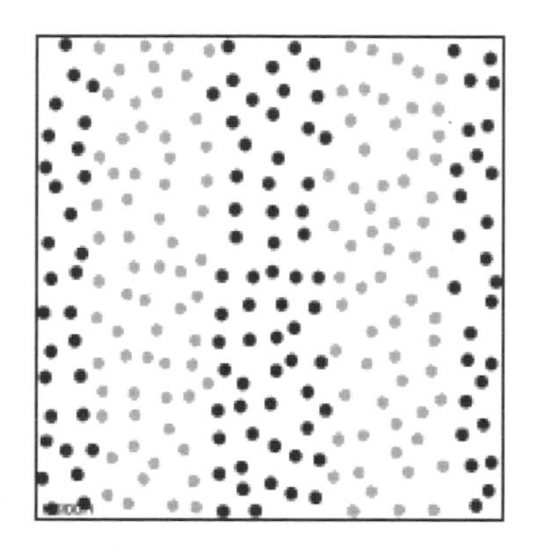

圖 21：取自電影畫面的兩幅圓點圖框。當圖框在電影中播放，視覺系統就會創造出會移動、會發光、邊緣銳利的藍色條帶。© DONALD HOFFMAN

這裡你遵循的邏輯，似乎牽涉到幾何和機率方面的複雜推理。如果有個紅色的透明正方形，就飄浮在右邊那個由大小圓圈構成的圖形上方一點點的位置，那麼那個正方形的邊緣，看起來一定會和那些小圓圈的邊緣完全對齊。這樣的正方形和圓圈的幾何造型，唯有從特殊的、即「非通用的」（nongeneric）視點來看，才會得到右邊的圖。若視點稍微改變一點，那麼紅色正方形與小圓圈的齊整關係就會被打亂。這種要有「通用視點」的邏輯，似乎就是我們在顏色和幾何的介面語言中，用來解碼並校正適應度資訊的一項關鍵原理；我們解碼時，會排斥低機率的詮釋。[4]

在校正錯誤和解碼適應度訊息的過程中，我們有時會建構出整合了物、色彩和運動的複雜圖示。舉例來說，圖 21 顯示了兩幅圖框，摘自一段在網路上取得的電影（本圖的彩色版請見彩色頁圖 E）。[5] 兩個圖框都有數十個圓點，每個點在兩幅圖框中都保持在相同位置，不同的是兩幅圖框有的圓點換了顏色，從黑變藍或從藍變黑。不過你看電影時，會看到有銳利邊緣的藍色條帶，在黑點的背景上向左捲動。[6] 你在藍點之間的白色空間填入了透明的藍色表面，校正一次誤刪。你以銳利的邊緣來界定這塊藍色表面，校正另一次誤刪。你把邊緣和藍色表面結合起來，創造出一個單獨的物，一個透明的條帶，然後賦予你創作出來的這個東西一個往左的動態。這個程序結束時，你也解碼了一則適應度訊息，轉譯成你的介面語言——以具有形狀、位置、顏色和運動的物構成的語言，現在這則訊息就可以引導你的下一步行動。

圖 22：約瑟夫帽錯視圖（Joseph's hat illusion）。帽子左側的褐色矩形和帽子前側的黃色矩形是以同色墨水印製。© DONALD HOFFMAN

複雜的形狀會引導複雜的行動。請看圖 22 的約瑟夫帽（本圖的彩色版請見彩色頁圖 F），你把帽緣和帽頂解碼成凹凸起伏的三維複雜形狀，造成的結果就是，你會知道若要從帽緣抓起帽子，你的手就要採取特定的抓握方式和方向，若從帽頂抓，那又是別的方式。你會知道抓帽緣比抓帽頂更容易抓牢，也不會讓帽子變形。帽子是你介面上的一個圖示，它複雜的形狀編碼了對適應性行動至關重要的資訊。

你的手本身就是你介面上的一個圖示，不是客觀現實。你必須解碼你的手的形狀，如同你解碼帽子的形狀。我們不知道客觀世界實際上是怎麼樣，所以我們也不能確切知道我們抓住一頂帽子時，在客觀世界中我們實際上做了什麼事。我們只知道不管我們實際上做了什麼，介面只讓我們看到一隻三維的手拿著一頂三維的帽子。帽子和手，還有把帽子拿在手中，都是有關於適應度的訊息，而這些訊息都經過壓縮、編碼成錯誤校正格式，這種格式在我們的感知中就是三維空間。我們的身體本身也是圖示，隱藏著一個我一無所知的複雜現實。我不知道我的真實行動。我只知道我的身體圖示看起來如何與我介面上的其他圖示互動。

約瑟夫帽上有很多顏色，這些我們都解碼成表面和光。我們把帽子左邊的褐色矩形詮釋成直射光線中的褐色表面，帽子前面的黃色矩形則是在影子裡面的黃色表面。你也能把這兩個矩形看成相同顏色：把帽子全部遮掩起來，只露出這兩個矩形，它們看起來就是同一個褐色。（事實上在作這張圖時，我用了 Photoshop 的滴管和油漆桶填色工具，讓兩個矩形中的像素完全相同。）你解碼這張圖的兩種方式是南轅北轍的，一種是兩個矩形呈同一個褐色，另一種是不同的顏色。兩種都沒有描繪出客觀現實，都只是關於適應度的訊息。你在不同的脈絡中解碼出迥異的訊息。

帽子是一個圖示，它的形狀和顏色可協助你取得適應度收益。它的描述並不詳盡，只剛好滿足你當下的需要。它的形狀告知你怎麼拿它，以及怎麼戴在頭上才最能讓你不受自然力的傷害。它還屬於一個類別——帽子——能提供關於適應度的有用情報：帽子不咬人、不可以吃、不能跑，不過能防曬防寒。另一個類別的圖示——例如蛇——則提供不同的情報：牠會咬人、可以吃、不會跑但爬得很快、不能幫你遮風擋雨。你要是被迫一定要抓蛇，牠的形狀會告訴你必須跟拿帽子的抓法不一樣。

前面我們討論過，物只是用來描述適應度收益的暫時性資料結構，這個觀念和認為物是客觀現實的元素、視覺的目的是估計物的真正形狀和其他物理性質——這也是目前視覺科學的標準觀念——的想法截然不同。另外它也有別於另一項主張，認為我們和物的交互作用，能讓我們直接地、非推論式地接觸到物的真實性質。

這些差異都是基本的。介面理論說，空間和時間都不是客觀現實的最根本層面，純粹是適應度訊息的資料格式，這種演化而來的格式是為了壓縮並校正這類訊息。時空中的物並不是客觀現實的層面，純粹是適應度訊息被編寫成圖示格式，專為符合智人的需求。尤其我們的身體也不是客觀現實的層面，我們的行動並不能讓我們直接接觸到先在於時空中的物。我們的身體是適應度訊息，以我們這個物種專用的格式編碼成圖示。你察覺到自己待在空間裡面、感受到時間的流逝時，你實際上是把自己看成你本身資料結構內部的圖示。

演化使我們的感官把適應度收益編碼成經驗的語言，那種語言納入了我們的情緒經驗，從氣憤、害怕、猜疑、仇恨，到愛、歡喜、平靜與幸福，包含了一套豐富的詞彙。特定情緒可被特定的顏色觸發，目前色彩心理學正在研究這個可能性。[7] 初步結果顯示有以下關聯性：

紅色：情慾、權力、飢渴或興奮；
黃色：嫉妒或快樂；
橙色：舒適、溫暖或樂趣；
綠色：羨慕、和諧或好品味；
藍色：能力、品質或陽剛之氣；
粉紅：真誠、老練或陰柔；
紫色：權力或權威；
褐色：險峻；
黑色：悲傷、害怕、老練或昂貴；
白色：純潔、真誠或快樂。

這些顏色是用粗畫筆來畫的。例如紅色有很多色調的紅，每個都有獨特的色相、飽和度和亮度。消防車的紅色完全沒有勃艮第紅酒的感覺：色彩能誘發哪種情緒，肯定取決於它的特定色調。

誘發的情緒也取決於視覺脈絡。圖 22 那頂約瑟夫帽左邊的褐色塊（彩圖 F）帶有「泥棕綠色」（opaque couché）的色相與飽和度——這種顏色曾被數千名澳洲人票選為世界上最醜的顏色。帽子正面的相同色塊看起來卻是黃色的，而黃色並不是世界上最醜的顏色。兩個色塊的像素有相同的色度座標，但這些色度座標在兩個視覺脈絡下誘發了不同的情緒反應。

誘發的情緒可能取決於文化：西班牙鬥牛標誌常出現的紅色

調，可能代表了西班牙人的情緒，好比令人興奮的危險，或者民族自豪，而這在大多數美國人身上可能已經喪失了。情緒也可能取決於個人經驗的特殊性：香蕉蜘蛛（banana spider）的黃色調可能引發部分恐蛛症人士產生特異恐懼。

顏色的細微差異能觸發情緒的細微差異，通知我們採取何種行動來爭取適應度。就連植物，儘管可能沒有情緒，也使用顏色的細微差別來引導各式各樣的適應性行動。有些植物的生長點有感光受體，能偵測到藍光並引導生長方向朝向天空。[8] 植物獵取光，就像我們獵取動物，它藉由追蹤藍色光子來馴服光。

有些植物葉片的感光受體對紅光敏感，一捕捉到紅光，植物就「知道」是早上了，等到後來捕捉到較深色的紅光，植物就知道天要黑了。這讓植物得以知道夜晚的時間長度，也因此知道季節。這能引導植物的行動，例如開花。誠然植物的「知識」是有限的，也很容易被愚弄；花農可以在半夜用紅燈照射植物，騙它趕在母親節前開花。用紅光照射一片葉子就足以達到目的。[9]

多數植物有藍光受體，負責調節它的晝夜節律，如葉片的日常開闔等。這種受體稱為隱花色素（cryptochrome），和負責調節動物（包括人類）晝夜節律的受體相同。隱花色素有別於另一類藍光受體，稱為向光素（phototropin），植物把這種受體部署在尖端，促進向光生長。植物也可能有「時差」，你要是用人工方式改變植物在一天中接收藍光的時間，它就會花好幾天來調整節律，讓葉片的開闔再次與光照時間同步。[10]

有些植物的感光受體特別多。我在前言中提到過，阿拉伯芥這種看來像野生芥菜的小型雜草有 11 種感光受體，是人類感光受體種類的兩倍以上。[11]

不過阿拉伯芥又被低等的藍菌類群比了下去，藍菌出現在地球上起碼已 20 億年，說不定長達 35 億年，製造出大量氧氣充滿了大氣，讓動物得以演化出來。藍菌類群的部分物種以整個身體當成聚光透鏡。而且起碼有一種藍菌門生物，學名為 *Fremyella diplosiphon*，竟有 27 種感光受體，並以我們迄今尚未完全了解的方式來駕馭那些受體，巧妙地採集許多顏色的光。[12]

色彩知覺有很深遠的演化根源。分辨色彩是威力強大的工具，數以百萬計的物種都運用它來解碼關鍵的適應度訊息，無怪乎顏色與生俱來就和我們的情緒綁在一起。然而，色彩和情緒之間的確切關聯是什麼，我們只有粗淺的了解，前面列出來的色彩和情緒之間的預想連結也必須用實驗來驗證。

例如史蒂芬・帕默（Stephen Palmer）和凱倫・舒洛斯（Karen Schloss）指出，我們偏好能聯想到自己喜愛的事物的顏色，如溪水的藍色；我們不喜歡會聯想到自己嫌惡的事物的顏色，如糞便的褐色。[13] 這些色彩和物之間的聯想，是悠久的演化、數世紀的文化影響，以及數十年個人經驗共同冶煉而成。帕默和舒洛斯發現，對某種顏色的偏愛，取決於它令人想到的物，還有那種顏色與這些物的個別顏色有多接近，還有對個別這些物的情緒反應。這個研究結果是很有希望的起點。

然而這只是起點。人的眼睛能分辨 1000 萬種色彩，就算我們把重點放在均一色彩的簡單色塊，如帕默和舒洛斯的實驗， 色彩和情緒之間仍有太多的連帶關係需要探究。均一色彩的色塊在自然界很罕見，常見的是色彩和質地的組合，稱為「色質」，有較豐富的結構，能把更多適應度資料納入編碼，觸發更多精確的反應。[14]

舉例來說，圖 23 有四種綠色的色質，大致是同一種綠色，但它們的不同質地觸發了不同的反應（本圖的彩色版請見彩色頁圖G）。綠色的青花菜看來很可口（假使你喜歡青花菜的話），綠色的草莓看來就還不能吃，綠色的肉看來就很噁心。素綠色的正方形缺少上述明確的情緒衝擊，因為它的質地很不明顯。相同道理，紅色色質也同屬一種類似的紅色，不過由於具有不同的質地，因此會激發不同的情緒反應。

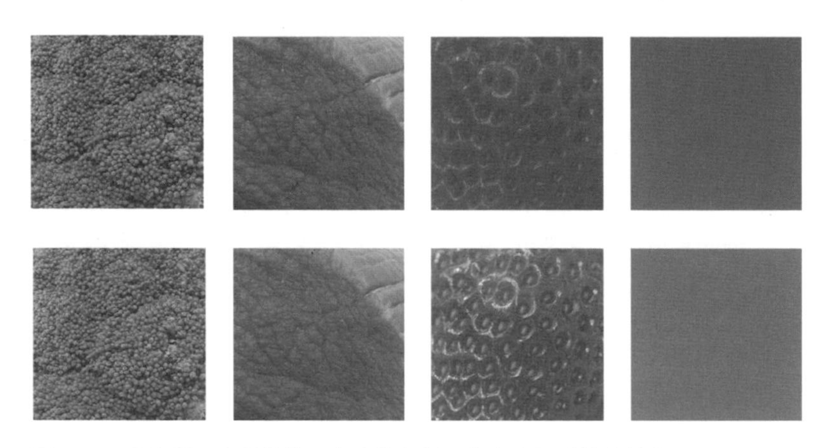

圖 23：八種色質。色質比均一色彩的色塊更能多方觸發特定情緒。© DONALD HOFFMAN

儘管我們能分辨的色彩有 1000 萬種這麼多，但我們對色質的分辨能力更是遠超過這個數字。只有 25 個像素的正方形影像，就能裝下比整個可視宇宙的粒子更多的色質，使色質成為傳遞適應度訊息的豐富渠道。[15] 從上面對色質的描寫即可看出它的這種能耐，它傳達情緒的精確程度，是均一色彩這種簡陋語言不可能辦到的。色質的表達力囊括了對形狀的細微描述，例如青花菜上無數的凸起，或是草莓的優雅弧度。這些描述都是精心設計的行動呼籲：抓、擠、抱、捏、拂、蹭、啃、咬、摸、吻、撫。色質的表達力還能進一步延伸，用來預測當你回應了行動呼籲之後，你的手指和嘴唇可能得到的回饋：粗糙的、扎人的、光滑的、鼓脹的、刮人的、蓬鬆的、充滿彈性的、毛茸茸的、冷硬的、堅硬的、冰的、崎嶇的、有疙瘩的、鬆弛的、溼潤的、麻木的、刺刺的、有小凹洞的、破爛的、搔癢的、滑溜的、軟滑的、僵硬的、刺痛的、油滑的、絨布般的、羊毛般的、木質的、溼的、易彎的。

色質並不會武斷地傳達客觀現實——不會認定就算沒有人觀看時依然存在的物是何種材質和表面，而是提出建言，告訴我們在謀求適應度時如何採取行動，警告我們可能會遇到什麼狀況。色質是我們這個物種專用介面上一項無價的創新，以一種濃縮的方式呈現適應度收益；它隱藏了真相，好讓我們活下去。

對許多公司而言，色彩是品牌行銷的核心，從麥當勞的金拱門、日標百貨（Target）的紅標靶、推特的藍鳥，到星巴克的綠色魅惑女妖，都是這樣的例子。公司行號耗費鉅資來選定、推廣並捍衛它們的顏色。無線電信業者 T-Mobile 投注大量時間和費用，把一種洋紅色打造成品牌。後來 AT&T 成立了子公司 Aio 無線（Aio Wireless）與 T-Mobile 競爭，以一種與 T-Mobile 相近的梅紅色作為門市的主色調並用來行銷。於是 T-Mobile 控告 Aio 侵權，審理時 Aio 聘請的專家證人（正確地）指出，梅紅色和洋紅色的差異，比人眼能夠分辨的最小相鄰顏色差異要大上 20 倍左右。他們認為這個差異夠大了，不至於構成侵權。

後來 T-Mobile 聘請用我以專家身份回應，當時我指出，消費者很少看到兩種顏色放在一起，必須憑記憶來分辨。我們靠記憶分辨的能力很差，而且梅紅色和洋紅色的差別，恰好就在這個能力的極限上。法庭認同這點，於是在 2014 年 2 月向 Aio 發布了強制令。聯邦地方法院法官李・羅森塔爾（Lee Rosenthal）寫道，「T-Mobile 已經提出證據顯示，因為 Aio 的梅紅色以及使用方式，類似 T-Mobile 的洋紅色和使用方式，這樣的關聯性可能造成潛在消費者混淆，誤以為 Aio 隸屬於 T-Mobile，或者與 T-Mobile 有關。」T-Mobile 在聲明中表示，這項裁決「承認了 T-Mobile 立場的正當性，即無線網路消費者以洋紅色來識別 T-Mobile，以及 T-Mobile 對洋紅色的使用，都是受商標法保護的。」

如這個案例所示，顏色可以是寶貴的智慧財產。不過色質的價值可能遠不只如此。色質的資訊量高於色彩，而且可以針對目標情緒來打造，或者和特定的產品與脈絡齊同（congruence）。

舉例來說，色彩心理學家有時會宣稱紅色會提振食慾。真的會嗎？

請看圖 24 的四種紅色（本圖的彩色版請見彩色頁圖 H），前兩種可能會刺激食慾，但後兩種可能引起嫌惡。差別在於色質。

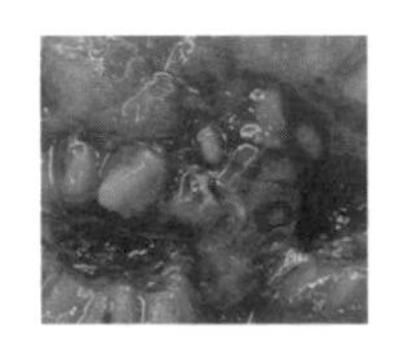
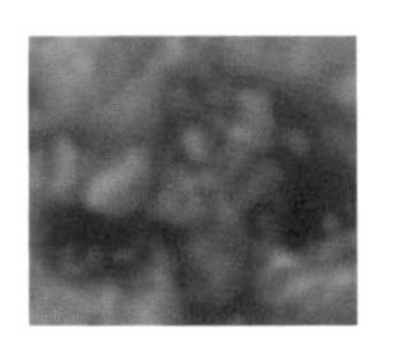

圖 24：四種紅色色質。紅色只有當質感適合時才會觸發飢餓感。© DONALD HOFFMAN

井村智子（Tomoko Imura）和她的同事已經證明，黑猩猩會用色質來判定高麗菜、菠菜和草莓等蔬果的新鮮度和可口的程度，[16] 你要是竄改色質，就能操控黑猩猩和人類的情緒反應。

我們的知覺是演化而來的使用者介面，用來引導我們的行動，好讓我們活得夠久並有機會繁殖。一旦理解這一點，掙脫了「認定我們知覺到的是現實原貌」這件概念上的拘束衣，我們就能以逆向工程的方式解析我們的介面，了解它如何編碼適應度資訊、引導我們的行動，繼而運用這套知識解決實務問題——例如創造出能喚起特定情緒的色質。

要施展胡迪尼逃脫術從概念的拘束衣裡面掙脫出來可不是小挑戰。思考一下聯覺（synesthesia）這種感官的融合現象，可能有助於掙脫。我們之所以相信我們看到的是現實，而不只是介面，有一個理由就是我們認為其他人看東西的方式和我們沒什麼兩樣。假設我對你說「桌上那顆紅番茄看起來熟到可以吃了」，你也同意了，我自然就會假定你的知覺和我是一樣的，而且肯定跟客觀現實一樣。不然為什麼我們的看法都一樣？肯定是我們準確地察覺到相同的現實。

不過即使我們在對話上看法一致，我們在知覺上依然可能有很大的分歧。世界上有百分之四的人是聯覺者，活在對其他人而言十分陌生的知覺世界中。[17]

聯覺有很多種。其中一種是，語言的每個聲音都會觸發一種獨特的色彩經驗。弗拉基米爾・納博科夫（Vladimir Nabokov）在他的《說吧，記憶》（Speak, Memory）書中描述他自己的「有色聽覺的好例子」：「英文字母的長 a……會讓我體驗到一種風化木材的色調，法文的 a 則是拋光烏木的色調……我看到的 q 顏色比 k 更偏棕，s 不是 c 那種淺藍，而是天藍色和珍珠母的奇妙組合。」[18]

我們多數人只是單純聽見語言的聲音，納博科夫卻還會看到每個聲音的獨特色彩，甚至是特定的色質，他的「拋光烏木」和「天藍色和珍珠母的奇妙組合」就是對色質的描述。

色彩和色質廣泛出現在各種聯覺中，能被音樂、印刷字母、印刷數字、星期幾、月份、情緒、痛苦、氣味、味道，甚至個性觸發。在「字素—色彩」（grapheme-color）聯覺中，每個字母或數字符號都被看成帶有一種色彩，例如 A 看起來或許是紅色的，B 或許是綠色的，整套字母都是這樣。

在味—觸（gustatory-tactile）聯覺中，每種味道都連結到一個三維形狀，而且是能用手觸摸得到的。聯覺者麥可・華生向神經學家理查・塞托維奇（Richard Cytowic）描述留蘭香給他的體驗：「我感覺到一種圓形……它也非常清涼，所以那一定是類似玻璃或石頭材質，因為溫度的關係。最奇妙的是那種絕對的平滑感……我唯一能用來解釋這種感受的東西就是，它就像一根高大、平滑的玻璃圓柱。」[19]

華生對其他味道的體驗也同樣詳細，例如安格仕苦精（angostura bitters）：「這絕對有一種有機的形狀，它有蘑菇的彈牙度……摸起來像短藤蔓的油質葉片。我想這整個東西的感覺就像一籃蓬亂的常春藤。」[20]

請注意華生揭露的事。他知覺到一件複雜的物——平滑的玻璃柱、一籃子常春藤，但那並非對某個獨立於心智之外的物的如實知覺，而純粹是一種有用的資料結構，用來呈現一種味道的性質。留蘭香和玻璃柱完全不像，安格仕苦精也絲毫不像藤蔓。這就彰顯了知覺介面理論的主張，你對物的知覺，並不是對某個先在物的如實素描，而是你根據需要創造出來的資料結構，目的是把關於適應度收益的關鍵資訊，壓縮成可據以行動的格式：一旦物幫你達到目的，你就會把它的資料結構經由垃圾回收機制處理掉，空出記憶體，以便在下一次觀看時創造新的物。仔細思考華生的聯覺，能解放我們的想像力，甩開先在物的桎梏，不再認定我們對物的知覺經驗是客觀現實中真正的物的低解析版本。

音樂能觸發聯覺者丹妮・西蒙（Deni Simon）知覺到有色的形狀。西蒙是塞托維奇和大衛・伊格曼（David Eagleman）的另一位訪談對象，她說：「我聽到音樂時，會看到⋯⋯彩色線條在移動，通常是金屬色的，有高度、有寬度，最重要的是，還有深度。形狀和聽見這些形狀並沒有區別——它們是聽覺的一部分⋯⋯每個音符都像一顆墜落的小金球。」[21]

藝術家卡蘿・斯蒂恩（Carol Steen）擁有好幾種聯覺型式。嗅覺觸發色彩；字素、單詞、聲音、碰觸和痛感則觸發色彩、形狀，甚至運動和位置的大迸發。她的聯覺帶來奔流不息的創意視覺形象，她就從中舀取繪畫和雕塑的靈感：「這些斑斕色彩和動感視像，或者所謂的後起光覺（photism）⋯⋯來得非常直接而生動。」[22] 斯蒂恩如此描述聯覺經驗的豐富程度：「形狀是那麼精緻、那麼簡單、那麼純粹，又那麼美麗⋯⋯我在幾個片刻就看見了可以讓我用一整年的雕塑素材。」

這些聯覺形狀和色彩可能有十分繁複的細節。1996 年，斯蒂恩完成了《細胞》（Cyto）雕塑，這件 8 英吋高的小作品染成陳舊的銅綠色，展現出「Cyto」這個字素在她的聯覺經驗中帶來的複雜形狀和色質。她的經驗並不是模糊的記憶或概念上的聯想，而是具體的遭遇，是一種詳細的知覺。不過就算她的雕塑這麼一絲不苟，也還是省略了她聯覺經驗中的時間動態演變，對此她描述為會跳舞的形狀。

如同這些例子所示，許多聯覺經驗都不是朦朧的想像或薄弱的概念化產物——而是真正的知覺，就像你拿榔頭砸自己大拇指的感受那麼直接又讓你信服。請注意，斯蒂恩告訴我們的訊息，和華生說的同等重要：《細胞》說明了斯蒂恩看到的是個確切的三維物，不是對某個先在物的如實知覺，而是純粹作為一種有用資料結構，用來呈現（以本例而言）一個特定的字素。

聯覺經驗不會隨時間改變，例如字素一色彩聯覺者，每一個字母或數字構成的字素會讓他體驗到特定的色彩，在相隔數週甚至數年的實驗中，他們看見的色彩都一樣。一致性是用來作為「真實性檢驗」，以從僅憑自由聯想創造感官關聯性的人之中辨別出真正的聯覺者。有些字素一色彩聯覺者表示會在單一字素的不同部分見到不同色彩，也有人表示會看到色彩飽和度隨字素對比度降低而降低，這同樣顯示聯覺是出自知覺而非概念。

法蘭西斯・高爾頓（Francis Galton）在 19 世紀就首先指出，聯覺會在家族中流傳，不過沒有特定的關聯方式。例如，某個親代可能把字母 A 看成紅色，他的孩子可能把它看成藍色。再者，連涉及的感官也可能不同，某個親代在味道中看見色彩，而他的孩子可能是在字素中看見色彩。這樣的現象顯示聯覺的共感關係——儘管有時涉及字母和數字等文化產物——並非家族內傳授而來，而是遺傳的影響。

基因連鎖的研究支持這一點，顯示聯覺受到特定染色體上的基因影響，這些基因分別位於 2q 和 16 號染色體，另外 5q、6p 和 12p 可能也有。[23] 目前要下定論還太早，不過一項以 1 萬 9000 名受試者所做的研究顯示，聯覺有五種不同集群，分別來自不同的基因，伊格曼和他的同事確認的集群有：有色的音樂、有色的序列（如字母、數字、月份和星期幾）、觸覺或情緒觸發的色彩、空間序列，以及由味道等非視覺刺激觸發的色彩。[24]

這些基因究竟想做什麼？一個可能性是，它們能強化腦中不同感覺區之間的神經連結。比方色彩字素聯覺，據認知神經科學家拉馬錢德蘭和愛德華·哈伯德（Edward Hubbard）指出，梭狀回（fusiform gyrus）有一處皮質區的活動與色彩知覺有關，這個位置就緊鄰一處與字素有關的腦區。[25] 對此他們提出一個看法，認為與非聯覺者相比，聯覺者的這兩區之間可能有較多神經連結，因而產生較多串音（crosstalk）。這個預測由蘿姆克·勞烏（Romke Rouw）和史蒂芬·肖爾特（Steven Scholte）以擴散張量成像（diffusion tensor imaging）確認，這項技術使用核磁共振成像與複雜的演算法，來估計人類受試者腦中不同區域之間的連結。[26] 他們發現，在連結程度上，把色彩看成外界現象的「投射者」（projector）型聯覺者，高於在「心之眼」中看到色彩的「聯想者」（associator）型聯覺者。他們也發現，聯覺者的額葉和頂葉腦區連結程度較佳。研究找不到有任何皮質區是連結程度比較低的。

聯覺是異常現象，但通常不是病理性的。其實聯覺者還能享有某些認知優勢，比方說有的聯覺可以增強記憶力。心理學家丹尼爾·斯密萊克（Daniel Smilek）和同事研究了一位字素—色彩聯覺者，結果發現，她比非聯覺者能記住更多數字陣列，而且當每個字素的列印色彩和她的聯覺色彩相符，她的記憶力還會提升更多。[27] 丹尼爾·譚米特（Daniel Tammet）是作家、講師，還是一位「高功能自閉症學者」，對於 1 萬以下的每個自然數，他都能感知到特有的色彩、形狀、質地和觸感。他使用這些聯覺感受記住了圓周率的位數達 2 萬多位——是歐洲的最高紀錄。[28]

聯覺者在一些知覺相關的事情上，表現優於非聯覺者。麥可·

巴尼西（Michael Banissy）發現，看得見聯覺色彩的聯覺者，比非聯覺者更擅長分辨顏色；能感覺到聯覺觸感的聯覺者，比非聯覺者更擅長分辨觸感。[29] 朱莉亞．西姆納（Julia Simner）和她的同事研究序列空間聯覺（sequence-space synesthesia）的聯覺者，這種聯覺是把數字、字母、星期幾和月份等不同序列都看成位於特定空間位置的特定視覺型式，結果發現，他們比非聯覺者更擅長在腦海中旋轉三維物體，來檢視它是不是與另一個物體相符。[30]

在這段簡要的聯覺導覽一開始，我說過到最後或許能幫我們掙脫「相信我們見到的是現實原貌」這件拘束衣。導覽中我們發現，聯覺者擁有引導適應行為的特異知覺，而且和我們的知覺同樣鮮明、複雜又細緻入微。

我們大概可以知道，聯覺者麥可．華生的特異介面比我們的更豐富，也更具適應性。我們確實知道的是，這對華生的烹飪大有幫助。如同塞托維奇說的：「他從不照食譜做菜，而是喜歡創作『形狀有趣』的菜。糖能讓食物的味道『比較圓』，而柑橘會給食物加上『尖頭』。」[31] 華生的介面動態性不比我們的差：「形狀每一刻都在改變，和味道一樣……法式料理是我的最愛，正是因為它能讓形狀以很神奇的方式改變。」[32]

我們沒有理由宣稱我們的介面是如實的，華生的介面是錯覺。事實上，這兩種介面都不是如實的，也都不是錯覺。兩者都是做重要決定時的適應性引導——我該把什麼東西往嘴裡放？華生那樣的介面比較不常見，因為那是演化的意外，而不是如實知覺的必要條件。回想一下我們前面談過的，好幾百萬年前的某個不明事故，讓所有脊椎動物的眼睛都出現愚蠢的設計而不太靈光——我們的感光受體隱藏在神經元和血管的後面，光線會被阻擋與散射。頭足類動物躲過了這場事故，繼承到比較好的型號。說不定是某一次事故，為我們安裝了比較次等的介面來感知食物的品質，接著好巧不巧來了一次突變，把麥可的介面升級了。假使到了未來，我們的存活與否要靠精緻料理，那麼天擇就可能有利於華生那樣的聯覺，未來世代在吃薄荷時，可能都會得到玻璃柱的觸感。[33]

重點在於：我們並沒有真實的或者理想的知覺。實際上我們是繼承了一種格式有限——氣味、味道、色彩、形狀、聲音、碰觸和情緒——又恰好能滿足所需的介面。演化讓我們的介面必須反應快速、陽春，對適應度的消息足夠靈通，剛好夠我們生養後代，把基因傳遞下去。格式是隨意決定的，並不是反映現實的真正結構。有無數的格式——其他的知覺模式——是同樣適用、或者更好用的，我們不可能想像得到那會是什麼格式，就像我們無法想像某個新的色彩一樣。你能想像一隻蝙蝠利用聲納在空中捕捉飛蛾是什麼感覺嗎？或者一隻飛蛾在緊急關頭用聲納對抗蝙蝠的聲納是什麼感覺？[34] 還是想要跟酒瓶交配的甲蟲，或者想要跟青銅野牛交配的駝鹿呢？或是有 12 種感光受體，其中 6 種用來感應紫外線的蝦蛄？對於這些，以及其他無數的例子，我們就是無法知道。演化的修補功夫能調配出無窮無盡的、擁有最美麗、最奇妙形式的知覺介面，然而其中絕大多數都是我們最不能想像的。

演化並未停止對智人的知覺介面的修補。那些嘉惠了二十五分之一的人類，讓他們擁有聯覺的突變，肯定就是修補過程的一部分，其中一些突變可能以後會流行起來；這些修補大半集中於我們的色彩知覺。演化無視於我們認定知覺必須如實表述的狹隘愚見，它自由探索無窮的感官介面形式，不時開闢新奇的途徑，帶領我們永無止境地尋覓適應度。

第九章

細究
無論在生活還是事業上，你得到的就是你需要的

「心智不會對感知到的一切付出同等關注，因為心智對於那些會影響它的、改動它的，穿透它的東西，付出的關注遠遠大於只出現在它面前，但不會影響它的東西。」

——尼古拉・馬勒布朗奇（NICHOLAS MALEBRANCHE），《真理的追尋》（THE SEARCH AFTER TRUTH）

我們的感官尋求的是適應度，不是真相。它發布關於適應度收益的新聞，內容是要怎麼找到、得到，並留住這些收益。

儘管焦點已經鎖定適應度，但感官面對的是海嘯般的資訊。眼睛擁有 1 億 3000 萬個感光受體，每秒鐘蒐集數十億位元的資訊，[1] 所幸，這些位元大多是冗量：一般而言一個受體接收到的光子數，與隔壁光子接收到的數量差別很小。眼睛的電路可以在幾乎不損及品質的情況下，把那幾十億位元壓縮成幾百萬位元——就像你壓縮照片，畫質也幾乎不減損一樣。然後這幾百萬位元的資訊就會經由視神經流入大腦。雖然壓縮了千倍，但這條資訊流可不是

和緩的小溪，而是一股洪流，要是治不了它，它就會把視覺系統給淹沒。治理這股洪流是視覺注意力的工作。每秒都有數十億位元進入眼中，但只有 40 個位元能爭取到注意力。[2]

從數十億位元最初縮減到數百萬，幾乎沒有資訊損失——就像一本書的手稿經過編輯，把冗言贅字刪掉一樣。但最後陡然縮減到 40 位元，就幾乎是全部刪光光了，整本書只剩簡介。這段簡介必須十分濃縮且令人信服——只包含追求適應度時的基本要件。這或許和你的視覺世界經驗相牴觸，那個世界似乎是所有角落都塞滿了和色彩、質地、形狀相關的無數細節。當然表面上看起來，我們見到的不只是標題，我們還看到文章、社論、分類廣告——是完整的作品。

但是我們的經驗欺騙了我們。請看圖 25 這兩張杜拜影像。兩個圖一模一樣，只有三處重大差別，試試看能不能找出來。大多數人需要花的時間都超乎預期地久——這個現象稱為「改變視盲」（change blindness）。[3] 我們徒勞地找上半天，才突然碰上一處差別，此後就不禁只會看到它。網路上有許多改變視盲的圖，除了用來自娛，也向你證明這是人類視覺的一個很重要、也很普遍的層面。[4]

圖 25：改變視盲。這兩張圖有三處不同。© DONALD HOFFMAN

這是怎麼回事？視覺要搜尋適應度，但為了適存，搜尋的過程本身必須精實，只能審慎動用它微薄的資源。無數的適應度訊息撲面而來，就像有一千封電子郵件一下子湧進收件匣。視覺系統不會浪費時間和能量把信全都讀完，而是把大多數都看成垃圾郵件立刻刪掉，只選出珍貴的少數幾封來讀並據以行動。在智慧型手機上收到不需要的電郵是很煩的事，過濾起來也累人，但到了視覺上，這就是攸關生死的事了。被瑣事纏身卻錯過要務的人會喪失當上祖先的機會。天擇毫不留情地塑造我們的視覺注意力，讓我們成為機敏的覓食者。

為了把數十億位元裁減到 40 個，視覺的垃圾郵件過濾器刪起信來毫不手軟。它有一套簡單迷人的規則。對於在行銷與產品設計的崗位上打壕溝戰的人而言，爭奪消費者的短暫目光是無處不在的戰鬥，而認識這些規則就成了致勝關鍵。掌握這些規則，就能把注意力導向他們的產品，遠離競爭。不熟悉這些規則的人，可能就會在無意間讓他人得利。

視覺過濾器的開局策略就是安排感光受體。不像數位相機的感光元件，每個像素都等距排列，眼睛的視網膜在視覺中心區部署較多感光受體，愈往外圍數量愈少。大多數人以為，我們能在整個視野範圍內看見豐富的細節。不過我們錯了，從圖 26 可以看得出來。看著圖中央的黑點，你會發現內圈的較小字母和較外圈的較大字母同樣容易識別。為求同等清晰，外圈的字母必須更大，因為那裡的感光受體密度較低。

從這張圖可以知道，感光受體的密度迅速遞減。儘管我們的視野在水平方向有 200 度，垂直方向有 150 度，但最高解析度的區域只及於視野中心點周邊 2 度的範圍。伸長手臂豎起大拇指，你看見的拇指寬度相當於 1 度視野。前面提過，伸直手臂盯著你的拇指看，你就會知道你能看到細節的範圍是多麼小：只有你視野面積的萬分之一。

圖 26：視覺敏銳度。注視中央黑點，你會發現大字母和較小字母一樣清楚。© DONALD HOFFMAN

那為什麼我們大多數人從未發覺這個視覺上的限制，還誤以為我們的整個視野都是高解析的？答案在於我們的眼睛不斷在動，看了又跳開，看了又跳開，每秒三次左右——閱讀時次數較多，凝視時次數較少。看的時候稱為定視（fixation），跳開的時候稱為跳視（saccade）。每次你看一個東西，就是透過一個充滿細節的微小窗口在看，所以看的當下通常不會覺得模糊。因此我們自然會假定，我們能同時看到所有東西，而且看得很細。

感光受體的排列，是在追求適應度時應運而生的策略。寬闊視野搭配低解析度，是用來尋找可能的適應度訊息藏在哪裡。左邊一閃而過的影子說不定是老虎的尾巴動了一下，右邊的閃光可能是水波。這些可能性都依重要性排序——最好先確認老虎，才確認水波。於是你的眼睛就開始依序直視每一項標的，這時你能以高解析度看見每個標的，並分析夠多的細節，以此決定下一步動作。結果發現那一下閃動只是一片葉子被風吹過去，不是老虎，不用管它。那陣閃光原來真的是水，該去喝水了。

我們為什麼會有改變視盲這個毛病？為什麼很難找出兩張杜拜照片之間的差異？因為我們尋找的是適應度。我們在視野中搜索，尋覓可能值得花心思檢查細節的適應度訊息。大多數訊息不值得付出心思，天擇把我們塑造成自動忽略這些訊息。因為忽略了這些，我們不太可能注意到有哪裡不同。改變視盲並不是未能看出客觀現實的真實狀態，而是主動捨棄不太可能改變我們適應度的訊息。

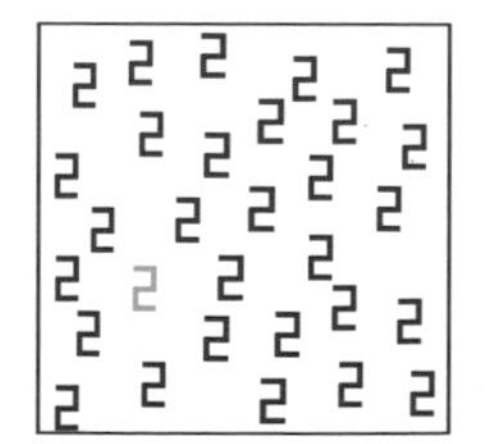
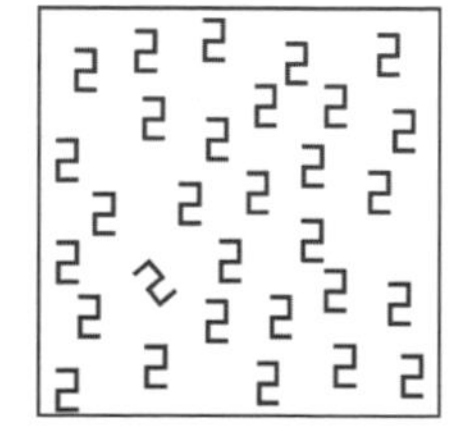

圖 27：凸顯出來。我們很容易就能看到左框裡面那個大 2，還有中框裡的淺色 2，以及右框裡面那個傾斜的 2。© DONALD HOFFMAN

對於想了解行銷和企業的讀者而言，這是適用於視覺廣告的點子。成功的廣告不只是（有時根本不是）呈現重要的事實，而是創造出能抓住典型購物者目光的視覺訊息。消費者會面對眼花撩亂的訊息，訣竅是抓住他們的注意力。在最簡單的層面上，一筆訊息只要在色彩、大小、對比或方向性上有別於旁邊的訊息，它就能吸引注意力。[5] 舉例來說，圖 27 從左到右，能吸引注意力的是較大的 2、不同對比的 2，以及方向性不同的 2。

在這個例子中，與眾不同的物件能很快吸引注意力，即使被很多物件包圍的時候也是。例如圖 28，最左圖是周圍沒有太多干擾時，綠色的 2 會自己「跳出來」，即使干擾很多的時候還是一樣，如最右圖所示（本圖的彩色版請見彩色頁圖 I）。

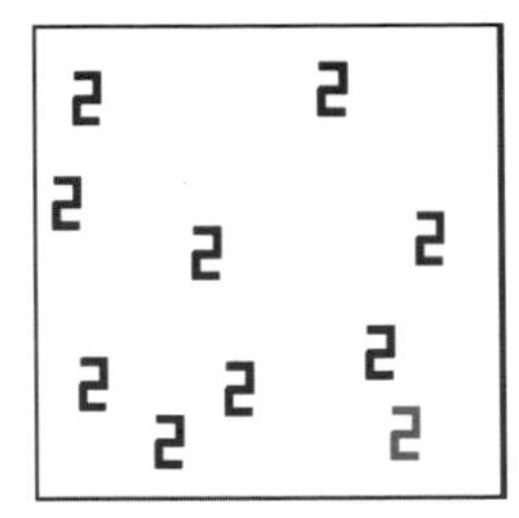
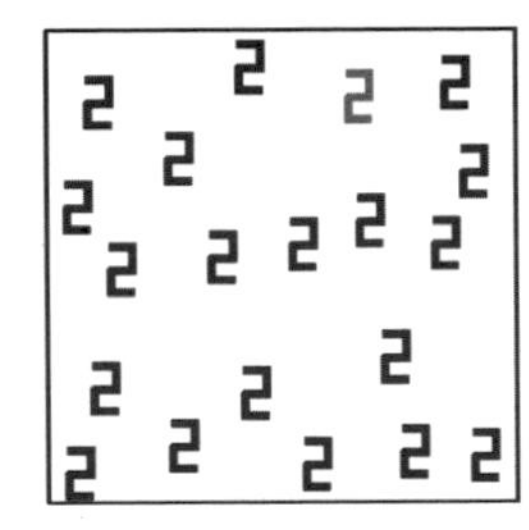
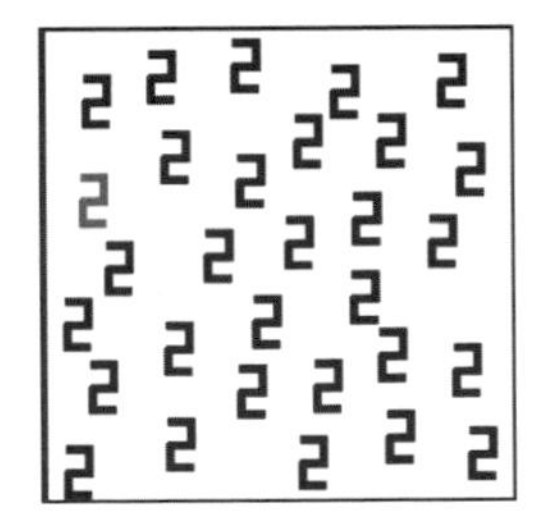

圖 28：色彩凸顯出來。綠色 2 很容易看得出來，即使周圍環繞眾多黑色 2 也一樣。© DONALD HOFFMAN

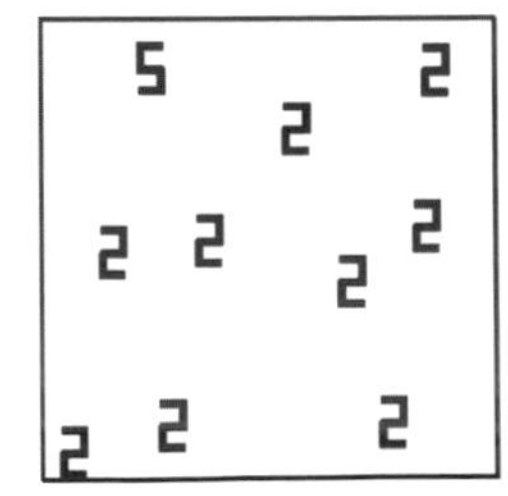
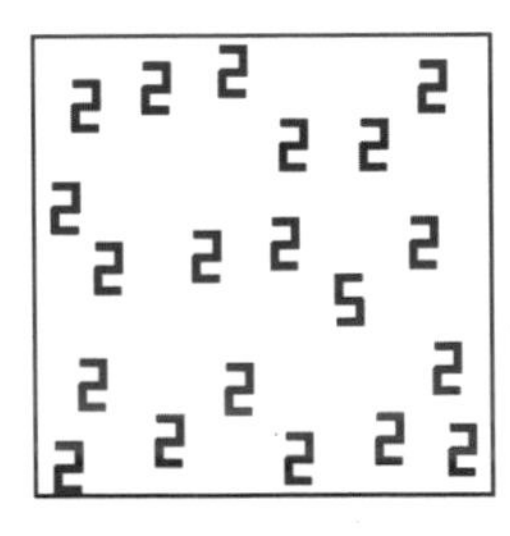
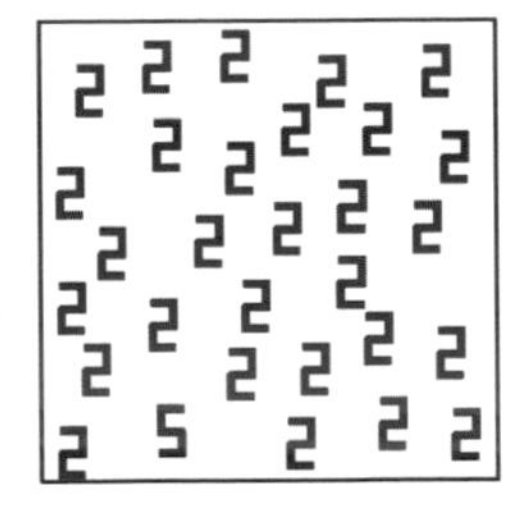

圖 29：搜尋難題。這每個框裡的數字 5 都不會凸顯出來。你必須好好搜尋。© DONALD HOFFMAN© DONALD HOFFMAN

不過有些差異並不會一眼就看見。圖 29 中的 5 很難找到，而且隨著它周圍出現更多物件，還會更難找到，如最右圖所示。

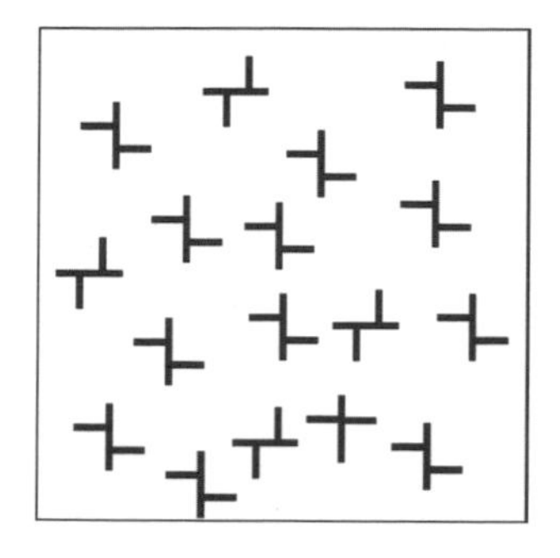

圖 30: 搜尋難題。左框中的＋，還有右框中的直立的灰色 T，都不會凸顯出來。© DONALD HOFFMAN

同樣地，在圖 30 的左圖中，有個十字很難找出來；還有在圖 30 右圖中那個直立的灰色 T 也很難找出來。

有些視覺線索——色彩、尺寸、閃爍、運動、對比和方向性——會從視覺亂局中自動跳出來引起注意，這些稱為「外因線索」（exogenous cue），因為即使我們不主動搜尋，這些線索仍能爭取到我們的注意。細心的攝影師了解這種線索的力量，在編修照片時會把這些東西拿掉，以免分散觀賞者對拍攝主題的注意力。沒有新娘會希望自己的照片背景有一條亂入的線或者高對比的雜物，把觀賞者的目光搶走。照片上若有高對比的邊緣，這些邊緣本身就會很搶戲。攝影師有時會給照片加上暗角，使畫面的亮度逐漸往邊角降低來消除這種干擾，讓目光停留在主體上。

善用畫面自動凸顯的力量是廣告成功的關鍵。每一則廣告都是為觀賞者定下一套尋覓策略，無一例外。你的廣告是讓觀賞者的眼睛瞎忙一場呢？還是能引導眼睛逐一採集到你想傳達的事實和情緒？[6] 我們要是以為視覺只是一臺記錄客觀現實的相機，就誤解了人在看廣告的時候是什麼機制在運作。不要把視覺想成相機，而是要把視覺、以及我們所有感官，想成是天擇演化而來的搜尋工具，用來尋找適應度的關鍵資訊。

圖 31：櫥窗陳列。這樣的陳列讓人很難找到品牌或產品資訊。© DONALD HOFFMAN

圖 31 是某高檔購物中心裡一家運動服裝店的入口櫥窗，充滿了令觀賞者分心的線索（本圖的彩色版請見彩色頁圖 J），最糟糕的是櫥窗左上角和右上角的明亮反光，其他地方也有很多比較不強烈的反光。這些亮度和色彩上的對比，把目光引到了死胡同。觀賞者走過時，反光也跟著在櫥窗上移動，使得吸引注意力的目的更難達到。解決這個要用無反光玻璃。

不過就算少了反光，這樣的陳設仍宛如一片視覺叢林，迴盪著來自四面八方的虛假呼喊。這裡面有一片雨林，兩幅傑克遜·波洛克（Jackson Pollock）的畫，一堵沒來由的橙色牆面，打在僵硬假人光頭上的單調高光，左邊還有一個指涉對象不明的東西用單手吊掛在那裡——這一切都是無意義的干擾。有一個關鍵訊息要仔細看才看得到：「任何活動都能快乾透氣。」穿著汗衫的假人原本應該是主角，卻因為缺少適當照明和對比而毫無存在感。

如果視覺像相機，會記錄每個細節，那麼這套陳列或許就能成功，因為資料全都在那裡了。但視覺並不是被動的相機，而是個沒耐性的獵人，無時無刻都在獵取適應度收益，它可能會不抱希望地瞥一兩眼這個櫥窗，然後就放棄繼續往前走，根本沒機會看到快乾透氣這個難以發現的關鍵訊息。

相形之下，著名的 iPod 廣告就全面捨棄了不必要的凸顯設計。這些廣告的背景只有一抹大膽但單一的顏色，前景則是一個陶醉得手舞足蹈的黑色剪影，沒有任何特徵，除了這一點：白色耳機牽出兩條白線，沿著黑色剪影往下自然延伸，最後匯聚到剪影的一隻黑手握著的白色 iPod 上。不需任何文字，也沒有用到文字。適應度訊息清楚明瞭——iPod 等於陶醉：還有問題嗎？

圖 32：根據亮度對比區分群組。我們看到圖中有水平群組，圖右有垂直群組。© DONALD HOFFMAN

我們用視覺搜索值得注意的訊息時，會把有共同主題的訊息分組，讓訊息更容易整批一起關注或一起丟棄。舉例來說，圖 32 最左圖的 16 個圓點，可以根據對比度分組為橫列，如中間的圖，或者分組為直行，如最右圖。

可以依形狀分組，如圖 33 所示。

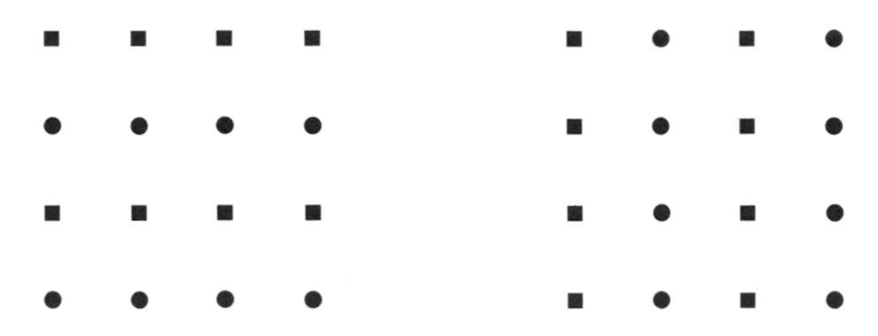

圖 33：依形狀區分群組。 我們在圖左看到水平群組，並在圖右看到垂直群組。© DONALD HOFFMAN

可以依大小分組，如圖 34 所示。

圖 34：依尺寸區分群組。我們在圖左看到水平群組，並在圖右看到垂直群組。© DONALD HOFFMAN

可以依色彩分組，如圖 35 所示（本圖的彩色版請見彩色頁圖 K）。

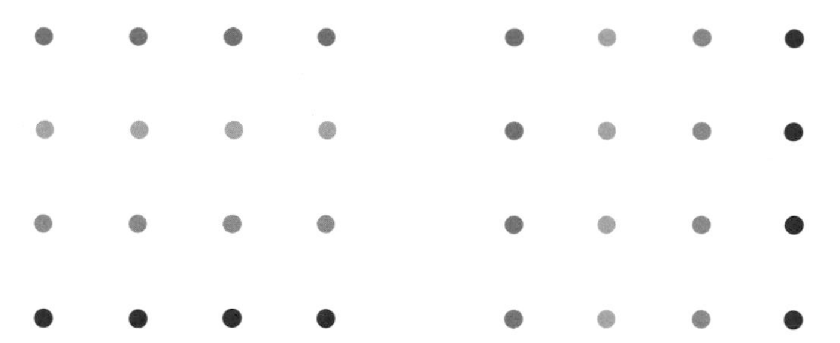

圖 35：依色彩區分群組。我們在圖左看到水平群組，並在圖右看到垂直群組。© DONALD HOFFMAN

可以依方向性分組，如圖 36 所示。

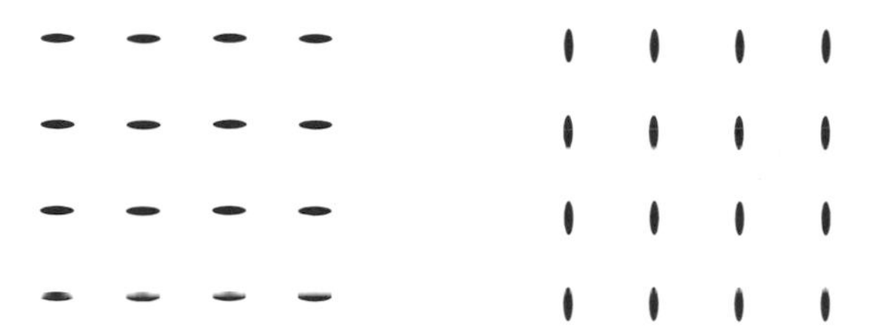

圖 36：依取向區分群組。我們在圖左看到水平群組，並在圖右看到垂直群組。© DONALD HOFFMAN

可以依接近程度分組，如圖 37 所示。

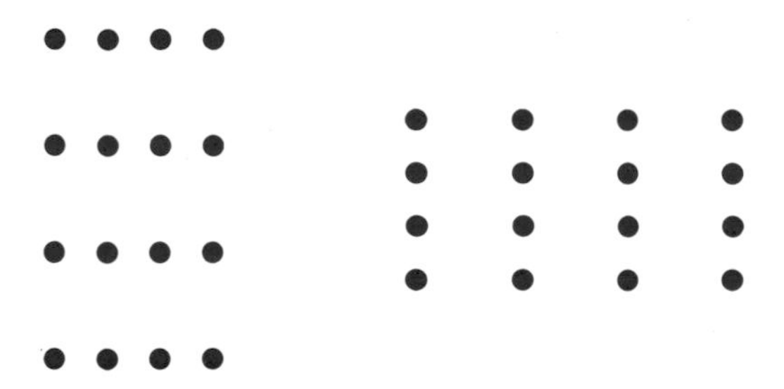

圖 37：依近接性區分群組。我們在圖左看到水平群組，並在圖右看到垂直群組。© DONALD HOFFMAN

還有其他有效特徵沒有列入，如閃爍、運動和深度。

特徵的取捨可能造成分組的取捨。如圖 38 的左圖，方向性和接近程度共同創造出水平群組。而右圖，接近程度壓過了方向性，因此變成垂直分組。

分組能輔助搜尋離群單元。如圖 39 的 A，要找出特立獨行的線段得花一番功夫。不過在重新排列線段來促成分群之後，如圖 39 的 B，離群單元就凸顯了出來。這個技巧適用於店內銷售，滿貨架的商品會讓購物者看得眼花撩亂，但依照顏色、對比和其他特徵把商品分組，那個貨架就可以讓人開心選購。

圖 38：依取向和近接性來區分群組。我們在圖左看到水平群組，並在圖右看到垂直群組。© DONALD HOFFMAN

分組是資料壓縮的一種形式。例如圖 39 的每個線段各有方向性；圖 39 的 A 部分，視覺系統被迫逐一描述各線段的方向性，然而圖 39 的 B 部分，視覺系統就能以精實得多的方式來完成描述：左邊的 18 條線段是水平方向，右邊的 18 條線段是垂直方向，只有一條斜向線段例外。分組能把一種描述套用到整個組，無須喋喋不休地每個項目都重覆描述一次。這種壓縮能協助我們找出準確的不同點；如圖 39 的 B 部分，斜線段被凸顯了出來。

注意力會被外因線索拉走，但也可以被控制來尋找內因目標。

若你在找一顆檸檬，那麼所有黃色的東西都會變得比較顯著，好幫助你搜尋。大腦皮層枕葉 V1 區的神經活動和顯著性（saliency）相關，也與因應目標所做的調整相關。[7] 鄰近的神經元表徵的是視覺世界中鄰近的位置，因此整批 V1 神經元會形成視覺世界的一張地形圖——也就是顯著性地圖。一個神經元對一種特徵——比方說某個顏色——的主動反應，會抑制鄰近的神經元也對那個顏色做出反應；這種側抑制（lateral inhibition）會降低視野中較常見特徵的顯著性，強化罕見特徵的顯著性。一項內因目標，比方說找到一顆柳橙，就能強化對這個目標的相關特徵有反應的神經元活動，進而改變這幅顯著性地圖。例如，你在圖 40 中尋找黑色，那麼一片黑色 X 就會占據你的注意力；相反地，你要是尋找白色，那麼一片白色 O 就會進入你的注意範圍，這時那個白色 X 就會自己跳出來。

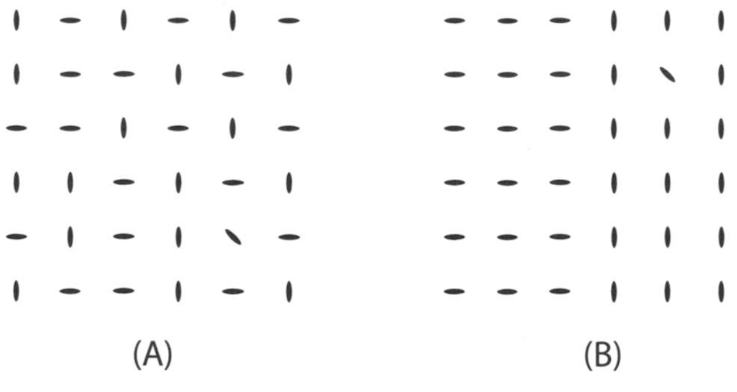

(A)　(B)

圖 39：區分群組和搜尋。要在右側找到歪斜的線條，會比在左邊尋找來得容易。© DONALD HOFFMAN

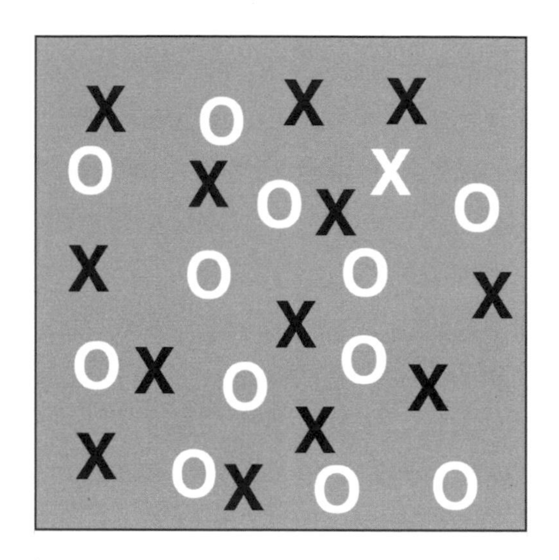

圖 40：內在注意力和搜尋。關注白色讓白色 X 凸顯出來。© DONALD HOFFMAN

如果你的目標是要看看有沒有老虎躲在灌木叢裡，那麼你在找的就是一個色彩眾多的標的物，要是你在你的顯著性地圖上選錯了顏色來強化，這個錯誤可能會終結你的性命。所以天擇把我們塑造成懂得慎選要強化的顏色。老虎身上的黃色和灌木叢的顏色一樣，所以選黃色就錯了，因為強化這個顏色根本分辨不出是老虎還是灌木叢。因此你會聰明地強化老虎特有的橙色，讓老虎的條紋在視覺上從一片灌木叢中跳出來，這樣老虎才不會真的跳到你身上來。[8]

然而，找對了標的物的特徵來強化，也不能擔保它一定會從場景中凸顯出來。你可能需要先搜尋一下，你的眼睛才能鎖定視覺目標——例如捕食者或獵物。你若能搜尋得很快，就比較可能及時找到獵物，把牠加入你的菜單，或者及時找到你的捕食者，把你自己從牠的菜單上刪掉。基於這個理由，天擇把你的搜尋塑造成很講究效率，你的眼睛只會看到標的物特徵豐富的區域，而且很少再回頭看。你要是檢查了一個點，沒有找到標的物，那麼你的視覺系統就會記住那個點，之後通常不會再派你的眼睛回去那個點做白工。這個好用的辦法稱為「返回抑制」（inhibition of return）。

好用是好用，但不是萬無一失。假設你餓了，正在找一顆成熟的蘋果，你的視覺系統很盡責地強化你顯著性地圖上那些展現出蘋果獨有特徵（比方蘋果的紅色）的區域，然後從你的視野挑出顯著性最高的點，把你的眼睛帶過去看那個點，把那個點擺進那個充滿視覺細節的小窗口，再把找出來的適應度訊息解碼。假設你得到的訊息是紅葉，若你正在尋找易燃物來生火的話，那可能是一個有用的訊息。不過你很餓，你要找的是蘋果，所以紅葉並不符合需求。你的視覺系統很勤奮地觸發返回抑制技巧，這樣它就不會笨笨地再回去看那片紅葉，然後派眼睛到下一個它關心的、顯著性次高的點。假設它在那裡找到紅石頭。哎，不是蘋果。不用再檢查那裡了。啟動返回抑制。目前一切順利。繼續前往下一個點。解碼新的訊息。新訊息是老虎。哎，不是蘋果。不用再檢查那裡。啟動返回抑制……

這就糟了！如果你看到的不是你要找的，在大多數情況下，啟動返回抑制是明智之舉。但這次可能是你最後一次犯錯，老虎雖然不是你要找的訊息，卻是你不能忽略的訊息；不只是老虎，任何牽涉到捕食者或獵物的訊息都是。若有個狩獵採集者想找一顆蘋果，結果卻瞧見了一隻蹄或掌爪，那麼返回抑制就是錯誤之舉。

簡言之，我要是看到一隻動物，不管是捕食者還是獵物，我就不應該繼續找蘋果或者任何東西，而是要開始監看牠的動靜。演化心理學家約書亞．紐烏（Joshua New）、科斯米德斯和托比深信這個道理，因而在 2007 年提出一個看法，認為我們演化出一種「動物監看」（animate-monitoring）系統，用來偵測並監看視野中的任何動物。我們到目前為止討論的注意力歷程（不論基於外因線索還是內因強化作用），靠的完全低層級的特徵，如色彩、形狀和閃爍等。相對地，動物監看系統並不是針對低層級特徵，而是一個類別的物——動物。[9]

紐烏、科斯米德斯和托比用改變視盲實驗來測試這個看法。每次試驗，都讓一位觀察者先看空白螢幕，接著看一張複雜自然景色的照片四分之一秒，之後是空白螢幕，接著又是同一張照片，不過有一個重要的改變——裡面的一個物體被刪除了。這個架構序列不斷重覆，直到觀察者察覺改變為止。為使觀察者誠實回報，有三分之一的試驗是「陷阱試驗」（catch trial），照片沒有改變。

有些試驗照片改變的是會動的生物：一個人或一隻動物。有些試驗改變的是不會動的物：一棵植物、可移動的人造物（例如訂書機、手推車）、固定不動的人造物（如風車、房子），或者運載工具（如汽車、廂型車）。

一如實驗前的預測，如果照片上改變的是動物，觀察者會比較快察覺到，比察覺不會動的東西平均快了一到兩秒鐘，差異很顯著。或許有人會懷疑，速度是不是犧牲準確度換來的，畢竟倉促可能就潦草。結果正好相反，會動的生物每十次改變中，觀察者只弄錯一次，而不會動的物，則是每三次就弄錯一次。我們察覺動物的改變不但更快，還更準確——這在演化上有很充分的理由。

在現代都市環境，車輛已經比動物更常見也更危險，然而和察覺車輛的改變相比，觀察者察覺動物改變的速度更快，也更準確。若演化早在車輛出現之前，就已經把動物監看內建到我們的知覺系統之中，那麼這就是料想得到的結果。今天我們的眼睛尋覓適應度使用的策略，是我們的祖先在更新世時演化出來的——那個地質時代的特點是反覆出現冰川作用，從 250 萬年前持續到距今短短 1 萬 1700 年前。

我們可以利用這些古老策略來設計現代行銷術。假設你賣的是橙色瓶裝的肥皂，一個顧客逛過來，但她在找競爭對手的藍色瓶裝肥皂。她瞄一眼你的瓶子，知道那不是她要找的顏色，於是對你貨架上橙色瓶子啟動返回抑制，從此無視你的產品。這有助於她的搜索，卻害了你的業績。

怎麼辦？你要怎麼讓她中斷對藍瓶子的搜索，把寶貴的注意力集中在你的橙色瓶子上？你可以觸發她的動物監看系統。一個方法是比方說在你的瓶子上印或貼一隻貓或鹿的圖案。這可能有用，但很不含蓄，而且一旦競爭對手也領悟到這點，他們也可能在瓶子上放動物，消除你的競爭優勢。

要含蓄一點，你可以不必秀出整隻動物，只要露出某些部位——眼、手、爪、臉等等。瞥見一隻眼睛，以觸發動物監看系統的目的來說，就是瞥見一隻野獸用那隻眼睛回望你。[10] 這是天擇造成的：人要是只在看到整隻動物時才開始關注，他可能就會錯過一餐，或者變成野獸的一餐。訊息告訴你那是眼睛，就是在告訴你那裡有一隻動物是那隻眼睛的主人，你必須注意牠。

這個廣告策略——只用動物的局部，而非整隻動物——確實比較低調，不過還是不夠含蓄。生存競爭會解決這一點。

演化的邏輯指出了一個較佳策略。你要確認你看到的是一隻眼睛得花點時間，而要是花太多時間，你就可能沒辦法及時行動好捕到一餐，或者變成別人的一餐。所以天擇偏愛捷徑：任何稍微有點像眼睛的東西都會贏得你的注意，即使只是短暫的注意。

你大概還記得，澳洲那種雄甲蟲對牠愛侶的本質不太講究，牠對玻璃瓶和雌甲蟲同樣滿意；雄駝鹿對雌駝鹿和青銅野牛同樣著迷；黑脊鷗的雛鳥會跟母親討吃的，也會跟一個畫了紅色圓盤的長方形紙板討吃的；灰雁除了樂意孵自己的卵，也很甘願孵一顆排球；雄刺魚會為了保衛地盤而義無反顧地和另一條雄刺魚搏鬥，也會同樣認真地和一塊一點都不像魚的木頭搏鬥，只要它的腹面塗成紅色就行。動物行為學家有一整個寶庫都是這種例子。天擇塑造的知覺經常把類別看得很寬鬆。[11]

這開啟了一個目前仍大半尚未開發的新世界，行銷和廣告可利用這些新的可能性來進行破壞性創新。購物者的目光，就像甲蟲和駝鹿的眼睛，要靠捷徑和技巧來引導注意力，[12] 懂得這種運作法則的人，就能用精心設計的圖示隨心所欲地引誘它。這裡面的麻煩——同時也是機會——在於，我們對人類視覺在察覺動物上安排了哪些技巧和捷徑了解得很少。什麼樣的簡化圖示依然有辦法誘使購物者看過來，就算只維持片刻也好，是一張臉、一隻手、一顆眼睛，還是一隻蝴蝶？我們不知道。好幾年前，我走在一間店裡的走道上，眼睛突然被一瓶洗髮精吸引住，那上面印了一個閃耀的虹彩環。「閃耀」這個外因線索無疑引起了我的注意，不過我不自覺地緊盯著那個環看。或許閃耀的環是在告訴觸發動物監看的視知覺，說那是「眼睛」？還有哪些簡化的圖示可能代表眼睛而觸發這樣的監看功能？也不只是代表眼睛的圖示，還有哪些代表人類與其他動物身體部位的圖示有這樣的作用？為了回答這些問題，我們必須以嚴謹的實驗來回推天擇如何在人類視覺中內建直觀推斷的機制。

我低估了這裡面的真正潛力。雄甲蟲不是對雌甲蟲和啤酒瓶一樣喜歡，而是喜歡啤酒瓶遠超過喜歡雌甲蟲。黑脊鷗幼雛不只是和喜歡母鳥一樣喜歡有圓盤的硬紙板；而是圓盤愈大，牠喜歡硬紙板的程度就遠超過喜歡母鳥。刺魚不只是把有紅漆的木頭當成另一條公魚一樣跟它打鬥，而是紅漆的部分愈大，牠就愈會拋下真正的公魚去攻擊那塊無害的木頭。男性智人對女性天然乳房的喜愛不是和隆過的乳房一樣，而是隆乳後北半球的凸率如果是自然界看不到的，他喜歡的程度遠勝天然乳房。[13] 一張臉的誇飾漫畫不是和照片一樣好認，而是更好認。[14]

這些都是「超常刺激」（supernormal stimuli）的例子。[15] 生物的知覺在演化的塑造下，是以滿足所在生態區位的要求為前提，盡可能用最低成本來追蹤適應度——而非追蹤真相。超常刺激暗示了適應度代碼是什麼。黑脊鷗幼雛在牠的生態區位中，以一個簡單的代碼就能取得成功：較大的紅色圓盤代表較佳的取食機會。

這一點蘊含的行銷意義很清楚。天擇在消費者視覺系統中內建的視覺碼，若能由經過設計的簡單圖示加以利用，能產生吸引注意的超常力量。這樣的圖示可能很含蓄，因此競爭對手很難以逆向工程來破解，但效能卻很強大。用在品牌行銷上的圖示，情感導入也至關重要，目的不只是吸引注意力，還要吸引到正確的注意力，因此需要的通常是能把品牌連結到一種特定正向感受——比方說聲望與財富，或者粗獷和健康——的圖示。露出獠牙的圖示會吸引注意，但這種注意不是我們要的，除了殭屍電影和萬聖節服裝廣告之外。精心設計的圖示能把視覺特徵在深思熟慮下誇大，吸引注意並觸發想要產生的感受。

例如，假設你要一個能吸引注意，感覺很有魅力的眼睛圖示。我們在第二章提過，女性的眼睛若是具備虹膜大、瞳孔大、鞏膜帶藍色、有明亮的高光，還有顯眼的角膜緣環這幾個特徵，看來就比較迷人；此外肯定還有尚未被發現的重要特徵。行銷團隊的挑戰是創造一個能抓住這些特徵的圖示——或許是一個以風格化表現手法呈現，或是比較抽象的眼睛——來產生超常效果。以目前而言，鑑於科學知識的限制，或許要仰賴平面設計師的直覺和才華，才能達成最好的成果。但要是有一家企業在演化理論的引導下做實驗，學會破解智人眼睛吸引力的視覺碼，它就能運用這樣的知識創造出能操控這種代碼以產生強大效應的圖示。

這只是舉一個例子，這個浩瀚的領域大半尚未探索。如前面討論過的，腦皮質活動有三分之一和視知覺相關，若把其他感官的知覺也納進來，那麼要探索、破解的感官編碼還真不少。其中有些，說不定大部分，都是義大利麵式碼（spaghetti code），結構雜亂笨拙，就像我們眼睛把感光受體隱藏在神經元和血管後面那樣不聰明。我們的知覺是物種專用的使用者介面，不是看見真相的窗口，而且它的底層程式碼是一大片拙集（kludge），僅偶爾出現一些不連貫的高明段落。視覺並不是在模擬一個要重建客觀真相的理想觀察者，而是一個倉促寫成、只求滿足基本功能的程式介面。它告訴我們恰好夠用的適應度訊息，只求讓我們在自己的生態區位上活到能生養後代。了解了這一點，並讓它引導我們對實驗的選擇，這就是知覺科學、行銷學和產品設計上很有潛力的研究方向。[16]

我們知覺介面的線路設計就是用來檢測、監看捕食者和獵物的。我們已經看到，天擇安裝這套線路的邏輯相當明白而且令人信服——讓我們能開心用餐，而不是成為別人的盤中飧。然而，智人的菜單上不是只有肉而已，我們不是肉食動物，而是雜食動物，我們的祖先很早以前就開始吃水果和蔬菜。天擇的線路設計是否也讓我們能偵測到水果和蔬菜，並且記得住生長的位置，因為它們不會動？

優先偵測水果和蔬菜的證據目前還模稜兩可。紐烏、科斯米德斯和托比的實驗發現我們的知覺偵測動物很快，但偵測植物就不一樣。然而他們測試的植物是喬木、灌木和一顆鳳梨。至今還沒有實驗研究過我們對水果和蔬菜的偵測是否經過特別調校。

靈長類動物近期才演化出三色視覺，得以更細緻地分辨紅色和綠色，部分原因可能是為了輔助從綠葉中發現熟果。這個假設很耐人尋味，但目前仍有爭議。[17]

然而，紐烏和同事在一處農夫市集所做的一項實驗發現，我們對食物的位置記性很好，而且熱量愈高的食物我們記得愈清楚（就算那種食物不太受歡迎）；此外，女性這方面的記憶比男性好。[18] 這個結果很合理，記憶和知覺一樣，也是為了適應度演化而來，我們的記憶對往事提供的報告，並不比我們的知覺對當下提供的報告真實。記憶和知覺處理的都不是客觀真相，兩者處理的都是適應度，這是演化國度的唯一貨幣。難怪能提供較多適應度的水果和蔬菜，能獲得更多記憶。

這顯示了食物圖示能強化我們對產品的記憶，如同動物圖示能強化我們對產品的注意。當然，對於這種能成功駭入我們的視覺碼、偽裝成高適應度食物的圖示，在操作上必須審慎。做錯了，圖示可能為產品貼上難吃又不值得記憶的烙印；[19] 做對了，圖示就會有超常表現。要是加入高檔食物的色質，例如蜂巢，可能會大幅增強記憶。

總結一下。我們的眼睛是記者，負責採訪適應度這條線，挖獨家新聞，尋找值得解碼的適應度情報。一則訊息一旦解碼，通常就會以一種標準格式出現。我們把解碼後的訊息看成是空間裡的物，它的類別、形狀、位置和方向性告訴我們如何採取行動來蒐集我們需要的適應度點數。我們到處打探如何便宜取得適應度，汲汲營營於可找到的任何一絲線索。外因線索能吸引我們注意：深度、閃爍和運動，還有尺寸、色彩、亮度或方向性的對比。內生目標會改變外因線索的顯著性，你尋找梨子，它的特有綠色就會更顯突出。我們無時無刻都在注意會動的生物，或許也會注意高熱量食物。我們搜尋適應度收益時的策略方案庫，也會提高搜尋過程本身的適應度。

不過我們的方案庫中還有另一種技巧，叫做劇本式注意力（scripted attention），它的作用最好是舉例說明。有一家牛仔褲大廠請我評估他們新的平面廣告，廣告的主視覺是一位體格健美、帶著迷人笑容的男子穿著牛仔褲。這個構想不錯，因為它觸發了消費者內心想要監看人和動物的注意力模組，同時把健壯、陽光等正向屬性與品牌連結在一起。公司的識別標誌以鮮豔色彩和高對比呈現，這是用外因線索來吸引注意力的好辦法。但這則廣告的缺失在於，它誤導了消費者的注意，因為它把劇本式注意力的角色演壞了。

理由如下。我們是社會性物種，你在尋覓適應度時，會注意到其他人的尋覓地點，他們關注的地方你也會關注。畢竟別人注意那個東西的理由，說不定也是你會想注意的理由。或許他們看到了你錯過的重要適應度資訊：一隻躲在暗處的母獅、一口美味的食物、一位益友、一個死敵。你可以從他們的身體、臉部和眼睛的朝向，來推測他們在關注哪裡，然後把你自己的注意力轉移到和他們一致。

在這則牛仔褲廣告中，模特兒的身體、臉孔和眼睛全都朝著一個方向——背向標誌，對著虛空。模特兒背棄了他自己的廣告，他的身體，從頭到腳，都在告訴消費者一個清楚的訊息：別管這個產品了——那邊還有一個更值得注意的東西，在你左邊。要是左邊正好是競爭對手的牛仔褲廣告，那麼模特兒就在不經意中告訴消費者，對手的牛仔褲比他自己的更值得關注。行銷預算這樣花實在不太合算。

幸好這容易解決。我把廣告兩邊左右對調，讓模特兒把觀者的注意力導向牛仔褲公司想要的地方——他們的標誌。這是劇本式注意力的一個例子：利用我們對當下脈絡的認識，來約束我們尋覓適應度的方式，讓我們能以更高的速度和精確度來尋覓。以「觀察一個人」這個脈絡來說，我們的劇本引導我們根據那個人的臉和身體，來看他專注在什麼事物上。

我們也會安排其他劇本來引導注意力。在店裡，你並不會往天花板或地板上找產品，你只會注意貨架。在你的浴室裡，你知道該往哪裡找肥皂和刮鬍刀。在美國開車，你右轉前會先看左邊；在英國則相反。你要是從美國飛去英國，租了車，那要祝你好運——我敢說你的劇本會使你的注意力不知道要擺在哪裡，可能會出亂子。在一種脈絡下能維持適應度的注意力劇本，換到另一種脈絡卻可能將它扼殺。天擇為我們內建了學習新劇本的能力，能隨環境改變而改寫劇本。

我們對人的劇本指引我們跟隨人的目光，但不只如此，它會指引我們看手。那隻手想做什麼？指向哪裡？拿著什麼東西？武器？食物？另一個人的手可能瞬間改變你的適應度，變好變壞都有可能。關注手本身就是適應性策略。在我評鑑的牛仔褲廣告中，模特兒的雙手完全沒有在推銷產品，就只是閒著，要是能讓一隻手拿著產品，或者指向標誌，那麼那隻手就能幫助引導注意力。

注意力的標準說明假定客觀現實是貓、汽車等這些在空間和時間中的物構成，而注意力引導我們去觀看、準確感知這些先在的物。但這項假設是不成立的。就智人的感官介面而言，貓和汽車都是適應度訊息，我的視線從貓轉向汽車時，我的注意力並不是從一隻先在的貓，轉移到一輛先在的汽車，而是先解碼一封適應度信函，得出訊息是「貓」，然後再解碼第二封信函，得出訊息是「汽車」。在我無止境搜尋適應度的過程中，我會視需求創造出貓、汽車或其他的物，再一一摧毀。

適應度函數很複雜，取決於生物、它的狀態、它的行動，以及客觀世界（不論那個世界可能是什麼）的狀態。適應度的某些層面是穩定的，所以我才能看見我那隻名叫鬱金香的貓，移開視線再轉回來之後又看到牠。我看到的是同一隻鬱金香，因為我解碼的是同一則適應度信函。適應度的某些層面是轉瞬即逝的，我向左跨一步，再重新看一眼鬱金香，牠看來會有點不一樣，稍微轉了一個角度。我吃兩個漢堡，第三個漢堡對我來說就不像前兩個那麼有吸引力。我知覺到的貓和漢堡的這些變異，反映出這些物所編碼的適應度變異。

我愛我的貓，也喜歡我的車，但我不相信這兩個物在沒有被感知時依然存在。是有一個我不知道那是什麼的東西存在，它觸發我的感官來獲取適應度的編碼訊息，這種編碼的典型寫法（idiom）就是貓、汽車和漢堡——這是我的介面使用的語言。這種俗語完全不適合用來描述客觀現實。

我愛太陽，也不想和我的神經元分離，但我不相信太陽在沒有動物感知到它之前是存在的，也不相信我的神經元能在無人知覺的情況下存在。恆星和神經元，只是我的知覺介面的時空桌面上的圖示。

若我們的感官是天擇塑造的，那麼我們的知覺就不是對客觀現實的真實性質的描繪，就好比我的修圖軟體上的放大鏡圖示，並不是對我電腦裡一支真正的放大鏡的真實形狀和位置的描繪一樣。我點擊放大鏡圖示，照片就會放大，我要是去思考它為什麼會放大，或許我會認定是那個圖示造成的。這樣想是錯的，但只要我只是編修照片，這就是個無害的、甚至有用的虛構概念。不過我要是想做出自己的應用軟體，那麼這個虛構概念就不再是無害的了。我需要了解電腦中被介面隱藏起來的更深層因果關係，同樣的道理，對大多數的科學研究和醫學應用來說，把神經元想成具有因果力——即認為是神經活動導致我思考、行動和產生其他神經活動——是無害的，甚至是有用的虛構概念。但要是我想了解神經活動和意識經驗之間的基本關係，那麼這種虛構概念就不再是無害的了，我必須了解隱藏在我的感官介面的時空格式背後的更深層因果關係。

我的知覺之所以無法讓我看見真相，無法讓我看見太陽自身，是因為太陽自身籠罩在一團適應度收益雲霧之中，這團雲霧決定了我和我的基因的命運。演化堅定不移地把我的知覺引導到適應度收益雲霧上，而非太陽自身。太陽自身影響那團雲霧，繼而影響了我之於太陽的知覺經驗，然而我之於太陽的知覺經驗並不是對太陽自身的描述。電腦檔案影響它在桌機上的圖示，但它的圖示並不描述那個檔案。

我們對時空中的物的知覺，既非客觀現實——即物自身——也非對客觀現實的描述。這是否代表科學永遠不可能觸及客觀現實？不見得。

第十章

社群
意識主體網絡

「沉默是神的語言，其他一切都是拙劣的翻譯。」

——賈拉爾魯丁．魯米（JALALUDDIN RUMI）

「凡真可說的，都可說分明；凡不可說的，我們都必須保持沉默。」

——路德維希．維根斯坦（LUDWIG WITTGENSTEIN），《邏輯哲學論》（TRACTATUS LOGICO-PHILOSOPHICUS）

我們有時可以從黑洞或平行宇宙這樣的地下世界中，找到神祕帶來的喜悅，此時此刻坐在椅子上的你就能感受到。黑咖啡的味道、打噴嚏的聲音、你的身軀壓在椅子上的感受——這些日常經驗究竟從何而來，比任何科學的神祕更耐人尋味，也更令人百思不解。你的大腦是怎麼演出這場魔術的？要如何揮舞魔杖才能讓這 1.4 公斤重的血肉產生有意識的心智？這個問題至今依然未解，但看來並不是因為我們資料不足：科學期刊上滿滿都是大腦正在變魔術時被我們掃描下來的影像。儘管我們對它的每個動作都逐一細查，但這個機靈的魔術師始終不透露任何祕密。對 1869

年的赫胥黎而言，它的魔術手法簡直和阿拉丁神燈一樣難以捉摸；對今天的我們而言，儘管神經科學有了許多突破，它卻依然同樣無從破解。

為什麼我們會嚴重卡關？我們可以歸咎於魔術師這一行的基本技巧：分散注意力。我們被強大的錯誤提示引誘，把注意力都放在「這裡」——看大腦（或者把大腦連同身體與環境的互動一起看）。我們受了誤導，以為是大腦，或者涉身腦（embodied brain）在表演意識的魔術。簡言之，我們被騙了。

本書很多篇幅都是在勾勒這個情形如何發生。演化把我們的知覺塑造成用來隱藏真相，引導適應性行為，賦予我們一套由時空中的物構成的介面，我們就在那個介面上推論因果關係，並經常取得成功。我要是這樣撞擊母球，讓它擦撞到那邊的八號球，我就能讓八號球入袋並贏到大筆現金。我要是去跟那頭灰熊單挑，為了得到那個蜂巢裡的蜂蜜，很可能我不但拿不到蜂蜜還會把命賠上。對因果關係的熟知，決定了我們在複雜又關鍵的脈絡中的適應度收益：能不能得到配偶、能不能吃到一餐、活下來還是喪命，所以我們的確會、也應該要認真看待這個介面。不過這是虛構的——儘管它能救命，但還是虛構的。熟知發生在我們介面上的這些虛擬因果關係，並不能讓我們更了解客觀現實的內部運作，就跟我們熟知電玩中的虛擬因果關係沒有兩樣：電玩高手知道射擊這挺機槍可以消滅那架直升機，用這面盾牌可以抵擋那記重擊，轉動這個方向盤可以駕駛這輛卡車——然而他同樣不會因為這樣就理解電腦晶片和機器碼的內部運作。

物理學家明白時空連同其中的物都要完蛋了。[1] 愛因斯坦的時空在原理上不可能成為物理界最根本的存在，所以需要一種新的理論，那裡面的時空、物、它們的性質以及因果虛構關係，都建立在一個更原始的基礎上。

對於大多數科學和技術，這種虛構的因果關係很好用，能幫我們了解並利用自己的介面。但一旦我們要設法了解自己的意識經驗，這套虛構情節就很礙事了。這是我們在演化之下與生俱來的知覺，即使最聰明的頭腦也不能倖免，就是這樣的知覺構成知識進展的最大障礙。這種虛構出來的想法深植在每一個意識理論之中，這些理論都和《驚異的假說》有一致的假設，認為意識是從一叢叢的神經元中自然出現的。這個虛構想法就是羅傑．潘洛斯（Roger Penrose）和史都華．哈默洛夫（Stuart Hameroff）一項主張的核心，他們認為意識經驗是在神經微管中某些量子態的有序塌縮（orchestrated collapse）中產生，[2] 也是托諾尼和克里斯托夫．科赫（Christof Koch）一項主張的核心，認為每一種意識經驗都等同於某個因果結構，這個結構整合了資訊，可能是神經性的，也可能不是。[3] 這些看法沒有一個能精確說明任何一種意識經驗，比方說，究竟是哪種有序的塌縮創造出薑的味道？究竟是什麼樣用來整合資訊的因果結構叫做松香的氣味？至今沒有人說得出答案，也永遠不會有，因為這些看法都假設了時空中的物在不被觀察時依然存在，而且具有因果力，所以是不可能成功的。這項假設在介面的範圍內運作得十分有效，跨出介面就一敗塗地：它無法解釋意識經驗如何從涉身腦這類的物理系統中出現。

要是所有在一開始就認定時空中的物存在的理論，都不能解釋我們的意識經驗，那麼該從哪裡開始？什麼樣的新基礎，有可能讓我們把得之不易的心智、物質和兩者相關性的大量資料，整合成一個嚴謹的理論？我們可以用最早在第七章看過的這張圖表（圖 41）來重新表述這個問題。假設我是一個主體，一個能感知、決定並行動的意識主體。假設我對時空中的物的經驗只是一套介面，用來引導我在一個客觀世界——不是由時空中的物構成的世界——中的行動。那麼問題就變成：那個世界是什麼？我們該把什麼東西擺進那個標示為「世界」的方框裡面？

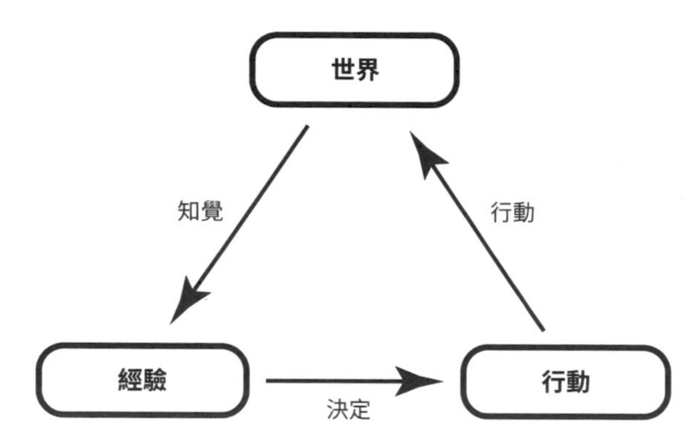

圖 41：「知覺—決定—行動」迴圈。© DONALD HOFFMAN

如此一來，這個問題的形式本身就提出了一些可證明為偽的假設。例如，說不定我誤以為是我在感受意識經驗——我體驗到薄荷茶的味道和燕麥餅的香氣，還有體驗到我自己在喝茶、吃餅乾。說不定根本沒有這樣的體驗，而是我的錯覺。這裡的問題不在於我對自己的意識經驗的看法對不對，心理物理學有清楚的證據證明沒有人是絕對正確的；問題在於，「我相信我有意識經驗」這件事可能根本是錯的。

我不能排除這種可能性。然而，要是我相信我有意識經驗錯了，那麼我相信任何事也都是錯的了。我應該只管吃喝玩樂，反正知道這些樂趣本身都只是錯覺就好。

我們先擱置這種可能性，暫時認同我們有意識經驗，也認同我們對意識經驗的看法不可靠，可能不一致，它的本質和屬性是可以用科學來研究的。此外我們也認同，我們的經驗（有些是我們能有意識地察覺的，但有很多我們察覺不到）會通知我們採取決定和行動；同樣地，這些觀念也能用科學研究來改進、修正。總之，就是認同我們是能感知、決定和行動的意識主體（conscious agent）。對意識主體的概念是建立在普遍共有的直覺上。然而，它定義必須精確，才能承受科學嚴酷、反覆的驗證。[4]

那麼問題依然是；客觀世界是什麼？

說不定我們的世界就是電腦模擬，我們只是在那裡面出沒的虛擬化身——就像電影《駭客任務》或《異次元駭客》（The Thirteenth Floor），或者電玩《模擬市民系列》（The Sims）那樣。說不定我們和我們這個世界是另一個世界的某個阿宅創造出來、被他控制著玩的，然後那個阿宅和他的世界，說不定又是某個較低層世界的阿宅的數位玩物。這種情況說不定是一層一層下去，直到執行最初模擬的最底層。說不定這一層是某個前衛藝術家獨自構想出來的，或是某個超乎我們想像的高等文明合力創造的成果，也說不定是一項測試新物理法則的科學實驗，看能否激發出能以受苦來交換創造力和喜悅的迷人生命形態。

考慮這種可能性的大有人在，包括哲學家尼克．博斯特羅姆（Nick Bostrom）和大衛．查爾莫斯（David Chalmers）等嚴肅思想家，還有伊隆．馬斯克（Elon Musk）等科技創業家，而且它還有一些有利於這種可能性的有趣觀點，例如，時空可能是像素化的，很像電腦螢幕；三維空間是全像式膨脹，就像電玩的虛擬世界。

意識經驗有可能從電腦模擬中跑出來嗎？有些科學家和哲學家是這樣認為，不過沒有科學理論能解釋。有人提出過每一個特定的意識經驗——例如我現在正在品嚐的咖啡的味道——就是一段特定的電腦程式。但目前還沒有發現過這樣的程式，也沒有人知道是什麼樣的原理能把一個程式與一種經驗綁在一起。所以目前這項提議只是清談，不是科學理論。

也有人提出，每一種意識經驗——例如我每次喝咖啡時都能嚐到的味道——都是一個類別的程式。但同樣地，目前還沒發現過這種類別的程式，也沒有人知道什麼樣的原理能把一個類別程式和一種經驗綁在一起。簡言之，我們完全不知道電腦模擬要怎麼召喚出意識經驗。模擬和意識艱難問題是衝突的：若假定世界是一種模擬，那麼意識經驗的起源依然不明。

由此可見，特定意識經驗和神經迴路的特定活動模式密切相關，是一種實證性事實。但並沒有一項從神經迴路切入的科學理論有能力解釋意識的起源。平克指出，我們或許只能接受這一點：「這個理論到了解釋不下去的這最後一塊——主觀感覺起來像是這類迴路的東西——可能必須把它規定為這就是現實的事實。」[5]

平克也許是對的：我們在設法了解主觀經驗的起源時，若從迴路下手，後來就解釋不下去。但是會有別的提案表現得比較好嗎？

面對這樣的問題時，科學家通常會聽從 14 世紀修士奧坎的威廉（William of Ockham）的建言：從能解釋資料的提案中選擇最簡單的那個。這個金玉良言稱為奧坎的剃刀（Occam's Razor），並不是像「否定後件」（modus tollens）這樣的邏輯論證規則。[6] 它可能偶爾會讓人誤入歧途，有一次在亥姆霍茲俱樂部的聚會上，克立克就發現了這種情況並說道：「很多人都用奧坎的剃刀割了自己的喉嚨。」

然而奧坎剃刀理所當然擁有許多明星級的支持者。愛因斯坦曾在 1934 年為它背書：「幾乎不可否認，所有理論的最高目標就是讓不可化約的基本元素盡可能簡單、盡可能少，又不必犧牲對任何一筆經驗資料的充分代表性。」[7] 哲學家伯特蘭·羅素（Bertrand Russell）也在 1924 年表示贊同：「只要有辦法，都應該用從已知實體得到的建構，來取代對未知實體的推斷。」[8]

奧坎的剃刀應用在意識科學時，就是建議以一元論取代二元論，即不以兩類實體、而是一類實體為基礎的理論。為了配合這個建議，意識科學理論在創建時大多走的是物理論（physicalism），認為客觀現實的基本組成要素是時空和它的非意識成份——粒子，如夸克和電子，以及場，如重力場和電磁場。意識必需以某種方式出自這些非意識實體，或者由這些非意識實體引發，或者就等同於這些非意識實體。物理論者尋求的是能落實《驚異的假說》書中看法的理論，相信意識經驗能由一叢叢神經元生成，而神經元本身則是用非意識成份調製出來的。

我們前面討論過，想用物理論的方式建立意識理論的所有嘗試都失敗了，非但沒有產生任何科學理論，連要怎麼建構一個理論的可行想法都沒有。目前為止的每一項嘗試，全都是在意識從非意識成份中迸出來的那一刻，奇蹟就出現了，一隻隱喻的兔子就從帽子裡蹦了出來。我認為這是原理上的失敗：意識根本不可能用非意識成份調製出來。

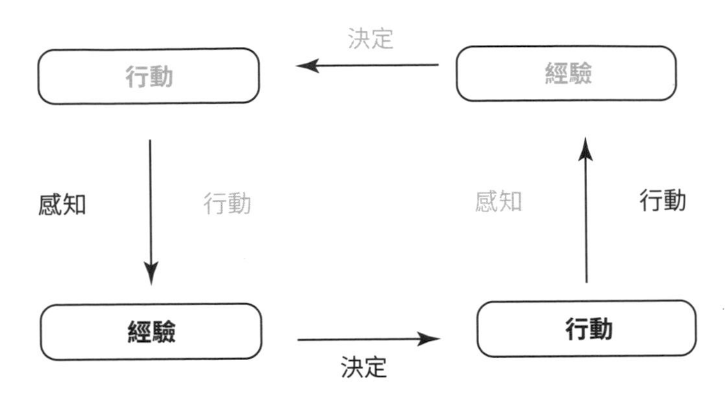

圖 42：兩個互動的主體。© DONALD HOFFMAN

物理論並不是唯一可用的一元論。若我們承認有意識經驗，而且有能感受經驗、並依經驗來行動的意識主體，那麼就能嘗試建構一種科學的意識理論，以意識主體——而非時空中的物——做為最根本的存在，世界完全由意識主體所構成。[9]

例如，設想一個只有兩個意識主體的玩具宇宙，對每一個主體而言，所謂外部「世界」就是另一個主體，到頭來就是兩個意識主體在交互作用。這就是圖 42 的情況，其中一個主體以粗體字顯示，另一個是刷淡字。一個主體如何行動，會影響另一個如何感知，因此一個箭頭同時有行動和感知兩個標示。

我們也可以設想比較複雜的宇宙，裡面有三個、四個，甚至無窮多個主體構成的網絡，網絡中一個主體的感知方式，取決於其他一些主體的行動方式。我稱這種一元論為意識實在論（conscious realism）。意識實在論和知覺介面理論是互相獨立的假說，例如你可以聲稱，我們知覺介面背後的現實，最根本的性質並不是意識的。

要把意識實在論變成一門科學，我們就需要一套數學理論來描述意識經驗、意識主體、它們的網絡和動力學。[10] 我們必須展現意識主體如何產生時空、物、物理動力學和演化動力學，[11] 我們必須找回量子理論和廣義相對論，並把這些具有數學精確性的理論加以一般化，

「可是，」你或許會說，「我們可以很放心地假定，凡是把意識化約到剩下數學的人，肯定忘了他們自己的意識的豐富性，只顧著鑽牛角尖。」

不是這樣。研究意識科學不必從活生生的意識中抽離，如同研究氣象學不必天真看待雷暴，研究流行病學不必漠視人類苦難，研究演化賽局理論不需要保持童貞。恰好相反，正是對活生生的個體充滿好奇，才會想追求嚴謹的、更深入的了解。

「不過適合科學的本體論是物理論。把意識當作根本存在的本體論只是胡說八道而已。拒絕物理論而擁抱意識實在論，就是在擁抱偽科學。」

確實有很多科學家為物理論背書。既然物理論在科學和技術進步中一次又一次證實了它的價值，科學家對其他本體論（如意識實在論）冷眼相看，也就無可厚非了。

然而，科學不對本體論做任何假定。本體論是理論，而科學——用來發展、測試理論的方法——不會授予任何理論特權。每個理論，就像每個物種，都必須競爭才能存續。今天一個在位很久的理論，到了明天可能就像眾多昔日物種，突然就滅絕了。

一個以時空和非意識的物為基礎的物理論已經在位了非常久，加上智人是以時空中的物作為行話來感知適應度，使它得以享有表面（prima facie）的合理性。但這種物理論在某些科學新領域，

如量子重力和生物學與意識的關係，似乎是不適存的。適者勝真者定理的驚人發現——能看見客觀現實的生物，與同等複雜但看見適應度的生物競爭時無法取得優勢——與物理論牴觸，而預告了它的隕落。

「但是意識實在論呢？當然物理論的合理性一定比不上意識實在論的不合理性。難道我們真的要相信一顆肯定感覺不到任何東西的電子，本身是有意識的，或者更扯的說法，是一個意識主體嗎？」

這個異議誤解了意識實在論。意識實在論否認物在未被感知時依然存在，也否認物在被感知時是有意識的；物是我們的意識經驗，它本身不是有意識的。這個異議的正確反對標的是泛心論（panpsychism），泛心論宣稱有些物也有意識，例如電子具有位置、自旋等非意識的性質，但可能同時也具有意識；然而，岩石可能沒有意識，即使構成它的每個粒子都有意識。泛心論似乎不能避開二元論。[12] 有些傑出的思想家曾提倡泛心論，強調意識艱難問題的頑強，以及試圖解決這個問題的人面臨的窘境。[13]

意識實在論並不是泛心論，要更清楚了解它的主張，可以拿一面鏡子來看。你在鏡子裡會看到熟悉的東西——你的眼睛、頭髮、皮膚和牙齒。你沒看到的東西豐富程度遠勝於這些，而且是你同樣熟悉的——你的意識經驗的世界。那裡包含你的夢想、恐懼、抱負，你對音樂和運動的愛、對喜悅和哀傷的感受，以及你雙唇輕觸時的壓力和溫暖。你在鏡子裡見到的臉是三維圖示，不過你從第一手體驗中知道，那張臉後面有一個生動的世界是超越三個維度的，你的意識經驗就在那裡。一個人的臉是一個小門戶，通往他繽紛的意識經驗世界。形成一張笑臉的彎曲嘴唇和瞇起的眼睛，不比 j-o-y 這三個字母更能掌握喜悅的真正經驗。儘管翻譯是這麼貧乏，我們還是能看出一個朋友的微笑，感受到他的喜悅——因為我們是圈內人，從親身體驗知道當一張臉露出真誠的微笑，幕後是發生了什麼情況。同樣基於這種圈內人優勢，我們在看到皺眉時會感受到厭惡，看到揚眉時會感受到驚訝等等，有 20 多種情緒感受。[14]

單憑一個表情就能傳達一個經驗，這樣的資料壓縮比例實在厲害。一種經驗裡面包裹了多少資訊，例如一次愛的經驗？這很難說。我們這個物種以無數歌曲和詩來探索愛，但顯然無法測知它的深度，所以每一代人都覺得有必要進一步探索，用新的歌詞和曲調來奮力揣摩。然而，儘管複雜度深不可測，愛仍然用一個眼神就能傳達。之所以能有這麼經濟的表達方式，是因為我的整個經驗宇宙還有我的知覺介面，和你的是重疊的。

當然裡面也有不同之處，色盲者的視覺經驗有別於我們大多數人的多彩世界；社會病態性格的情緒經驗和我們不一樣，那種差別是連我們在最消沉的時候都無法想像的。不過重疊的部分往往相當大，使我們得以真正地前往另一個人的意識世界，即使只是進到某些部分。若非如此，那個世界我們就看不到了，只會隱藏在我們介面上他們的身體圖示背後。

我們把目光從人類轉移到狒狒或黑猩猩身上，就會發現透過牠們的圖示，我們看不到多少藏在那背後的意識世界。我們和這些靈長類的 DNA 有 99% 相同，但雙方的意識世界相同的比例卻小得多。珍．古德（Jane Goodall）是憑著聰明才智和堅定的毅力才看透黑猩猩的圖示，見到牠的意識世界。[15]

不過我們若再次轉移目光，從黑猩猩到貓、到老鼠，再到螞蟻、細菌、病毒、岩石、分子、原子和夸克，出現在我們的介面上的這些圖示，透露出它背後展現的意識訊息一個比一個少——這裡說的「背後」同樣是電腦桌面圖示「背後」有一個檔案的概念。以螞蟻來說，我們的圖示幾乎揭露不出任何東西，我猜大概連珍古德也無法調查那個意識世界；如果是細菌，我們的圖示更是貧瘠到我們會懷疑那裡面恐怕沒有這樣的意識世界；到了岩石、分子、原子和夸克，我們的懷疑就變成幾乎肯定了。難怪我們會覺得建立在非意識基礎上的物理論那麼合乎情理。

我們上當了。我們把介面的邊界，誤會成我們看見的現實。我們的知覺和記憶容量是有限的，但我們都嵌在一個無限大的意識主體網絡中，它的複雜度超越了我們有限的容量，所以我們的介面只能處理其中一小塊，其他的都必須忽略。對於這一小塊，它必須審慎分配容量——這裡細節多一點，那裡少一點，其他地方幾乎不用。因此，當我們的目光從人類轉移到螞蟻、乃至於夸克時，我們的洞察也隨之衰減。洞察的衰減不該被誤解為對衰減的洞察，以為是客觀現實在先天上愈來愈貧乏。衰減是發生在我們的介面、我們的知覺上的。但我們卻把它外在化，把它定位在現實上了，然後根據這種錯誤的物化，我們樹立起物理論的本體論。

意識實在論把衰減定位在它該在的地方——我們的介面上，而不是非意識的客觀現實上。雖然從人類到螞蟻再到夸克的這一連串圖示，每個圖示背後隱藏的意識世界看起來一個比一個黯淡，但這並不代表意識本身是在一個調光器上。我在鏡子裡看見的臉作為一個圖示，本身不是有意識的，但我從第一手經驗知道，那個圖示背後有一個蓬勃的意識經驗世界。同樣地，我在河床上看到的石頭作為一個圖示，本身不是有意識的，也沒有意識住在那裡面。它是一個指標，指向一個活生生的意識經驗世界，那個世界的活力不亞於我的，只是因為我的圖示的邊界限制而顯得黯淡得多。任何有限生物的知覺，在面對與自身比起來堪稱無限複雜的現實時，都可以預期會遇到這樣的限制。

我宣揚過一種意識理論的精確性優勢，接下來該為意識主體理論加上一些精確性了。我把意識主體的數學定義留在附錄。不過在那個數學定義背後是簡單的直覺。

幾頁前的圖 42 描繪了兩個主體，各有一套可能的經驗和一套可能的行動，兩個主體都能感知、下決定並採取行動。每一種行動之後都伴隨一種經驗，這個經驗可能是主體喜歡的，也可能是不喜歡的。從獅群偷來一具屍骸，是受苦的經驗；摘一顆無花果，是美食的經驗。每一項行動都是對未來的經驗下賭注，有時是賭上一餐或一個配偶，有時是賭上你的命。

要賭得聰明，你必須知道選單上有哪些選項。例如賭馬，你的選項或許包括賭海餅乾（Seabiscuit）跑前三名、前兩名或第一名；或者玩機率更低的三重彩，賭海餅乾第一、祕書處（Secretariat）第二、大紅（Big Red）第三。

意識主體需要有行動選單，還有伴隨而來的經驗選單。在數學上，這種選單稱為可測空間（measurable space），[16] 這是討論機率（如海餅乾的獲勝機率）時需要的最小結構。所以一個意識主體的行動選單和經驗選單都是可測空間。就這樣，沒別的了。這就是意識主體理論能用實驗測試所需的最小結構。[17] 我們要是不能描述經驗和行動的機率，就不能從理論提出實證預測，也就無法用科學來研究。

意識主體是動態的：它能感知、決定並行動。它感知時，它的經驗往往會變；它在決定時，它的行動往往會變；它行動時，其他主體的經驗往往會變。動力學是條件變更。我看到藍莓瑪芬和奶油可頌，決定拿可頌；接著我發現那個瑪芬後面還有巧克力閃電泡芙，就開心地屈服了。我行動上的改變，從可頌到閃電泡芙，是條件式的：取決於我的新經驗，我對巧克力帶來的喜悅產生的誘人想像。每一個新的經驗都招致一個新的行動方案。用數學的說法，這種條件變更就是一個馬可夫核（Markovian kernel）。[18] 意識主體的動力學——感知、決定和行動——在每一次情況都是馬可夫核。就這麼簡單。

綜上所述，意識主體有經驗和行動，這些都是選單（可測空間）。它感知、決定並行動，這些都是條件變更（馬可夫核）。另外它會計算曾經有過多少次經驗。這就是意識主體的全套定義。數學家可以向你擔保，這是簡單的數學運算。

「可是，」你或許會反對，「這個數學運算也能描述非意識的機械主體，所以它並沒有說明到意識的任何事情。」

這個異議只是觀念弄錯了，就好像在說數字能計算蘋果，所以不能計算橘子。可測空間能描述非意識事件，如拋硬幣，但也能描述意識事件，好比味道和色彩的經驗。機率和馬可夫核能描述純粹偶然和非意識決定，但同樣能描述自由意志和有意識的深思熟慮。

意識主體的定義不過是數學。數學並不是領域本身，就像天氣的數學模型既不是、也不能創造雪暴和乾旱一樣，意識主體的數學模型既不是、也不能創造意識。所以，有了這個但書之後，我提出一個大膽的論題，意識主體論題（Conscious Agent Thesis）：意識的每一個層面都能用意識主體來建立模式。[19]

意識主體的定義很精確，這個論題也恨大膽——但不是因為我知道它是對的，而是因為我想要準確地發現它在哪裡可能是錯的，以及如果有可能的話，怎麼修復缺陷。這是科學的標準程序：提出一個清晰的理論，畫出一個大標把，希望有才華的同事能設法用邏輯和實驗來擊落。達到設定的目標時，再設法改進理論。

理論必須能承受反對者的投石與箭矢，但也需要支持者。以下列舉意識主體的一些優點。它在運算上是普遍通用的：意識主體網絡能執行任何的認知或知覺工作，包括學習、記憶、問題解決和物的辨識。[20] 我們目前已經建構出好幾套這樣的網絡，並提供一項傳統神經網絡的替代方案。[21] 意識主體提供了一種很有前景的新框架，可用來建構認知神經科學方面的理論。這種框架不假定生物神經元和它們的網絡是認知的基本構造單位，而是把意識當成最根本的存在，然後再著手展現時空、物質和神經生物學如何成為特定意識主體的知覺介面的組成元件。

意識主體能結合成新的意識主體，這些新的主體又可以結合成更高等的主體，就這樣無止境地下去。兩個或多個主體交互作用時，各自保有本身的主體性，不過合在一起又個例化了（instantiate）新的主體。交互作用中的每個主體愈能從行動來預測自己的經驗，它們的聯合動力學的整合程度就愈高，它們個例化的新主體就更有凝聚力。較高層級主體的決定和行動，能回頭影響它被個例化時的各主體的動力學。

一個意識主體的決定，是該主體在它自己的層級上貢獻的決定，加上它被個例化的各主體貢獻的決定。一個主體在它的層級上所做的決定，可能合乎丹尼爾・康納曼（Daniel Kahneman）所說的「系統二」（System 2）的決定，這是需要實事求是、費力思考的決定，至於它進一步被個例化之後所做的決定，可能合乎康納曼的「系統一」的決定，這是比較情緒性、隨興、自動產生的決定。[22]

主體可以無止境結合成更複雜的主體，但把主體拆解成較簡單的主體放回系統，就不能無止境操作。意識主體的階層結構是有底限的，這個底限就是最基本的主體：「一位元」主體——只有兩種經驗和兩種行動。一位元主體，以及兩個一位元主體間交互作用的動力學是可以完整分析的。[23] 我們有希望把主體的基礎銜接上時空的基礎，銜接上普朗克尺度的物理學，解析出主體如何啟動時空桌面。

知覺介面理論主張我們和客觀現實之間有一面屏幕、一個介面。我們是否有希望穿透那面屏幕，看到客觀現實？意識實在論說有：我們已經見到了現實，它就像我們一樣：我們是意識主體，客觀現實也是。介面的另一邊並沒有康德的本體（noumenon）那種我們永遠陌生，永遠參不透的東西潛藏在那裡。我們會發現的是跟我們一樣的主體：意識主體。它們的變化多端，連令人眼花撩亂的生物多樣性都相形見絀，而史上曾經有多少生物在地球上出現過一遭，最後成了留存在沉積物中的無數枯骨。我們不可能具體想像出新的色彩，連一種都不能；我們更是不敢奢望能夠想像這麼大量龐雜的主體可能擁有的各式各樣經驗，想像得到的只有其中非常微小的一部分。但儘管有這種程度的多樣性，我們仍有一個共通點：我們都是主體，意識主體。

「可是，」你或許會反駁，「你前面不是把『客觀現實』定義為就算沒有人觀察時依然存在的東西嗎？而意識經驗不是有某個主體觀察時才能存在嗎？所以你提出意識實在論，又主張客觀現實是意識主體構成的，這不是自相矛盾嗎？」

的確，為了論述起見，我採用了多數物理論者接受的客觀現實概念。然後我用的演化假設，同樣是大多數物理論者用來反駁物理論和它的客觀現實概念的理由。既然我的論述已經完成，我現在要提出一個新的本體論，以及一個以意識主體、連同它的經驗和結構為核心的客觀現實新概念。

意識實在論說，我們儘管想像力有限，還是有可能找到科學的方式來研究客觀現實、研究意識主體及其交互作用。我們能具體想像一個最多三個維度的空間，但科學理論經常會用到的更多維空間，令我們的想像力無法施展。同樣道理，我們能具體想像的意識經驗只限於智人的小小經驗庫裡面，但我們仍能設計出一個研究所有意識主體的科學理論，儘管其中有些主體的經驗是我們無法具體想像的。

知覺介面理論和意識實在論重新架構了人腦與意識經驗的關係這個經典問題。我們在第一章討論過裂腦患者，博根切開胼胝體時，他的解剖刀把統一的腦分割開來，變成脫勾的兩個半球，這是從介面理論的觀點，用物理論的措辭來描述他的手術。而實際上，從意識實在論的觀點，他的解剖刀把一個意識主體分割成兩個主體。那兩個主體曾經在頻繁互動中個例化一個較高階的主體，如今各自匱乏了。我們已經見到，我們的介面有時會對它背後的意識國度提供未經修飾的見解——微笑表示喜悅，漠然的語調代表哀傷。在這個例子，我們的介面藉著大腦的圖示，對這主體和兩者的結合提供未經修飾的見解——兩團肉以一道胼胝體連接在一起，表示兩個主體在互動中形成一個新的主體；兩個團塊以及一條被切斷的胼胝體，表示昔日結合的主體如今離異為兩個獨立的主體。

更仔細觀察個別半球時，我們的介面也向我們顯示由數十億個神經元構成的重重網絡——或許又同樣提供了未經修飾的見解，使我們看見一個會互動、能個例化較高階主體的意識主體國度。我們再進一步觀察個別神經元，繼而再深入它的化學，到最後深入它的物理學，至此未經修飾的見解就消逝無蹤。

神經科學家或許會反對。「認知神經科學顯示，我們絕大多數的心理歷程都是非意識的。我們並未察覺我們藉以理解並產生話語、下決定、學習、行走、了解，或把眼中影像轉變為視覺世界的複雜過程。這片鋪天蓋地的非意識歷程，顯然與意識實在論主張的現實完全由意識主體構成的說法牴觸。意識實在論擱淺在非意識歷程的淺灘上了。」

不過這又是一個誤會，誤把我們介面的限制，當成對現實的見解。我和朋友說話時，我假定她是有意識的。我不能直接體驗她的意識，因為我碰觸不到，我頂多只能推想我如果是她會是什麼感覺。不過我要是認定，因為我沒有意識到她的意識，想必她是非意識的，那我就錯了。同樣道理，我要是認定因為我沒有意識到我自己的若干心理歷程，那些歷程想必是非意識的，那我就錯了。我可能察覺不到我自己的許多心理歷程，然而對我個例化的其他主體而言，那些歷程本身仍可能是有意識的。

意識主體有一個經驗庫。它和其他許多主體構成網絡，進而擁有一個式樣多到令人乍舌的經驗庫，所以這些奇異經驗中的絕大多數都是它體驗不到的，尤其對於構成它本身的個例化的那個主體階層而言更是如此。主體只是缺乏資源來體驗它個例化中的所有主體的全部經驗，即使這些主體對它本身作出了貢獻。主體充其量也只能運用它本身的經驗庫，用粗筆對它的個例化進行未經修飾的描繪。以人類來說，我們在時空的畫布上畫出一個身體、大腦、神經元、化學物質和粒子。然後我們退開，欣賞自己的手藝，並認定這裡面沒有什麼有意識的東西可以看——這個簡單的錯誤培養了物理論，把意識問題變成一個謎。

意識主體不只是一個經驗庫，它會決定、行動。但它的行動，從定義本身來看，和它的經驗截然不同：比方說，一個主體的圖解有一個「經驗」方框和一個「行動」方框，蘊含的意思是一個意識主體可以有覺察，但同時沒有自我覺察——無法察覺自己的決定和行動。為了覺察到自己，主體必須撥出它的一些經驗、一些知覺介面，來呈現它自己的一部分決定和行動，也就是說它的介面必須有一個圖示或者幾個圖示來呈現主體本身的決定和行動。它要是真能看見自己，也是透過自己的介面看見的——就像透過玻璃，是朦朧的。而且必然是不完整的。

沒有任何意識主體能完整描述自己。因為嘗試描述自己這件事本身就會增加主體的經驗，而由於這些新增的經驗，它的決定和行動的複雜性會成倍數增加，如此又需要更多的經驗，才能掌握那些更複雜的決定和行動，因而陷入惡性循環，無法達到完整。所以意識主體必須至少在某些部分對自己保持非意識。前面提過，意識實在論主張的最根本存在並不只是意識經驗，而是意識主體。一個主體沒辦法完整體驗它自己，不管它的經驗庫有多大。這樣的侷限可能就會產生出一些哲學難題、個人焦慮，也保障了心理治療師的工作。

然而，主體有充分的理由來編造一個自我。你若能體驗到你的行動，和行動帶來的後果，那麼你就能學習。要是這項行動導致那種有害的體驗，那麼你就能學到不要再做這項行動。你對你的內部決定和行動的體驗愈豐富，你就有更多餘裕來與外部世界產生更細微的互動。要認識其他主體，你就必須同時也認識你自己。從這個意義來看，所有知識都是涉身式的

意識實在論還必須兌現另一張本票。它必須從第一原理出發，精確描述意識主體的動力學，然後證明當這個動力學投射到智人的介面上時，如何顯現為現代物理學和達爾文演化論。這是對主體的動力學理論設下的強力實證約束：它在我們時空介面上的投射，必須能說明所有支持現代物理學和演化理論的資料。此外還必須提出經得起實驗檢驗的新預測。

有哪些關於主體的原理和動力學能填補這一空白？我還不確定。不過有一條從意識主體穿過天擇延伸到物理學的線，看起來有機會。物理學的一個基本定律用非正式的話來說，是萬物都會分崩離析。正如詩人威廉・德拉蒙德（William Drummond, 1585-1649）寫的：「月下萬物皆會腐朽，而世間凡人帶來的一切，都終在悠悠光陰中歸於無。」更明確地說，這個定律——熱力學第二定律——的意思是任何孤立系統的總熵值永不減少。熵的破敗是生命的死敵，是腐朽和死亡的傳播者。生命，誠如托比、科斯米德斯和克拉克・巴雷特（Clark Barrett）三位演化心理學者的解釋，只有一種防衛手段：「天擇是已知唯一能把生物族群在熱力學上往上推，進入更高等級的功能秩序，甚至抵銷原本必不可免的亂度增加的自然歷程。」[24]

熵是你缺少的資訊——就像玩室內遊戲「二十道題」（Twenty Questions）那樣，是你會需要用到的是非題數量，目的是填補你不知道的內容。但資訊用意識經驗貨幣來交易時，也同時是意識

主體的可替代商品。或許意識主體的動力學和加密貨幣的動力學相似，只是這個國度的代幣是意識經驗；而防止雙重支付措施投射到智人的時空介面上時，可能就顯示為物理守恆定律。或者像物理學家暨發明家費德里科·法金（Federico Faggin）的看法，認為意識主體的一個中心目標是相互理解。[25]如果是這樣，那麼意識主體的動力學或許有利於能增加相互資訊量的互動，而這種動力學從主體網絡投射到智人的介面時，或許就顯示為天擇演化。這些都是非常吸引人的研究方向，有可能把社會網絡理論的見解——比方能用來描述為什麼谷歌的點擊數超過霍夫曼——連結到演化生物學上適應度函數的出現。

意識實在論促成了一種本體論的發展，這種本體論迥異於主宰了現代神經科學、乃至於更廣泛科學的物理論。只是迥異，但不是全新的。意識實在論和知覺介面理論的許多關鍵想法，都在前人的文獻中出現過，從巴門尼德、畢達哥拉斯和柏拉圖等古希臘哲學家，到萊布尼茲、康德和黑格爾等較近代的日耳曼哲學家，再從東方宗教如佛教和印度教，到伊斯蘭教、猶太教和基督教的神祕支派。英國哲學家暨主教喬治·柏克萊清楚地總結了其中的關鍵看法：「所謂與被感知與否毫無關係的無思想事物的絕對存在，似乎是完全不可理解的。它的存在就是被感知（ESSE is PERCIPI），一旦脫離了感知它的心智或者能思考的東西，它就完全不可能存在。」[26]

如果說意識主體和意識實在論貢獻了什麼新的東西，那就是把哲學和宗教的舊觀念整合成一種精確的、可測試的意識理論，讓那些觀念得以在科學方法的監督之下更加完善。

科學就像哲學和宗教，是人類的志業，並非絕對可靠。人類做過很多嘗試，用第一原理來劃分科學與偽科學的界線，每一次的結果即使是最好的情況都是有爭議的。[27] 科學提供的並不是黃金標準的信念，而是篩選信念的有效方法，它的力量源於它與人性的契合方式。我們是懂爭論的物種，從實驗與演化論的解釋可知，我們的推理能力是在為我們已經相信的理念辯護時，或者駁斥我們不相信的理念時表現得最好。[28] 我們推理能力的演化並不是為了追求真相，而是為了當成社會說服的工具。於是，我們的推理充滿弱點，比方會偏向那些能支持我們已經相信的想法的資訊。科學方法徹底利用了這一套，每個科學家都為自己的觀念辯護，駁斥其他科學家的對立觀念。在這種爭論性的脈絡中，我們的推理表現得最犀利：每個觀念都在擁護者能找到的最佳推理和證據下得到最強力的支持，也都在批評者能找到的最佳推理和證據下承受最猛烈的攻擊。在這些犀利的推理之外，再加上觀念必須精確的要求——最好是數學上的精確——科學的鳳凰得以從人性的弱點中浴火重生。

科學並不是實在論，而是一種求知的方法。它安排我們天性中那些好天使各司其職，鼓吹理性、精確、充實的對話和對證據的渴求，並抑制我們天性中傾向模糊、欺瞞、教條和專橫的部分。對任何能引發人類想像的問題——包括意義、目的、價值、美感和靈性——所做的探究，都有資格從這種安排中獲得全套的好處。所以我們又何必剝奪能增進自己了解的最佳機會呢？

科學和宗教界的大學者有時會提出相反的論點。美國國家科學院在它 1999 年出版的《科學與神創論》（Science and Creationism）中提出：「科學嘗試紀錄自然界的事實特徵，以及發展能協調並解釋這些事實的理論。另一方面，宗教是在同等重要，卻在人類的目的、意義和價值上大相逕庭的領域中運作——這些是科學的事實範疇可能闡明，卻永遠無法解答的主題。」演化生物學家史蒂芬·古爾德（Stephen Jay Gould）也提出類似的主張：「科學和宗教占據了人類經驗的兩個不同領域。強求雙方結合，會使各自的光芒失色。」[29]

理查·道金斯（Richard Dawkins）不同意這個看法，表示「古爾德和其他很多人的這種說法，以為宗教會主動避開科學的地盤，只管倫理和價值，是完全不顧現實的主張。一個有超自然事物在場的宇宙，在根本上和性質上都和一個沒有超自然事物在場的宇宙不同，其中的差異無可避免地，就是科學上的。宗教的主張是關於存在，而科學的主張就是這個。」[30]

我同意道金斯的看法。倘若一個思想體系，無論是宗教還是其他，能提出它想要被認真看待的主張，我們就應該以我們最好的求知方法——科學方法——予以檢視。這才是認真看待它。

有的主題——如上帝、善、現實和意識——都有人宣稱是有限的人類概念無法處理的，因此是科學方法無法處理的。我對主張這種看法的人沒有任何不滿，然後也會保持一貫態度，對這些主題不再表示意見。但要是對方真的繼續談下去，那麼我就會「凡真可說的都可說分明」，並用科學方法去剖析。科學能不能描述我們是誰？我認為能，因為我們能用科學方法來發展並精進關於我們是誰的理論。要是科學不能描述我們是誰，那麼像英語這樣不精確的自然語言，肯定也不能描述我們是誰。我們沒有比科學方法更好的工具來設計解釋。一個從天上下凡而來的解釋，但不能檢驗和辯證，就等於完全沒有解釋。

「可是，」你或許會反駁，「意識研究需要第一人稱經驗，而科學需要從第三人稱觀點取得客觀資料，所以意識無法用科學來研究。」

這個看法是錯的。科學並不是本體論，不研究任何第一人稱經驗發生之前存在的時空和物，而那才是必需從第三人稱立場來研究的。科學是一個方法，能用來檢驗並拋棄本體論。如果我們的知覺是天擇演化而成，那麼根據適者勝真者定理，我們應該拋棄物理論的本體論。我們應該承認，時空和物是智人使用的知覺介面，是我們的第一人稱經驗。對時空中的物所做的科學研究，即使是大規模科學家團隊使用先進技術來執行，也必然是第一人稱經驗的研究。

我看到的月球是我介面上的一個圖示，你看到的月球是你介面上的一個圖示。沒有在未被知覺時依然存在的客觀月球或時空，也就沒有必需從第三人稱觀點來檢視的東西，只有第一人稱的觀察。不過這樣的觀察不會不能用科學來研究，而且這是科學向來僅有的資料。科學把第一人稱觀察結果拿來比較，看它們是否一致；是的話，我們對自己的觀察和這些觀察支持的理論就更有信心。但我們透過實驗研究的每個物，都只是介面上的一個圖示，而不是介面以外的客觀現實的元素。不同的第一人稱觀察對某物、或者某個儀器的讀數看法一致，不代表這個物或讀數在無人觀察時依然存在。

意識實在論的主張很大膽：意識（而非時空和其中的物）是現實的最根本存在，並且能適切地描述為意識主體構成的網絡。[31] 為了站穩腳步，意識實在論必須先完成篳路藍縷的工作。它必須把量子重力理論禁足，解釋我們的時空介面和介面上的物如何出現，接著解釋達爾文演化如何在那個介面上出現，然後解釋人類心理學如何在演化上出現。

意識實在論用一個全新的視角來處理一個科幻母題：人工智慧能不能創造真實的意識？物理論者假定基本粒子是非意識的，但有人推測，若有一個物——非意識粒子的系統——的內部動力學個例化了正確的複雜度，它就能產生意識。複雜的人工智慧能啟動真實的意識。

意識實在論的主張與此相反，認為所有的物都是非意識的。我見到一塊岩石，那塊岩石就是我意識經驗的一部分，但岩石本身是非意識的。我看到我的朋友克里斯，我體驗到的是我創造的一個圖示，那個圖示本身是非意識的。我的克里斯圖示開啟了一個小門戶，通往意識主體的豐富世界，就好比一個笑臉的圖示代表一個快樂的主體。我看到一塊岩石的同時也在和意識主體互動，但我的岩石圖示並沒有提出看法，沒有開啟任何門戶通往它的經驗。

所以意識實在論重新架構了這個人工智慧問題：我們能不能設計我們的介面，來開啟通往意識主體領域的新門戶？一大堆晶片電路並不能讓我們對那個領域產生見解。但晶片透過裝配和編程變成人工智慧之後，能不能開啟一個通往那個領域的新門戶？無論如何我相信可以。我認為人工智慧能開啟通往意識的新門戶，就像顯微鏡和望遠鏡在我們的介面中開啟了新的景象。

我也認為，意識實在論能突破科學和靈性之間的藩籬。這種意識形態障礙是因襲以久的錯誤觀念帶來的不必要錯覺，以為科學要求的物理本體論是靈性的詛咒，而靈性則是科學方法不能參透的。我可以預見在達到最終和解之前會有一段不平靜的休戰期，科學家不會輕易拿物理論來交換意識實在論，宗教家也不會輕易讓古代典籍從一方權威降格為可能出錯的啟示，然後對講求反偶像崇拜的思辨和縝密實驗的科學方法欣然接受。不過到頭來雙方都會了解到，他們並沒有失去任何寶貴的事物，反而還能更清楚地回答我們的最大問題：我們是誰？我們在哪裡？我們的存在所為何來？

我提過意識主體能結合成愈來愈複雜的主體，最終會催生出無限主體，有無限的經驗、決定和行動可能性。無限的意識主體聽起來很像是宗教概念的上帝，關鍵差別在於，無限的意識主體可用精確的數學來描述。我們可以證明這種主體的定理，以及它們與（好比我們這種）有限主體的關係。過程中我們可能會培養出科學神學，會出現具有數學精確度的上帝理論，去蕪存菁之後以科學實驗來驗證。例如，我懷疑無限的意識主體並不是全知、全能與全在的，也不是單獨存在於無限之中。科學神學並不是像普羅米修斯盜火那樣，闖進神聖不可侵犯的古代宗教地盤，而是把我們最佳的認知和實驗工具，運用在我們最關心的問題上。科學神學的抽象發現，必需轉譯成對門外漢而言有實際意義的東西。有了認知神經科學和演化心理學提供的訊息，宗教可以成為一門持續演進的科學，它在日常生活上的應用價值也會持續演進下去。

出自科學神學的上帝理論，並不需要假設有一個無視物理定律的魔術師。這些定律描述的不是非意識現實，而是意識主體——包括有限的和無限的——的動力學，投射成智人時空介面上的語言和資料結構。物理定律描述的不是一部機器，裡面有一個被邊緣化的意識幽靈，必須表演超自然技倆來證明它的存在。意識不必無視科學定律，這些定律本身就是對意識動力學投射而成的描述。

假設你和朋友開車去虛擬實境遊樂場打排球。你套上頭戴裝置和體感外衣，然後看見你的虛擬化身穿著泳裝，在陽光下站在沙灘上的排球網旁，周圍是搖曳的棕櫚樹影和海鷗的清亮叫聲。你發出第一球，開始沉浸在球賽中。打了一會兒，你的一個朋友說他口渴，喝個水馬上回來。他脫下頭戴裝置和體感外衣。他的虛擬化身癱倒在沙灘上，呆滯無反應。但他很好。他只是離開了虛擬實境介面。

我們死的時候，是否只是離開了智人的時空介面？我不知道。不過我們有意識實在論，以及意識主體的數學，不妨就用科學來檢視一下吧。

意識實在論主張，意識是客觀現實的最根本性質。有人警告我這是時代錯置（anachronism），忽略了哥白尼革命的關鍵訊息：重點不在我們。我們曾經認為萬物都是以我們為主，因此地球肯定是宇宙的中心。哥白尼和伽利略發現事實並非如此之後，我們被迫修改天文學，但更重要的是，我們被迫改變自我的概念。我們並不是眾所矚目的焦點。我們依附的是浩瀚宇宙中一個不起眼角落裡的一小塊岩石。我們連小角色都算不上。別人告訴我這就是意識實在論出錯的地方。意識實在論把意識擺在現實的中心，目的是回歸前哥白尼時期，可以天真地以為我們和我們的意識就是宇宙的存在理由。

這個批評錯讀了意識實在論。它並不主張人類意識是核心角色，而是假設有無數種的意識主體，產生無窮多樣的意識經驗，其中大多數是我們無法具體想像的。人類做為意識主體並沒有什麼特別或重要的地位。說意識是最根本的存在，並不是說人類的意識是最根本的或者獨一無二的。

這個批評也錯讀了哥白尼革命。沒錯，我們的知覺讓我們誤解了我們在宇宙中的地位，不過它更深層的訊息是這樣：我們的知覺可能誤導我們對宇宙本身性質的認識。我們很容易誤把我們知覺的某些限制和特異性，看成是對客觀現實的真實見解。伽利略看出了這個訊息，並指認了一些肇事者。「我想味道、氣味、色彩等……都存在於意識之中。因此要是把這個生物體拿掉，這些特質都會被抹除而完全消失。」伽利略否認我們對味道、氣味和色彩的知覺，是對客觀的味道、氣味和色彩的真實見解。他認為客觀現實是沒有味道、氣味或色彩的，這些都是我們的知覺的特徵而已。

伽利略看出這個訊息，朝正確的方向跨出一大步，然後就停了。他依然認為我們對空間中的物的知覺，對它的形狀、位置、動量的認識，是對客觀現實真正本質的了解。我們多數人都這麼認為。

但天擇演化論不這麼認為。它宣告哥白尼革命延伸的範圍超過伽利略的想像，物、形狀、空間和時間都存在意識之中，要是拿掉這個生物體，所有這些特質就不復存在。物理學對此並無異議，物理學家已經承認時空要完蛋了，時空並不是生命戲劇上演的原初舞臺。

時空是什麼？這本書給了你紅色藥丸。時空是你的虛擬實境，那是你自己創造的頭戴裝置。你看到的物是你的發明，你一睜眼就創造出它，一閉眼就把它摧毀。

你戴著這副裝置一輩子了。如果把它拿下來，你想會發生什麼事？

附錄

精確無誤
犯錯的資格

這份簡短附錄呈現一這篇簡短的附錄說明一個意識主體的數學定義。意識主體能形成網絡以執行任何認知工作。若想了解更多細節，有多篇論文推導意識主體的性質及其應用。[1]

> 定義。意識主體 C 是一個 7 元組（seven tuple）$C = (X, G, W, P, D, A, T)$，其中 X、G 和 W 是可測空間，$P: W \times X \rightarrow X$, $D: X \times G \rightarrow G$, and $A: G \times W \rightarrow W$ 是馬可夫核，[2] T 是一個全序集合。

一個意識主體的空間 X 代表它可能的意識經驗，G 是它可能的行動，W 是世界。知覺核 P 描述世界狀態如何影響它的知覺狀態；決定核 D 描述它的知覺狀態如何影響它的行動選擇；行動核 A 描述它的行動如何影響世界的狀態。計數器 T 會隨著該意識主體每次的新決定而增量。X、G 和 W 必須是可測空間，如此才能使用機率和機率預測，這是科學方法的基本要件。這項要件也可以放寬，同時不會失去機率預測：在可數聯集下為封閉的 σ 代數，可放寬到在有限互斥聯集下為封閉的有限加法類。

就如任何有效運算都能（根據邱奇—圖靈論題）依循圖靈機的表述形式來傳達一樣，意識的任何層面和主體也都能（根據意識—主體論題）依循意識主體的表述形式來傳達。[3] 這是可以用反例來駁斥的實證提案。意識實在論的假說是世界 W 是由意識主體交互作用而構成的網絡。

意識主體可以好幾種方式結合，形成新的、可能更複雜的意識主體。[4] 例如，由於數個馬可夫核可以組合成一個新的單一馬可夫核，一個意識主體的決定核也就能用一整個別的意識主體來取代；相同道理，知覺核和行動核也都是如此。可以這樣是因為知覺、決定和行動在數學模型中各為一個馬可夫核。因此，儘管意識主體的基本定義或許乍看之下截然劃分了知覺、決定和行動，實際上是允許它們相互混合的。

兩個主體，$C_1 = (X_1, G_1, W, P_1, D_1, A_1, T_1)$ 和 $C_2 = (X_2, G_2, W, P_2, D_2, A_2, T_2)$ ，交互作用方式如圖 42 所示，結合成單一個主體時，根據意識實在論，蘊含的意義是任何主體與世界的交互作用，都能建立為兩個主體交互作用的模型。我們可以把任何兩個主體的交互作用壓縮為 $\mathcal{G}(2,4)$，這是具有識別標誌 (1, 3) 的時空的共形幾何代數。$\mathcal{G}(2,4)$ 有一個標準正交基底 $\{\gamma_0, \gamma_1, \gamma_2, \gamma_3, e, \bar{e}\}$，其中 $\gamma_0^2 = e^2 =1$ 且 $\gamma_1^2 =\gamma_2^2 =\gamma_3^2 = \bar{e}^2 = -1$；它有 1、6、15、20、15、6、1 維度的階化子空間。它的轉子群同構於李群 SU(2,2)。[5]

假設有兩個有限主體，可測空間的基數各自為 N，我們對每個可測空間元素進行排序，然後在這個任意但固定的順序上，把每個元素加上指標。我們令 $t_1 \in \{0, ..., N-1\}$ 代表 T_1 的一個元素的指標；令 t_2 代表 T_2 的一個元素的指標，以此類推於 x_1、g_1、x_2 和 g_2。然後我們就可以使用 $(x_1, g_1, t_1, x_2, g_2, t_2) \mapsto t_1\gamma_0 + t_2 e + x_1\gamma_1 + g_1\gamma_2 + x_2\gamma_3 + g_2\bar{e}$ 得出的映射 κ：$X_1 \times G_1 \times T_1 \times X_2 \times G_2 \times T_2 \to \mathcal{G}(2,4)$，將這對主體和它的動力學映射到一個離散時空。這裡的幾何代數結構是環 $\mathbb{Z}^N$。映射 κ 將 T_1 引入 γ_0，將 X_1 引入 γ_1，將 G_1 引入 γ_2，將 T_2 引入 e，將 X_2 引入 γ_3，將 G_2 引入 $\bar{e}$，這會誘發一次壓縮，將意識主體的馬可夫動力學壓縮為時空動力學。如此就得出一個最根本的橋，把發生交互作用的意識主體構成的客觀現實，與某個意識主體，好比主體 C_1 在時空介面上對該現實的表徵銜接起來。倘若這個介面占用了 X_1 的一個子集合，而且倘若 X_1 的基數為 N，則它所呈現的 $\mathcal{G}(2,4)$ 表徵必然是環 $\mathbb{Z}^M$ 上的，其中 $M < N$；事實上，M 必然明顯小於 N。這種情況必然是自我指涉的，因為 γ_0、γ_1、γ_2 就分別代表 T_1、X_1 和 G_1。

有一種簡單的網絡是以一對「一位元」意識主體構成，其中 $N = 2$。它壓縮成的離散時空可以對應於普朗克尺度。兩個一位元主體能結合成一個二位元主體，其中 $N = 4$。一對二位元主體壓縮成的離散時空，遠比一位元的情況更豐富。兩個二位元主體能結合成一個四位元主體，依此類推永無止境。在這個極限內，我們接近了一種連續時空表徵，過程中我們把意識主體網絡的無限複雜度，壓縮成一種時空資料格式，把意識主體的網絡動力學壓縮成時空內的動力學。比方說，或許意識主體朝向小世界網絡的動力學演化，顯現在時空中就成為重力動力學。[6]

謝誌

在人類的知識列島上悠遊，可以找到研究的靈感。幸運的話，你會發現新的露頭，甚至找到離岸與更遠方的大陸生態系的誘人線索。

有許多在相關領域探索的學者提供的建議幫助極大，在此感謝以下人士不吝分享看法：Chris Anderson、Patrick Bender、Jordan Biren、Erie Boorman、Lindsay Bowman、Kees Brouwer、Andrew Burton、August Bradley Cenname、David Chalmers、Deepak Chopra、Annie Day、Dan Dennett、Jochen Ditterich、Zoe Drayson、Mike D'Zmura、Federico Faggin、Chris Fields、Scott Fisher、Pete Foley、Joy Geng、Greg Hickok、Perry Hoberman、David and Loretta Hoffman、Eve Isham、Petr Janata、Greg Kendall、Virginia Kuhn、Steve Luck、Brian Marion、Justin Mark、Andrew McNeely、Lee Miller、Jennifer Moon、Louis Narens、Darren Peshek、Steven Pinker、Zygmunt Pizlo、Chetan Prakash、Robert Prentner、V. S. Ramachandran、Don Saari、Manish Singh 和 Jorg Wallaschek。

本書的核心概念出現在2015年的〈知覺介面理論〉（The interface theory of perception）中，這是我和曼尼什·辛格（Manish Singh）以及普拉卡什合寫的論文，發表在《心理計量學公報與評論》（Psychonomic Bulletin & Review）的一期特刊中。有好幾篇縝密的評論隨那篇論文一起刊出，對此我要感謝 Bart Anderson、Jonathan Cohen、Shimon Edelman、Jacob Feldman、Chris Fields、E. J. Green、Greg Hickok、John Hummel、Scott Jordan、Jan Koenderink、Gary Lupyan、Rainer Mausfeld、Brian McLaughlin、Zygmunt Pizlo 和 Matthew Schlesinger。另外特別感謝精心編排那期特刊、並編輯我們的論文的 Greg Hickok。

有些朋友、學生和同事特地費心為本書的初稿提供意見，為此我要感謝 Rugero Altair、Chris Anderson、Emma Brant、Andrew Burton、Deepak Chopra、Coleman Dobson、Maziar Esfahanian、Federico Faggin、Chris Fields、Pete Foley、Max Jones、Greg Kestin、Jack Loomis、Erin McKeon、Chetan Prakash、Robert Prentner、Rob Reid、Jenessa Reyes、Manish Singh、Tony Sobrado、Matthew Tillis、Janelle Vo、Mike Webster 和 Emily Wong。

我要特別向我的經紀人 John Brockman 與 Katinka Matson 致上謝意，他們鼓勵我展開這本書的寫作計畫，也要謝謝 Max Brockman 代我與出版社協商。此外還要謝謝我在諾頓（Norton）出版社的編輯 Quynh Do，她為我潤飾文句，並使關鍵概念更簡明易懂。

承蒙加州大學爾灣分校授予公休假，以及費德里科和愛爾薇亞·法金基金會（Federico and Elvia Faggin Foundation）的慷慨贊助，讓我得以完成本書的撰寫，對此我深深感激。

最後，我要衷心感謝我的妻子潔拉琳．索沙（Geralyn Souza）自始至終對我的鼓勵、耐心與愛。

注釋

序

1. Taylor, C. C. W. 1999. "The atomists," in A. A. Long, ed., *The Cambridge Companion to Early Greek Philosophy* (New York: Cambridge University Press), 181–204, doi: 10.1017/CCOL0521441226.009.
2. Plato, *The Republic*, Book VII.
3. *Spacetime* is thus a technical term from physics. I will use it when emphasizing technical issues from physics and information theory. I will use "space" and "time" separately when emphasizing them as separate aspects of our perceptual experiences.
4. Chamovitz, D. 2012. *What a Plant Knows* (New York: Scientific American / Farrar, Straus and Giroux).
5. Wiltbank, L. B., and Kehoe, D. M. 2016. "Two cyanobacterial photoreceptors regulate photosynthetic light harvesting by sensing teal, green, yellow and red light," mBio 7 (1): e02130-15, doi: 10.1128/mBio.02130-15.
6. This refers to *The Matrix*, a movie in which the protagonist's choice between a red pill and blue pill alters his fate.

第一章 謎團

1. Bogen, J. 2006. "Joseph E. Bogen," in L. Squire, ed., *The History of Neuroscience in Autobiography, Volume 5* (Amsterdam: Elsevier), 47–124.
2. Leibniz, G. W. 1714/2005. *The Monadology* (New York: Dover).
3. Huxley, T. 1869. *The Elements of Physiology and Hygiene: A Text-book for Educational Institutions* (New York: Appleton), 178.

4. James, W. 1890. *The Principles of Psychology* (New York: Henry Holt), 1:146, 147.
5. Freud, S. 1949. *An Outline of Psycho-Analysis*, trans. J. Strachey (London: Hogarth Press), 1.
6. Crick, F. 1994. *The Astonishing Hypothesis* (New York: Scribner's), 3.
7. Sperry, R.W. 1974. "Lateral specialization of cerebral function in the surgically separated hemispheres," in R. McGuigan and R. Schoonover, eds., *The Psychophysiology of Thinking* (New York: Academic Press), 213.
8. Ledoux, J. E., Wilson, D. H., and Gazzaniga, M. S. 1977. "A divided mind: Observations on the conscious properties of the separated hemispheres," *Annals of Neurology* 2: 417–21.
9. https://www.youtube.com/watch?v=PFJPtVRlI64.
10. Desimone, R., Schein, S. J., Moran, J., and Ungerleider, L. G. 1985. "Contour, color and shape analysis beyond the striate cortex," *Vision Research* 25: 441–52; Desimone, R., and Schein, S. J. 1987. "Visual properties of neurons in area V4 of the macaque: Sensitivity to stimulus form," *Journal of Neurophysiology* 57: 835–68; Heywood, C. A., Gadotti, A., and Cowey, A. 1992. "Cortical area V4 and its role in the perception of color," *Journal of Neuroscience* 12: 4056–65; Heywood, C. A., Cowey, A., and Newcombe, F. 1994. "On the role of parvocellular (P) and magnocellular (M) pathways in cerebral achromatopsia," *Brain* 117: 245–54; Lueck, C. J., Zeki, S., Friston, K. J., Deiber, M.-P., Cope, P., Cunningham, V. J., Lammertsma, A. A., Kennard, C., and Frackowiak, R. S. J. 1989. "The colour centre in the cerebral cortex of man," *Nature* 340: 386–89; Motter, B. C. 1994. "Neural correlates of attentive selection for color or luminance in extrastriate area V4," *Journal of Neuroscience* 14: 2178–89; Schein, S. J., Marrocco, R. T., and de Monasterio, F. M. 1982. "Is there a high concentration of color-selective cells in area V4 of monkey visual cortex?" *Journal of Neurophysiology* 47: 193–213; Shapley, R., and Hawken, M. J. 2011. "Color in the cortex: Single- and double-opponent cells," *Vision Research* 51: 701–17; Yoshioka, T., and Dow, B. M. 1996. "Color, orientation and cytochrome oxidase reactivity in areas V1, V2, and V4 of macaque monkey visual cortex," *Behavioural Brain Research* 76: 71–88; Yoshioka, T., Dow, B. M., and Vautin, R. G. 1996. "Neuronal mechanisms of color categorization in areas V1, V2, and V4 of macaque monkey visual cortex," *Behavioural Brain Research* 76: 51–70; Zeki, S. 1973. "Colour coding in rhesus monkey prestriate cortex," *Brain*

Research 53: 422–27; Zeki, S. 1980. "The representation of colours in the cerebral cortex," *Nature* 284: 412–18; Zeki, S. 1983. "Colour coding in the cerebral cortex: The reaction of cells in monkey visual cortex to wavelengths and colours," *Neuroscience* 9: 741–65; Zeki, S. 1985. "Colour pathways and hierarchies in the cerebral cortex," in D. Ottoson and S. Zeki, eds., *Central and Peripheral Mechanisms of Colour Vision* (London: Macmillan).

11. Sacks, O. 1995. *An Anthropologist on Mars* (New York: Vintage Books), 34.
12. Ibid., 28; Zeki, S. 1993. *A Vision of the Brain* (Boston: Blackwell Scientific Publications), 279.
13. Penfield, W., and Boldrey, E. 1937. "Somatic motor and sensory representation in the cerebral cortex of man as studied by electrical stimulation," *Brain* 60(4): 389–443.
14. Ramachandran, V. S. 1998. *Phantoms in the Brain* (New York: William Morrow).
15. Chalmers, D. 1998. "What is a neural correlate of consciousness?" in T. Metzinger, ed., *Neural correlates of consciousness: Empirical and conceptual questions* (Cambridge, MA: MIT Press), 17–40; Koch, C. 2004. *The Quest for Consciousness: A Neurobiological Approach* (Englewood, CO: Roberts & Company Publishers).
16. For more on the puzzles of causation, see Beebee, H., Hitchcock, C., and Menzies, P., eds. 2009. *The Oxford Handbook of Causation* (Oxford, UK: Oxford University Press).
17. Tagliazucchi, E., Chialvo, D. R., Siniatchkin, M., Amico, E., Brichant, J-F., Bonhomme, V., Noirhomme, Q., Laufs, H., and Laureys, S. 2016. "Large-scale signatures of unconsciousness are consistent with a departure from critical dynamics," *Journal of the Royal Society, Interface* 13: 20151027.
18. Chalmers, D. 1998. "What is a neural correlate of consciousness?" in T. Metzinger, ed., *Neural correlates of consciousness: Empirical and conceptual questions* (Cambridge, MA: MIT Press), 17–40; Koch, C. 2004. *The Quest for Consciousness: A Neurobiological Approach* (Englewood, CO: Roberts & Company Publishers).
19. Aru, J., Bachmann, T., Singer, W., and Melloni, L. 2012. "Distilling

the neural correlates of consciousness," *Neuroscience and Behavioral Reviews* 36: 737–46.

20. Kindt, M., Soeter, M., and Vervliet, B. 2009. "Beyond extinction: Erasing human fear responses and preventing the return of fear," *Nature Neuroscience* 12(3): 256–58; Soeter, M., and Kindt, M. 2015. "An abrupt transformation of phobic behavior after a post-retrieval amnesic agent," *Biological Psychiatry* 78: 880–86.
21. Denny, C. A., et al. 2014. "Hippocampal memory traces are differentially modulated by experience, time, and adult neurogenesis," *Neuron* 83: 189–201; Cazzulino, A. S., Martinez, R., Tomm, N. K., and Denny, C. A. 2016. "Improved specificity of hippocampal memory trace labeling," *Hippocampus*, doi: 10.1002/hipo.22556.
22. Blackmore, S. 2010. *Consciousness: An Introduction* (New York: Routledge); Chalmers, D. 1996. *The Conscious Mind* (Oxford, UK: Oxford University Press); Revonsuo, A. 2010. *Consciousness: The Science of Subjectivity* (New York: Psychology Press).
23. 對此可能有人會反對，認為托諾尼的整合資訊理論就提出了這樣的定律(Oizumi, M., Albantakis, L., and Tononi, G. 2014. "From the phenomenology to the mechanisms of consciousness: Integrated information theory 3.0," PLOS Computational Biology 10: e1003588)，但其實沒有。那個理論並未提出能把諸如巧克力的味道這樣的特定意識經驗，與特定的大腦活動等同起來的定律；也沒有提出定律來說明特定的經驗會如何因為特定的大腦活動改變而發生必然的改變。心理學的各種功能化約論（reductive functionalism）也一樣，它是把心理狀態（包含意識經驗）與運算系統的功能性過程等同起來，不論那是不是生物性的。從來沒有一位功能化約論學者提出過特定意識經驗（或者某一類意識經驗）與特定功能性過程之間的等同關係。功能化約論還有進一步的問題，利用亂序定理（Scrambling Theorem）可證明為偽(Hoffman, D. D. 2006a. "The scrambling theorem: A simple proof of the logical possibility of spectrum inversion," Consciousness and Cognition 15: 31– 45; Hoffman, D. D. 2006b. "The Scrambling Theorem unscrambled: A response to commentaries," Consciousness and Cognition 15: 51– 53)。亂序定理另外蘊含的意義是，意識經驗並不等同於使用資訊來感知行動可能性（affordance）並即時引導行為。例如，開梅羅（Chemero）就主張「在激進的涉身認知科學中，使用資訊來感知行動可能性並即時引導行為，就是在感受意識經驗。我們解釋了動物如何使用資訊來直接感知、在牠們的生態席位上行動，同時也就解釋了牠們的意識經驗。」(in Chemero, A. 2009. Radical Embodied Cognitive Science [Cambridge, MA: MIT Press])亂序定理證明了這項等同關係的主張是錯的。何況，沒有一個擁護涉身認知的科學家提出過，在特定的意識經驗（或者某一類意識經驗），與特定的使用資訊來感知行動可能性並即時引導行為的情況之間，存在任何一種等同關係。也沒有任何假說或原理能解釋這樣的等同關係—為什麼特定的使用資訊來感知行動可能性並即時引導行為的情況，會是比方說嚐到香草的味道這樣一個特定的意識經驗？ 為什麼特定的使用資訊來感知行動可能性並即時引導行為的情況，就不能是另一種特定的意識經驗，比方說嚐到巧克力的味道，或者感受到一塊冰的光滑觸感？是什麼科學原理說必須排除其他意識經驗？至今從來沒有人提出過。根據亂序定理，並沒有這樣的原理。

24. Chomsky, N. 2016. *What Kind of Creatures Are We*? (New York: Columbia University Press).
25. Anscombe, G. E. M. 1959. *An Introduction to Wittgenstein's Tractatus* (New York: Harper & Row), 151.
26. Lovejoy, A. O. 1964. *The Great Chain of Being* (Cambridge, MA: Harvard University Press).
27. Galilei, G. 1623. *The Assayer*, trans. in Drake, S. 1957. *Discoveries and Opinions of Galileo* (New York: Doubleday), 274.

第二章 美

1. Gwynne, D. T., and Rentz, D. C. F. 1983. "Beetles on the Bottle: Male Buprestids Make Stubbies for Females," *Journal of Australian Entomological Society* 22: 79–80; Gwynne, D. T. 2003. "Mating mistakes," in V. H. Resh and R. T. Carde, eds., *Encyclopedia of Insects* (San Diego: Academic Press). Approximately one-quarter of all animal species on Earth are beetles (Bouchard, P., ed. 2014. *The Book of Beetles* [Chicago: University of Chicago Press]).
2. Wilde, O. 1894. *A Woman of No Importance* (London: Methuen, Third Act).
3. Langlois, J. H., Roggman, L. A., and Reiser-Danner, L. A. 1990. "Infants' differential social responses to attractive and unattractive faces," *Developmental Psychology* 26: 153–59.
4. Doyle, A. C. 1891/2011. *The Boscombe Valley Mystery* (Kent, England: Solis Press).

5. An image of Sharbat Gula can be seen at https://en.wikipedia.org/wiki/File:Sharbat_Gula.jpg.
6. Peshek, D., Sammak-Nejad, N., Hoffman, D. D., and Foley, P. 2011. "Preliminary evidence that the limbal ring influences facial attractiveness," *Evolutionary Psychology* 9: 137–46.
7. Ibid.
8. Peshek, D. 2013. "Evaluations of facial attractiveness and expression," PhD diss., University of California–Irvine.
9. Cingel, N. A. van der. 2000. *An Atlas of Orchid Pollination: America, Africa, Asia and Australia* (Rotterdam: Balkema), 207–8.
10. Gronquist, M., Schroeder, F. C., Ghiradella, H., Hill, D., McCoy, E. M., Meinwald, J., and Eisner, T. 2006. "Shunning the night to elude the hunter: Diurnal fireflies and the 'femmes fatales,'" *Chemoecology* 16: 39–43; Lloyd, J. E. 1984. "Occurrence of aggressive mimicry in fireflies," *Florida Entomologist* 67: 368–76.
11. Sammaknejad, N. 2012. "Facial attractiveness: The role of iris size, pupil size, and scleral color," PhD diss., University of California–Irvine.
12. Carcio, H. A. 1998. *Management of the Infertile Woman* (Philadelphia: Lippincott Williams & Wilkins); Rosenthal, M. S. 2002. *The Fertility Sourcebook*. 3rd edition (Chicago: Contemporary Books).
13. Buss, D. M. 2016. *Evolutionary Psychology: The New Science of the Mind*, 5th edition (New York: Routledge), Figure 5.1.
14. Kenrick, D. T., Keefe, R. C., Gabrielidis, C., and Cornelius, J. S. 1996. "Adolescents' age preferences for dating partners: Support for an evolutionary model of life-history strategies," *Child Development* 67: 1499–1511.
15. The ratio of iris width to eye width was .42 in one face and .48 in the other.
16. Sammaknejad, N. 2012. "Facial attractiveness: The role of iris size, pupil size, and scleral color," PhD diss., University of California–Irvine.
17. This was first proposed in Trivers, R. L. 1972. "Parental investment and sexual selection," in B. Campbell, ed. *Sexual Selection and the Descent of Man: 1871–1971*, 1st edition (Chicago: Aldine), 136–79. See also Woodward, K., and Richards, M. H. 2005. "The parental investment model

and minimum mate choice criteria in humans," *Behavioral Ecology* 16(1): 57–61.

18. Trivers, R. L. 1985. *Social Evolution* (Menlo Park, CA: Benjamin/Cummings); but see Masonjones, H. D., and Lewis, S. M. 1996. "Courtship behavior in the dwarf seahorse *Hippocampus zosterae*," *Copeai* 3: 634–40.
19. Jones, I. L., and Hunter, F. M. 1993. "Mutual sexual selection in a monogamous seabird," *Nature* 362: 238–39; Jones, I. L., and Hunter, F. M. 1999. "Experimental evidence for a mutual inter- and intrasexual selection favouring a crested auklet ornament," *Animal Behavior* 57(3): 521–28; Zubakin, V. A., Volodin, I. A., Klenova, A. V., Zubakina, E. V., Volodina, E. V., and Lapshina, E. N. 2010. "Behavior of crested auklets (Aethia cristatella, Charadriiformes, Alcidae) in the breeding season: Visual and acoustic displays," *Biology Bulletin* 37(8): 823–35.
20. Smuts, B. B. 1995. "The evolutionary origins of patriarchy," *Human Nature* 6: 1–32.
21. Buss, D. M. 1994. "The strategies of human mating," *American Scientist* 82: 238–49; Gil-Burmann, C., Pelaez, F., and Sanchez, S. 2002. "Mate choice differences according to sex and age: An analysis of personal advertisements in Spanish newspapers," *Human Nature* 13: 493–508; Khallad, Y. 2005. "Mate selection in Jordan: Effects of sex, socio-economic status, and culture," *Journal of Social and Personal Relationships*, 22: 155–68; Todosijevic, B., Ljubinkovic, S., and Arancic, A. 2003. "Mate selection criteria: A trait desirability assessment study of sex differences in Serbia," *Evolutionary Psychology* 1: 116–26; Moore, F. R., Cassidy, C., Smith, M. J. L., and Perrett, D. I. 2006. "The effects of female control of resources on sex-differentiated mate preferences," *Evolution and Human Behavior* 27: 193–205; Lippa, R. A. 2009. "Sex differences in sex drive, sociosexuality, and height across 53 nations: Testing evolutionary and social structural theories," *Archives of Sexual Behavior* 38: 631–51; Schmitt, D. P. 2012. "When the difference is in the details: A critique of Zentner and Mtura Stepping out of the caveman's shadow: Nations' gender gap predicts degree of sex differentiation in mate preferences," *Evolutionary Psychology* 10: 720–26; Schmitt, D. P., Youn, G., Bond, B., Brooks, S., Frye, H., Johnson, S., Klesman, J., Peplinski, C., Sampias, J., Sherrill, M., and Stoka, C. 2009. "When will I feel love? The

effects of culture, personality, and gender on the psychological tendency to love," *Journal of Research in Personality* 43: 830–46.

22. Buss, D. M., and Schmitt, D. P. 1993. "Sexual strategies theory: An evolutionary perspective on human mating," *Psychological Review* 100: 204–32; Brewer, G., and Riley, C. 2009. "Height, relationship satisfaction, jealousy, and mate retention," *Evolutionary Psychology* 7: 477–89; Courtiol, A., Ramond, M., Godelle, B., and Ferdy, J. 2010. "Mate choice and human stature: Homogamy as a unified framework for understanding mate preferences," *Evolution* 64(8): 2189–2203; Dunn, M. J., Brinton, S., and Clark, L. 2010. "Universal sex differences in online advertisers' age preferences: Comparing data from 14 cultures and 2 religious groups," *Evolution and Human Behavior* 31: 383–93; Ellis, B. J. 1992. "The evolution of sexual attraction: Evaluative mechanisms in women," in J. Barkow, L. Cosmides, and J. Tooby, eds., *The Adapted Mind* (New York: Oxford), 267–288; Cameron, C., Oskamp, S., and Sparks, W. 1978. "Courtship American style: Newspaper advertisements," *Family Coordinator* 26: 27–30.
23. Rhodes, G., Morley, G., and Simmons, L. W. 2012. "Women can judge sexual unfaithfulness from unfamiliar men's faces," *Biology Letters* 9: 20120908.
24. Leivers, S., Simmons, L. W., and Rhodes, G. 2015. "Men's sexual faithfulness judgments may contain a kernel of truth," *PLoS ONE* 10(8): e0134007, doi: 10.1371/journal.pone.0134007.
25. Thornhill, R., Gangestad, S. W. 1993. "Human facial beauty: Averageness, symmetry and parasite resistance," *Human Nature* 4: 237–69; Thornhill, R., and Gangestad, S. W. 1999. "Facial attractiveness," *Trends in Cognitive Science* 3: 452–60; Thornhill, R., and Gangestad, S. W. 2008. *The Evolutionary Biology of Human Female Sexuality* (New York: Oxford University Press); Penton-Voak, I. S., Perrett, D. I., Castles, D. L., Kobayashi, T., Burt, D. M., Murray, L. K., and Minamisawa, R. 1999. "Female preference for male faces changes cyclically," *Nature* 399: 741–42.
26. Muller, M. N., Marlowe, F. W., Bugumba, R., and Ellison, P. T. 2009. "Testosterone and paternal care in East African foragers and pastoralists," *Proceedings of the Royal Society, B* 276: 347–54; Storey, A. E., Walsh, C. J., Quinton, R. L., and Wynne-Edwards, K. E. 2000. "Hor-

monal correlates of paternal responsiveness in new and expectant fathers," *Evolution and Human Behavior* 21: 79–95.

27. DeBruine, L., Jones, B. C., Frederick, D. A., Haselton, M. G., Penton-Voak, I. S., and Perrett, D. I. 2010. "Evidence for menstrual cycle shifts in women's preferences for masculinity: A response to Harris (in press), 'Menstrual cycle and facial preferences reconsidered,'" *Evolutionary Psychology* 8: 768–75; Johnston, V. S., Hagel, R., Franklin, M., Fink, B., and Grammer, K. 2001. "Male facial attractiveness: Evidence for a hormone-mediated adaptive design," *Evolution and Human Behavior* 22: 251–67; Jones, B. C., Little, A. C., Boothroyd, L. G., DeBruine, L. M., Feinberg, D. R., Law Smith, M. J., Moore, F. R., and Perrett, D. I. 2005, "Commitment to relationships and preferences for femininity and apparent health in faces are strongest on days of the menstrual cycle when progesterone level is high," *Hormones and Behavior* 48: 283–90; Little, A. C., Jones, B. C., and DeBruine, L. M. 2008. "Preferences for variation in masculinity in real male faces change across the menstrual cycle," *Personality and Individual Differences* 45: 478–82; Vaughn, J. E., Bradley, K. I., Byrd-Craven, J., and Kennison, S. M. 2010. "The effect of mortality salience on women's judgments of male faces," *Evolutionary Psychology* 8: 477–91.
28. Johnston, L., Arden, K., Macrae, C. N., and Grace, R. C. 2003. "The need for speed: The menstrual cycle and personal construal," *Social Cognition* 21: 89–100; Macrae, C. N., Alnwick, K. A., Milne, A. B., and Schloerscheidt, A. M. 2002. "Person perception across the menstrual cycle: Hormonal influences on social-cognitive functioning," *Psychological Science* 13: 532–36; Roney, J. R., and Simmons, Z. L. 2008. "Women's estradiol predicts preference for facial cues of men's testosterone," *Hormones and Behavior* 53: 14–19; Rupp, H. A., James, T. W., Ketterson, E. D., Sengelaub, D. R., Janssen, E., and Heiman, J. R. 2009. "Neural activation in women in response to masculinized male faces: Mediation by hormones and psychosexual factors," *Evolution and Human Behavior* 30: 1–10; Welling, L. L., Jones, B. C., DeBruine, L. M., Conway, C. A., Law Smith, M. J., Little, A. C., Feinberg, D. R., Sharp, M. A., and Al-Dujaili, E. A. S. 2007. "Raised salivary testosterone in women is associated with increased attraction to masculine faces," *Hormones and Behavior* 52: 156–61.
29. Feinberg, D. R., Jones, B. C., Law Smith, M. J., Moore, F. R., DeBruine,

L. M., Cornwell, R. E., Hillier, S. G., and Perrett, D. I. 2006. "Menstrual cycle, trait estrogen level, and masculinity preferences in the human voice," *Hormones and Behavior* 49: 215–22; Gangestad, S. W., Simpson, J. A., Cousins, A. J., Garver-Apgar, C. E., and Christensen, P. N. 2004. "Women's preferences for male behavioral displays change across the menstrual cycle," *Psychological Science* 15: 203–7; Gangestad, S. W., Garver-Apgar, C. E., Simpson, J. A., and Couins, A. J. 2007. "Changes in women's mate preferences across the ovulatory cycle," *Journal of Personality and Social Psychology* 92: 151–63; Grammer, K. 1993. "5-α-androst-16en-3α-on: A male pheromone? A brief report," *Ethology and Sociobiology* 14: 201–8; Havlicek, J., Roberts, S. C., and Flegr, J. 2005. "Women's preference for dominant male odour: Effects of menstrual cycle and relationship status," *Biology Letters* 1: 256–59; Hummel, T., Gollisch, R., Wildt, G., and Kobal, G. 1991. "Changes in olfactory perception during the menstrual cycle," *Experentia* 47: 712–15; Little, A. C., Jones, B. C., and Burriss, R. P. 2007. "Preferences for masculinity in male bodies change across the menstrual cycle," *Hormones and Behavior* 52: 633–39; Lukaszewski, A. W., and Roney, J. R. 2009. "Estimated hormones predict women's mate preferences for dominant personality traits," *Personality and Individual Differences* 47: 191–96; Provost, M. P., Troje, N. F., and Quinsey, V. L. 2008. "Short-term mating strategies and attraction to masculinity in point-light walkers," *Evolution and Human Behavior* 29: 65–69; Puts, D. A. 2005. "Mating context and menstrual phase affect women's preferences for male voice pitch," *Evolution and Human Behavior* 26: 388–97; Puts, D. A. 2006. "Cyclic variation in women's preferences for masculine traits: Potential hormonal causes," *Human Nature* 17: 114–27.

30. Bellis, M. A., and Baker, R. R. 1990. "Do females promote sperm competition? Data for humans," *Animal Behaviour* 40: 997–99; Gangestad, S. W., Thornhill, R., and Garver, C. E. 2002. "Changes in women's sexual interests and their partners' mate-retention tactics across the menstrual cycle: Evidence for shifting conflicts of interest," *Proceedings of the Royal Society of London B* 269: 975–82; Gangestad, S. W., Thornhill, R., and Garver-Apgar, C. E. 2005. "Women's sexual interests across the ovulatory cycle depend on primary partner developmental instability," *Proceedings of the Royal Society of London B* 272: 2023–27; Haselton, M. G., and Gangestad, S. W. 2006. "Conditional expression of women's

desires and men's mate guarding across the ovulatory cycle," *Hormones and Behavior* 49: 509–18; Jones, B. C., Little, A. C., Boothroyd, L. G., DeBruine, L. M., Feinberg, D. R., Law Smith, M. J., Moore, F. R., and Perrett, D. I. 2005. "Commitment to relationships and preferences for femininity and apparent health in faces are strongest on days of the menstrual cycle when progesterone level is high," *Hormones and Behavior* 48: 283–90; Pillsworth, E., and Haselton, M. 2006. "Male sexual attractiveness predicts differential ovulatory shifts in female extra-pair attraction and male mate retention," *Evolution and Human Behavior* 27: 247–58; Guéguen, N. 2009a. "The receptivity of women to courtship solicitation across the menstrual cycle: A field experiment," *Biological Psychology* 80: 321–24; Guéguen, N. 2009b. "Menstrual cycle phases and female receptivity to a courtship solicitation: An evaluation in a nightclub," *Evolution and Human Behavior* 30: 351–55; Durante, K. M., Griskevicius, V., Hill, S. E., Perilloux, C., and Li, N. P. 2011. "Ovulation, female competition, and product choice: Hormonal influences on consumer behavior," *Journal of Consumer Research* 37: 921–35; Durante, K. M., Li, N. P., and Haselton, M. G. 2008. "Changes in women's choice of dress across the ovulatory cycle: Naturalistic and laboratory task-based evidence," *Personality and Social Psychology Bulletin* 34: 1451–60; Haselton, M. G., Mortezaie, M., Pillsworth, E. G., Bleske-Rechek, A., and Frederick, D. A. 2007. "Ovulatory shifts in human female ornamentation: Near ovulation, women dress to impress," *Hormones and Behavior* 51: 40–45; Hill, S. E., and Durante, K. M. 2009. "Do women feel worse to look their best? Testing the relationship between self-esteem and fertility status across the menstrual cycle," *Personality and Social Psychology Bulletin* 35: 1592–601.

31. Gangestad, S. W., Thornhill, R., and Garver-Apgar, C. E. 2005. "Women's sexual interests across the ovulatory cycle depend on primary partner developmental instability," *Proceedings of the Royal Society of London B* 272: 2023–27; Haselton, M. G., and Gangestad, S. W. 2006. "Conditional expression of women's desires and men's mate guarding across the ovulatory cycle," *Hormones and Behavior* 49: 509–18; Pillsworth, E., and Haselton, M. 2006. "Male sexual attractiveness predicts differential ovulatory shifts in female extra-pair attraction and male mate retention," *Evolution and Human Behavior* 27: 247–58. MHC genes: Garver-Apgar, C. E., Gangestad, S. W., Thornhill, R., Miller, R.

D., and Olp, J. J. 2006. "Major histocompatibility complex alleles, sexual responsivity, and unfaithfulness in romantic couples," *Psychological Science* 17: 830–35.

32. Bradley, M. M., Miccoli, L., Escrig, M. A., and Lang, P. J. 2008. "The pupil as a measure of emotional arousal and autonomic activation," *Psychophysiology* 45: 602–7; Steinhauer, S. R., Siegle, G. S., Condray, R., and Pless, M. 2004. "Sympathetic and parasympathetic innervation of pupillary dilation during sustained processing," *International Journal of Psychophysiology* 52: 77–86.
33. Van Gerven, P. W. M., Paas, F., Van Merriënboer, J. J. G., and Schmidt, H. G. 2004. "Memory load and the cognitive pupillary response in aging," *Psychophysiology* 41(2): 167–74; Morris, S. K., Granholm, E., Sarkin, A. J., and Jeste, D. V. 1997. "Effects of schizophrenia and aging on pupillographic measures of working memory," *Schizophrenia Research* 27: 119–28; Winn, B., Whitaker, D., Elliott, D. B., and Phillips, N. J. 1994. "Factors affecting light-adapted pupil size in normal human subjects," *Investigative Ophthalmology & Visual Science* (March 1994) 35: 1132–37.
34. Tombs, S., and Silverman, I. 2004. "Pupillometry: A sexual selection approach," *Evolution and Human Behavior* 25: 221–28.
35. Wiseman, R., and Watt, C. 2010. "Judging a book by its cover: The unconscious influence of pupil size on consumer choice," *Perception* 39: 1417–19.
36. Laeng, B., and Falkenberg, L. 2007. "Women's pupillary responses to sexually significant others during the hormonal cycle," *Hormones and Behavior* 52: 520–30.
37. Sammaknejad, N. 2012. "Facial attractiveness: The role of iris size, pupil size, and scleral color." PhD diss., University of California–Irvine.
38. Caryl, P. G., Bean, J. E., Smallwood, E. B., Barron, J. C., Tully, L., and Allerhand, M. 2008. "Women's preference for male pupil-size: Effects of conception risk, sociosexuality and relationship status," *Personality and Individual Differences* 46: 503–8.
39. Ibid.
40. Kobayashi, H., and Kohshima, S. 2001. "Unique morphology of the human eye and its adaptive meaning: Comparative studies on external morphology of the primate eye," *Journal of Human Evolution* 40: 419–

35; Hinde, R. A., and Rowell, T. E. 1962. "Communication by posture and facial expression in the rhesus monkey," *Proceedings of the Zoological Society of London* 138: 1–21.

41. Provine, R. R., Cabrera, M. O., Brocato, N. W., and Krosnowski, K. A. 2011. "When the whites of the eyes are red: A uniquely human cue," *Ethology* 117: 1–5.
42. Gründl, M., Knoll, S., Eisenmann-Klein, M., and Prantl, L. 2012. "The blue-eyes stereotype: Do eye color, pupil diameter, and scleral color affect attractiveness?" *Aesthetic Plastic Surgery* 36: 234–40; Provine, R. R., Cabrera, M. O., and Nave-Blodgett, J. 2013. "Red, yellow, and super-white sclera: Uniquely human cues for healthiness, attractiveness, and age," *Human Nature* 24: 126–36.
43. Watson, P. G., and Young, R. D. 2004. "Scleral structure, organization and disease. A review," *Experimental Eye Research* 78: 609–23.
44. Sammaknejad, N. 2012. "Facial attractiveness: The role of iris size, pupil size, and scleral color." PhD diss., University of California–Irvine.
45. Goto, E. 2006. "The brilliant beauty of the eye: Light reflex from the cornea and tear film," *Cornea* 25 (Suppl 1): S78–81; Goto, E., Dogru, M., Sato, E. A., Matsumoto, Y., Takano, Y., and Tsubota, K. 2011. "The sparkle of the eye: The impact of ocular surface wetness on corneal light reflection," *American Journal of Ophthalmology* 151: 691–96; Korb, D. R., Craig, J. P., Doughty, M., Guillon, J. P., Smith, G., and Tomlinson, A. 2002. *The Tear Film: Structure, Function and Clinical Examination* (Oxford, UK: Butterworth-Heinemann).
46. Ibid.
47. Breakfield, M. P., Gates, J., Keys, D., Kesbeke, F., Wijngaarden, J. P., Monteiro, A., French, V., and Carroll, S. B. 1996. "Development, plasticity and evolution of butterfly eyespot patterns," *Nature* 384: 236–42; French, V., and Breakfield, P. M. 1992. "The development of eyespot patterns on butterfly wings: Morphogen sources or sinks?" *Development* 116: 103–9; Keys, D. N., Lewis, D. L., Selegue, J. E., Pearson, B. J., Goodrich, L. V., Johnson R. L., Gates, J., Scott, M. P., and Carroll, S. B. 1999. "Recruitment of a hedgehog regulatory circuit in butterfly eyespot evolution," *Science* 283: 532–34; Monteiro, A. 2015. "Origin, development, and evolution of butterfly eyespots," *Annual Review of Entomology* 60: 253–71; Reed, R. D., and Serfas, M. S. 2004. "Butterfly

wing pattern evolution is associated with changes in a Notch/Distal-less temporal pattern formation process," *Current Biology* 14: 1159–66.

48. Costanzo, K., and Monteiro, A. 2007. "The use of chemical and visual cues in female choice in the butterfly *Bicyclus anynana*," *Proceedings of the Royal Society B* 274: 845–51; Robertson, K. A., and Monteiro, A. 2005. "Female *Bicyclus anynana* butterflies choose males on the basis of their dorsal UV-reflective eyespot pupils," *Proceedings of the Royal Society B* 272: 1541–46.
49. Zahavi, A. 1975. "Mate selection—A selection for a handicap," *Journal of Theoretical Biology* 53(1): 205–14; Zahavi, A., and Zahavi, A. 1997. *The Handicap Principle: A Missing Piece of Darwin's Puzzle* (Oxford, UK: Oxford University Press); Koch, N. 2011. "A mathematical analysis of the evolution of human mate choice traits: Implications for evolutionary psychologists," *Journal of Evolutionary Psychology* 9(3): 219–47.
50. Hamilton, W. 1964. "The genetical evolution of social behaviour. I," *Journal of Theoretical Biology* 7(1): 1–16; Marshall, J. A. R. 2015. *Social Evolution and Inclusive Fitness Theory: An Introduction* (Princeton, NJ: Princeton University Press). For a critique of inclusive fitness, see Nowak, M. A., Tarnita, C. E., and Wilson, E. O. 2010. "The evolution of eusociality," *Nature* 466: 1057–62; Wilson, E. O. 2012. *The Social Conquest of Earth*. New York: Liveright.
51. Mateo, J. M. 1996. "The development of alarm-call response behavior in free-living juvenile Belding's ground squirrels," *Animal Behaviour* 52: 489–505.
52. Dawkins, R. 1979. "12 Misunderstandings of kin selection," *Zeitschrift für Tierpsychologie* 51: 184–200; Park, J. H. 2007. "Persistent misunderstandings of inclusive fitness and kin selection: Their ubiquitous appearance in social psychology textbooks," *Evolutionary Psychology* 5(4): 860–73; West, S. A., Mouden, C. E., and Gardner, A. 2011. "Sixteen common misconceptions about the evolution of cooperation in humans," *Evolution and Social Behaviour* 32: 231–62.
53. Holekamp, K. E. 1986. "Proximal causes of natal dispersal in Belding's ground squirrels," *Ecological Monographs* 56(4): 365–91; Sherman, P. W. 1981. "Kinship, demography, and Belding's ground squirrel nepotism," *Behavioral Ecology and Sociobiology* 8: 251–59.
54. Dal Martello, M. F., and Maloney, L. T. 2010. "Lateralization of kin

recognition signals in the human face," *Journal of Vision* 10(8):9 1–10; Dal Martello, M. F., DeBruine, L. M., and Maloney, L. T. 2015. "Allocentric kin recognition is not affected by facial inversion." *Journal of Vision* 15(13):5 1–11; Maloney, L. T., and Dal Martello, M. F. 2006. "Kin recognition and the perceived facial similarity of children," *Journal of Vision* 6(10): 1047–56.

55. Buss, D. M. 2016. *Evolutionary Psychology: The New Science of the Mind* (New York: Routledge); Etcoff, N. 1999. *Survival of the Prettiest: The Science of Beauty* (New York: Anchor Books, Random House); Perrett, D. 2010. *In Your Face: The New Science of Human Attraction* (New York: Palgrave McMillan). For an argument that our ratings of facial attractiveness are not due to genes but to differences in environment that vary from person to person, see Germine, L., Russell, R., Bronstad, P. M., Blokland, G. A. M., Smoller, J. W., Kwok, H., Anthony, S. E., Nakayama, K., Rhodes, G., and Wilmer, J. B. 2015. "Individual aesthetic preferences for faces are shaped mostly by environments, not genes," *Current Biology* 25: 2684–89.

第三章 現實

1. Hoffman, D. D. 1998. *Visual Intelligence: How We Create What We See* (New York: W. W. Norton); Knill, D. C., and Richards W. A., eds. 1996. *Perception as Bayesian Inference* (Cambridge, UK: Cambridge University Press); Palmer, S. 1999. *Vision Science: Photons to Phenomenology* (Cambridge, MA: MIT Press); Pinker, S. 1997. *How the Mind Works* (New York: W. W. Norton).
2. Geisler, W. S., and Diehl, R. L. 2002. "Bayesian natural selection and the evolution of perceptual systems," *Philosophical Transactions of the Royal Society of London B* 357: 419–48.
3. Geisler, W. S., and Diehl, R. L. 2003. "A Bayesian approach to the evolution of perceptual and cognitive systems," *Cognitive Science* 27: 379–402.
4. Trivers, R. L. 2011. *The Folly of Fools: The Logic of Deceit and Self-Deception in Human Life* (New York: Basic Books).
5. Noë, A., and O'Regan, J. K. 2002. "On the brain-basis of visual consciousness: A sensorimotor account," in A. Noë and E. Thompson, eds., *Vision and Mind: Selected Readings in the Philosophy of Perception* (Cambridge, MA: MIT Press), 567–98; O'Regan, J. K., and Noë, A. 2001.

"A sensorimotor account of vision and visual consciousness," *Behavioral and Brain Sciences* 24: 939–1031. Their ideas are similar to those of Gibson, who argued that we directly perceive, without computations, aspects of the environment critical to survival, such as "affordances"—all the action possibilities in the environment. Gibson, J. J. 1950. *The Perception of the Visual World* (Boston: Houghton Mifflin); Gibson, J. J. 1960. *The Concept of the Stimulus in Psychology, The American Psychologist* 15/1960, 694–703; Gibson, J. J. 1966. *The Senses Considered as Perceptual Systems* (Boston: Houghton Mifflin); Gibson, J. J. 1979. *The Ecological Approach to Visual Perception* (Boston: Houghton Mifflin).

6. Pizlo, Z., Li, Y., Sawada, T., and Steinman, R. M. 2014. *Making a Machine That Sees Like Us* (New York: Oxford University Press).
7. Loomis, J. M., Da Silva, J. A., Fujita, N., and Fukusima, S. S. 1992. "Visual space perception and visually directed action," *Journal of Experimental Psychology: Human Perception and Performance* 18: 906–21; Loomis, J. M., and Philbeck, J. W. 1999. "Is the anisotropy of 3-D shape invariant across scale?" *Perception & Psychophysics* 61: 397–402; Loomis, J. M. 2014. "Three theories for reconciling the linearity of egocentric distance perception with distortion of shape on the ground plane," *Psychology & Neuroscience* 7: 245–51; Foley, J. M., Ribeiro-Filho, N. P., and Da Silva, J. A. 2004. "Visual perception of extent and the geometry of visual space," *Vision Research* 44: 147–56; Wu, B., Ooi, T. L., and He, Z. J. 2004. "Perceiving distance accurately by a directional process of integrating ground information," *Nature* 428: 73–77; Howe, C. Q., and Purves, D. 2002. "Range image statistics can explain the anomalous perception of length," *Proceedings of the National Academy of Sciences* 99: 13184–88; Burge, J., Fowlkes, C. C., and Banks, M. S. 2010. "Natural-scene statistics predict how the figure-ground cue of convexity affects human depth perception," *The Journal of Neuroscience* 30(21): 7269–80; Froyen, V., Feldman, J., and Singh, M. 2013. "Rotating columns: Relating structure-from-motion, accretion/deletion, and figure/ground," *Journal of Vision* 13, doi: 10.1167/13.10.6.
8. Marr, D. 1982. *Visio.* (San Francisco: Freeman Press).
9. Ibid.
10. Pinker, S. 1997. *How the Mind Works* (New York: W. W. Norton).
11. Fodor, J. 2000. *The Mind Doesn't Work That Way* (Cambridge, MA: MIT Press).

12. Pinker, S. 2005. "So how *does* the mind work?" *Mind & Language* 20: 1–24.
13. Ibid.
14. Hawking, S., and Mlodinow, L. 2012. *The Grand Design* (New York: Bantam).
15. Ibid.

第四章 感覺

1. A 1954 letter of Pauli to Einstein, in Born, M. 1971. *The Born-Einstein Letters* (New York: Walker).
2. Bell, J. S. 1964. "On the Einstein Podolsky Rosen paradox," *Physics* 1: 195–200.
3. Wilkins, J. S., and Griffiths, P. E. 2012. "Evolutionary debunking arguments in three domains: Fact, value, and religion," in J. Maclaurin and G. Dawes, eds., *A New Science of Religion* (New York: Routledge).
4. Darwin, C. 1859. *On the Origin of Species by Means of Natural Selection, or the Preservation of Favoured Races in the Struggle for Life* (London: John Murray, 127).
5. Darwin, C. 1871. *The Descent of Man, and Selection in Relation to Sex* (London: John Murray, 62).
6. Huxley, T. H. 1880. "The coming of age of 'The origin of species,'" *Science* 1: 15–17.
7. Dawkins, R. 1976. *The Selfish Gene* (New York: Oxford University Press).
8. Smolin, L. 1992. "Did the universe evolve?" *Classical and Quantum Gravity* 9: 173–91; Smolin, L. 1997. *The Life of the Cosmos* (Oxford, UK: Oxford University Press).
9. Dawkins, R. 1983. "Universal Darwinism," in D. S. Bendall, ed., *Evolution from Molecules to Man* (Cambridge, UK: Cambridge University Press); Dennett, D. 1996. *Darwin's Dangerous Idea: Evolution and the Meanings of Life* (New York: Simon & Schuster).
10. Dennett, D. 1996. *Darwin's Dangerous Idea: Evolution and the Meanings of Life* (New York: Simon & Schuster).
11. Smith, J. M., and Price, G. R. 1973. "The logic of animal conflict," *Nature*

246: 15–18; Nowak, M. A. 2006. *Evolutionary Dynamics: Exploring the Equations of Life* (Cambridge, MA: Belknap Press).

12. Polis, G. A., and Farley, R. D. 1979. "Behavior and ecology of mating in the cannabilistic scorpion *Paruroctonus mesaensis* Stahnke (Scorpionida: Vaejovidae)," *Journal of Arachnology* 7: 33–46.
13. Smith, J. M., and Price, G. R. 1973. "The logic of animal conflict," *Nature* 246: 15–18; Smith, J. M. 1974. "The theory of games and the evolution of animal conflicts," *Journal of Theoretical Biology* 47: 209–21.
14. Ibid.
15. Ibid.
16. Nowak, M. A. 2006. *Evolutionary Dynamics: Exploring the Equations of Life* (Cambridge, MA: Belknap Press).
17. Ibid.
18. Prakash, C., Stephens, K., Hoffman, D. D., and Singh, M. 2017. "Fitness beats truth in the evolution of perception," http://cogsci.uci.edu/~ddhoff/FBT-7-30-17.
19. Mark, J. T., Marion, B., and Hoffman, D. D. 2010. "Natural selection and veridical perceptions," *Journal of Theoretical Biology* 266: 504–15; Marion, B. B. 2013. "The impact of utility on the evolution of perceptions," PhD diss., University of California–Irvine; Mark, J. T. 2013. "Evolutionary pressures on veridical perception: When does natural selection favor truth?" PhD diss., University of California–Irvine.
20. Marr, D. 1982. *Vision* (San Francisco: Freeman Press).
21. Ibid.
22. Hood, B. 2014. *The Domesticated Brain* (London: Penguin); Bailey, D. H., and Geary, D. C. 2009. "Hominid brain evolution: Testing climatic, ecological, and social competition models," *Human Nature* 20: 67–79.
23. Nowak, M. A. 2006. *Evolutionary Dynamics: Exploring the Equations of Life* (Cambridge, MA: Belknap Press).
24. Mark, J. T. 2013. "Evolutionary pressures on veridical perception: When does natural selection favor truth?" PhD diss., University of California–Irvine; Hoffman, D. D., Singh, M., and Mark, J. T. 2013. "Does evolution favor true perceptions?" *Proceedings of the SPIE 8651, Human Vision and Electronic Imaging XVIII*, 865104, doi: 10.1117/12.2011609.

25. Hoffman, D. D., Singh, M., and Prakash, C. 2015. "The interface theory of perception," *Psychonomic Bulletin and Review* 22: 1480–1506.
26. 稻草人謬誤是一種非正式謬誤：用對手沒有提出過的論點，來主張他的論點是錯的。
27. Webster, M. A. 2014. "Probing the functions of contextual modulation by adapting images rather than observers," *Vision Research* 104: 68–79; Webster, M. A. 2015. "Visual adaptation," *Annual Reviews of Vision Science* 1: 547–67.
28. Marion, B. B. 2013. "The impact of utility on the evolution of perceptions," PhD diss., University of California–Irvine.
29. Mausfeld, R. 2015. "Notions such as 'truth' or 'correspondence to the objective world' play no role in explanatory accounts of perception," *Psychonomic Bulletin & Review* 6: 1535–40.
30. Duret, L. 2008. "Neutral theory: The null hypothesis of molecular evolution," *Nature Education* 1(1): 218.
31. Cohen, J. 2015. "Perceptual representation, veridicality, and the interface theory of perception," *Psychonomic Bulletin & Review* 6: 1512–18.
32. Ibid.
33. Cover, T. M., and Thomas, J. A. 2006. *Elements of Information Theory* (Hoboken, NJ: Wiley).
34. For more on the philosophy of perceptual content, see Hawley, K., and Macpherson, F., eds. 2011. *The Admissible Contents of Experience* (West Sussex, UK: Wiley-Blackwell); Siegel, S. 2011. *The Contents of Visual Experience* (Oxford, UK: Oxford University Press); Brogard, B., ed. 2014. *Does Perception Have Content*? (Oxford, UK: Oxford University Press).
35. Foreword to Dawkins, R. 1976. *The Selfish Gene* (New York: Oxford University Press).
36. Pinker, S. 1997. *How the Mind Works* (New York: W. W. Norton).

第五章　虛幻的知覺

1. Hoffman, D. D. 1998. *Visual Intelligence: How We Create What We See* (New York: W. W. Norton); Hoffman, D. D. 2009. "The interface theory of perception," in S. Dickinson, M. Tarr, A. Leonardis, and B. Schiele, eds., *Object Categorization: Computer and Human Vision Perspectives* (New York: Cambridge University Press), 148–65; Hoffman, D. D. 2011.

"The construction of visual reality," in J. Blom and I. Sommer, eds., *Hallucinations: Theory and Practice* (New York: Springer, 7–15); Hoffman, D. D. 2012. "The sensory desktop," in J. Brockman, ed., *This Will Make You Smarter: New Scientific Concepts to Improve Your Thinking* (New York: Harper Perennial), 135–38; Hoffman, D. D. 2013. "Public objects and private qualia: The scope and limits of psychophysics," in L. Albertazzi, ed., *The Wiley-Blackwell Handbook of Experimental Phenomenology* (New York: Wiley-Blackwell), 71–89; Hoffman, D. D. 2016. "The interface theory of perception," *Current Directions in Psychological Science* 25(3): 157–61; Hoffman, D. D. 2018. "The interface theory of perception," in *Stevens' Handbook of Experimental Psychology and Cognitive Neuroscience*, 4th edition (Hoboken, NJ: Wiley); Hoffman, D. D., and Prakash, C. 2014. "Objects of consciousness," *Frontiers in Psychology: Perception Science*, http://dx.doi.org/10.3389/fpsyg.2014.00577; Hoffman, D. D., Singh, M., and Prakash, C. 2015. "The interface theory of perception," *Psychonomic Bulletin and Review* 22: 1480–1506; Hoffman, D. D., Singh, M., and Mark, J. T. 2013. "Does evolution favor true perceptions?" *Proceedings of the SPIE 8651, Human Vision and Electronic Imaging XVIII*, 865104, doi: 10.1117/12.2011609; Koenderink, J. J. 2011. "Vision as a user interface," *Human Vision and Electronic Imaging XVI, SPIE* Vol. 7865, doi: 10.1117/12.881671; Koenderink, J. J. 2013. "World, environment, umwelt, and inner-world: A biological perspective on visual awareness," *Human Vision and Electronic Imaging XVIII, SPIE* Vol. 8651, doi: 10.1117/12.2011874; Mark, J. T., Marion, B., and Hoffman, D. D. 2010. "Natural selection and veridical perceptions," *Journal of Theoretical Biology* 266: 504–15; Mausfeld, R. 2002. "The physicalist trap in perception theory," in D. Heyer and R. Mausfeld, eds., *Perception and the Physical World: Psychological and Philosophical Issues in Perception* (New York: Wiley), 75–112; Singh, M., and Hoffman, D. D. 2013. "Natural selection and shape perception: Shape as an effective code for fitness," in S. Dickinson and Z. Pizlo, eds., *Shape Perception in Human and Computer Vision: An Interdisciplinary Perspective* (New York: Springer), 171–85. For the related idea of an Umwelt, see von Uexküll, J. 1909. *Umwelt und Innenwelt der Tiere* (Berlin: Springer-Verlag); von Uexküll, J. 1926. *Theoretical Biology* (New York: Harcourt, Brace); von Uexküll, J. 1957. "A stroll through the worlds of animals and men: A picture book of invisible worlds," in C. H. Schiller, ed., *Instinctive Behavior: Development of a Modern Concept* (New York: Hallmark); Boyer, P. 2001. "Natural epistemology or evolved metaphysics? Developmental evidence for early-developed, intuitive, category-specific, incomplete, and stubborn metaphysical presumptions," *Philosophical Psychology* 13: 277–97.

2. Shermer, M. 2015. "Did humans evolve to see things as they really are? Do we perceive reality as it is?" *Scientific American* (November), https://www.scientificamer
ican.com/article/did-humans-evolve-to-see-things-as-they-really-are/.
3. Berkeley, G. 1710. *A Treatise Concerning the Principles of Human Knowledge.*
4. Kant, I. 1781. *Critique of Pure Reason* (New York: American Home Library).
5. Stroud, B. 1999. *The Quest for Reality: Subjectivism and the Metaphysics of Color* (Oxford, UK: Oxford University Press).
6. Strawson, P. F. 1990. *The Bounds of Sense: An Essay on Kant's Critique of Pure Reason* (London: Routledge), 38.
7. von Uexküll, J. 1934. *A Foray into the Worlds of Animals and Humans* (Berlin: Springer).
8. Plato, *Republic.*
9. Palmer, S. 1999. *Vision Science: Photons to Phenomenology* (Cambridge, MA: MIT Press).
10. See, e.g., Plantinga, A. 2011. *Where the Conflict Really Lies: Science, Religion and Naturalism* (New York: Oxford University Press); Balfour, A. J. 1915. *Theism and Humanism, Being the Gifford Lectures Delivered at the University of Glasgow, 1914* (New York: Hodder & Stoughton).
11. Cosmides, L., and Tooby, J. 1992. "Cognitive Adaptions for Social Exchange," in Barkow, J., Cosmides, L., and Tooby, J., eds., *The adapted mind: Evolutionary psychology and the generation of culture* (New York: Oxford University Press).
12. Mercier, H., and Sperber, D. 2011. "Why do humans reason? Arguments for an argumentative theory," *Behavioral and Brain Sciences* 34: 57–111; Mercier, H., and Sperber, D. 2017. *The Enigma of Reason* (Cambridge, MA: Harvard University Press).
13. Shermer, M. 2015. "Did humans evolve to see things as they really are? Do we perceive reality as it is?" *Scientific American* (November), https://

www.scientificamer
ican.com/article/did-humans-evolve-to-see-things-as-they-really-are/.

14. 這裡談到的適應度收益有一個技術性問題。我在本章中說過最好分清楚兩種意義的真實：存在的，還有未被察覺時依然存在的。後面這種意義的真實我稱之為客觀現實。但適應度收益作為一種數學抽象的概念，可能在未被察覺時依然存在。比方說，假設我正處於深層、無夢的睡眠中，因此可以說我無法察覺任何東西。儘管如此，宣稱我的適應度收益此時依然存在似乎說得過去，即使我察覺不到它，畢竟我可能會因為比方說睡得太沉而摔下床，使我的適應度減少。因此，我的適應度收益是客觀的，它存在於未被察覺的情況下。這是可以接受的。不過要是我不存在，我的適應度收益就不存在。有一種比較強的客觀，姑且稱之為「強客觀」（strongly objective），指某個事物在沒有知覺者存在的情況下依然存在。例如很多物理論者主張，在任何生物能察覺到時空和物之前，時空和物就已經存在，因此時空和物是強客觀。然而適應度收益只能在有生物存在的時候才能存在，所以適應度收益不是強客觀。我說到演化塑造生物的知覺是用來追蹤適應度而不是真相時，我心裡想的「真相」是物理論者對強客觀現實的概念。

第六章 重力

1. A 1954 letter of Pauli to Einstein, in Born, M. 1971. *The Born-Einstein Letters* (New York: Walker).
2. A 1948 letter of Einstein to Born, in Born, M. 1971. *The Born-Einstein Letters* (New York: Walker).
3. Ibid.
4. Bell, J. S. 1964. "On the Einstein Podolsky Rosen paradox," *Physics* 1: 195–200.
5. Hensen, B., et al. 2015. "Loophole-free Bell inequality violation using electron spins separated by 1.3 kilometres," *Nature* 526: 682–86.
6. Ibid.
7. Giustina, M., et al. 2015. "Significant-loophole-free test of Bell's Theorem with entangled photons," *Physical Review Letters* 115: 250401; Gröblacher, S., Paterek, T., Kaltenbaek, R., Brukner, Č., Żukowski, M., Aspelmeyer, M., and Zeilinger, A. 2007. "An experimental test of non-local realism," *Nature* 446: 871–75.
8. Gröblacher, S., Paterek, T., Kaltenbaek, R., Brukner, Č., Żukowski, M.,

Aspelmeyer, M., and Zeilinger, A. 2007. "An experimental test of non-local realism," *Nature* 446: 871–75.

9. Bell, J. S. 1966. "On the problem of hidden variables in quantum mechanics," *Reviews of Modern Physics* 38: 447–52; Kochen, S., and Specker, E. P. 1967. "The problem of hidden variables in quantum mechanics," *Journal of Mathematics and Mechanics* 17: 59–87. For a wide-ranging discussion of contextuality, see Dzhafarov, E., Jordan, S., Zhang, R., and Cervantes, V., eds. 2016. *Contextuality from quantum physics to psychology* (Singapore: World Scientific).
10. Einstein, A., Podolsky, B., and Rosen, N. 1935. "Can quantum-mechanical description of physical reality be considered complete?" *Physical Review* 47: 777–80.
11. Cabello, A., Estebaranz, J. M., and García-Alcaine, G. 1996. "Bell-Kochen-Specker Theorem: A proof with 18 vectors," *Physics Letters A* 212: 183. See also Klyachko, A. A., Can, M. A., Binicioglu, S. and Shumovsky, A. S. 2008. "Simple test for hidden variables in spin-1 systems," *Physical Review Letters* 101: 020403.
12. Formaggio, J. A., Kaiser, D. I., Murskyj, M. M., and Weiss, T. E. 2016. "Violation of the Leggett-Garg inequality in neutrino oscillations," arXiv:1602.00041 [quant-ph].
13. Rovelli, C. 1996. "Relational quantum mechanics," *International Journal of Theoretical Physics* 35: 1637–78.
14. Ibid.
15. Ibid.
16. Fields, C. 2016. "Building the observer into the system: Toward a realistic description of human interaction with the world," *Systems* 4: 32, doi: 10.3390/systems4040032.
17. Fuchs, C. A., Mermin, N. D., and Schack, R. 2014. "An introduction to QBism with an application to the locality of quantum mechanics," *American Journal of Physics* 82: 749.
18. Ibid.
19. Fuchs, C. 2010. "QBism, the perimeter of quantum Bayesianism," arXiv:1003.5209

   v51. See also the summary of QBism in von Baeyer, H. C. 2016. *QBism: The Future of Quantum Physics* (Cambridge, MA: Harvard University Press), and the critique of QBism in Fields, C. 2012. "Autonomy all the way down: Systems and dynamics in quantum Bayesianism," arXiv:1108.2024v2 [quant-ph].

20. Bartley, W. W. 1987. "Philosophy of biology versus philosophy of physics," in G. Radnitzky and W. W. Bartley III, eds., *Evolutionary Epistemology, Theory of Rationality, and the Sociology of Knowledge* (La Salle, IL: Open Court).
21. Ibid.
22. Wheeler, J. A. 1979. "Beyond the black hole," in H. Woolfe, ed., *Some Strangeness in the Proportion: A Centennial Symposium to Celebrate the Achievements of Albert Einstein* (Reading, PA: Addison-Wesley), 341–75.
23. Wheeler, J. A. 1978. "The 'past' and the 'delayed-choice' double-slit experiment," in A. R. Marlow, ed., *Mathematical Foundations of Quantum Theory* (New York: Academic).
24. Ibid.
25. Eibenberger, S., Gerlich, S., Arndt, M., Mayor, M., and Tüxen, J. 2013. "Matter–wave interference of particles selected from a molecular library with masses exceeding 10,000 amu," *Physical Chemistry Chemical Physics* 15: 14696.
26. Wheeler, J. A. 1979. "Beyond the black hole," in H. Woolfe, ed., *Some Strangeness in the Proportion: A Centennial Symposium to Celebrate the Achievements of Albert Einstein* (Reading, PA: Addison-Wesley), 341–75.
27. Jacques, V., Wu, E., Grosshans, F., Treussart, F., Grangier, P., Aspect, A., and Roch, J-F. 2007. "Experimental realization of Wheeler's delayed-choice gedanken experiments," *Science* 315(5814): 966–68; Manning, A. G., Khakimov, R. I., Dall, R. G., and Truscott, A. G. 2015. "Wheeler's delayed-choice gedanken experiment with a single atom," *Nature Physics* 11: 539–42.
28. Ibid.
29. Wheeler, J. A. 1990. "Information, physics, quantum: The search for links," in W. H. Zurek, ed., *Complexity, Entropy, and the Physics of Information, SFI Studies in the Sciences of Complexity,* vol. VIII (New York: Addison-Wesley).
30. Ibid.
31. Ibid.
32. Bekenstein, J. D. 1981. "Universal upper bound on the entropy-to-energy

ratio for bounded systems," *Physical Review D* 23: 287–98; Bekenstein, J. D. 2003. "Information in the Holographic Universe: Theoretical results about black holes suggest that the universe could be like a gigantic hologram," *Scientific American* (August), 59; Susskind, L. 2008. *The Black Hole War* (New York: Little, Brown).

33. 這引發了物理學上至今未解的「勞倫茲不變性違逆」（Lorentz invariance violation）問題。
34. Susskind, L. 2008. *The Black Hole War* (New York: Little, Brown).
35. Ibid.
36. 根據福克斯（2010）的說法，量子資訊理論有別於古典資訊理論，是因為「量子力學是貝式機率理論的補充—不是它的廣義化，也完全不是什麼和它正交的東西，而是補充。」尤其是，玻恩定則（Born Rule）是「在另外一種（違反事實的）脈絡下，使用全機率法則（Law of Total Probability）的一種泛函（functional）。」Fuchs, C. 2010. "QBism, the perimeter of quantum Bayesianism," arXiv:1003.5209v51. See also D' Ariano, G. M., Chiribella, G., and Perinotti, P. 2017. Quantum Theory from First Principles: An Informational Approach (New York: Cambridge University Press)
37. Susskind, L. 2008. *The Black Hole War* (New York: Little, Brown).
38. Ibid.
39. Almheiri, A., Marolf, D., Polchinski, J., and Sully, J. 2013. "Black holes: complementarity or firewalls?" *Journal of High Energy Physics* 2, arXiv:1207.3123.
40. Harlow, D., and Hayden, P. 2013. "Quantum computation vs. firewalls," *Journal of High Energy Physics* 85, https://arxiv.org/abs/1301.4504.
41. Bousso, R. 2012. "Observer complementarity upholds the equivalence principle," arXiv:1207.5192 [hep-th].
42. Gefter, A. 2014. *Trespassing on Einstein's Lawn* (New York: Bantam Books).
43. Fuchs, C. A., Mermin, N. D., and Schack, R. 2014. "An introduction to QBism with an application to the locality of quantum mechanics," *American Journal of Physics* 82: 749.
44. Hawking, S., and Hertog, T. 2006. "Populating the landscape: A top-down approach," *Physical Review D* 73: 123527.
45. Ibid.
46. Ibid.

47. Ibid.
48. Wheeler, J. A. 1982. "Bohr, Einstein, and the strange lesson of the quantum," in R. Q. Elvee, ed., *Mind in Nature: Nobel Conference XVII*, Gustavus Adolphus College, St. Peter, Minnesota (San Francisco: Harper & Row), 1–23.
49. Fuchs, C. 2010. "QBism, the perimeter of quantum Bayesianism," arXiv:1003.52
09v51.
50. 想概括了解量子理論的其他詮釋，可參閱Albert, D. 1992. Quantum Mechanics and Experience (Cambridge, MA: Harvard University Press); Becker, A. 2018. What Is Real? The Unfinished Quest for the Meaning of Quantum Physics (New York: Basic Books).
51. https://www.youtube.com/watch?v=U47kyV4TMnE, at 6 minutes, 10 seconds; see also https://www.youtube.com/watch?v=82NatoryBBk&feature=youtu.be.

第七章 虛擬性

1. Gross, D. 2005. "Einstein and the search for unification," *Current Science* 89: 2035–40.
2. Ibid, 2039.
3. Cole, K. C. 1999. "Time, space obsolete in new view of universe," *Los Angeles Times*, November 16.
4. Singh, M., and Hoffman, D. D. 2013. "Natural selection and shape perception: Shape as an effective code for fitness," in S. Dickinson and Z. Pizlo, eds., *Shape Perception in Human and Computer Vision: An Interdisciplinary Perspective* (New York: Springer), 171–85.
5. Zadra, J. R., Weltman, A. L., and Proffitt, D. R. 2016. "Walkable distances are bioenergetically scaled," Journal of Experimental Psychology: Human Perception and Performance 42: 39– 51。但這樣的結果可能是最佳編碼方式，或者實驗的要求特性所致。可參閱Durgin, F. H., and Li, Z. 2011. "Perceptual scale expansion: An efficient angular coding strategy for locomotor space," Attention, Perception & Psychophysics 73: 1856– 70.
6. Cover, T. M., and Thomas, J. A. 2006. *Elements of Information Theory* (Hoboken, NJ: Wiley).

7. Almheiri, A., Dong, X., and Harlow, D. 2015. "Bulk locality and quantum error correction in AdS/CFT," arXiv:1411.7041v3 [hep-th].
8. Ibid.
9. Pastawski, F., Yoshida, B., Harlow, B., and Preskill, J. 2015. "Holographic quantum error-correcting codes: Toy models for the bulk/boundary correspondence," arXiv:1503.06237 [hep-th]; Pastawski, F., and Preskill, J. 2015. "Code properties from holographic geometries," arXiv:1612.00017v2 [quant-ph].
10. Pizlo, Z., Li, Y., Sawada, T., and Steinman, R. M. 2014. *Making a Machine That Sees Like Us* (New York: Oxford University Press).
11. Hoffman, D. D., and Prakash, C. 2014. "Objects of consciousness," *Frontiers in Psychology: Perception Science*, http://dx.doi.org/10.3389/fpsyg.2014.00577; see also Terekhov, A. V., and O'Regan, J. K. 2016. "Space as an invention of active agents," *Frontiers in Robotics and AI*, doi: 10.3389/frobt.2016.00004.
12. 對稱性可用群論來進行數學描述。群論是很多錯誤較正碼在建構時的重要工具。可參閱Togneri, R., and deSilva, C. J. S. 2003. Fundamentals of Information Theory and Coding Design (New York: Chapman & Hall/CRC). See also this lecture by Neil Sloane: https://www .youtube .com/watch?v=uCeTOjIlfIg.
13. Pizlo, Z., Li, Y., Sawada, T., and Steinman, R. M. 2014. *Making a Machine That Sees Like Us* (New York: Oxford University Press).
14. Knill, D. C., and Richards W. A., eds. 1996. *Perception as Bayesian Inference* (Cambridge, UK: Cambridge University Press).
15. Varela, F. J., Thompson, E., and Rosch, E. 1991. *The Embodied Mind* (Cambridge, MA: MIT Press).
16. Chemero, A. 2009. *Radical Embodied Cognitive Science* (Cambridge, MA: MIT Press).
17. Rubino, G., Rozema, L. A., Feix, A., Araújo, M., Zeuner, J. M., Procopio, L. M., Brukner, Č., and Walther, P. 2017. "Experimental verification of an indefinite causal order," *Science Advances* 3: e1602589, arXiv:1608.01683v1 [quant-ph].
18. Ibid.
19. Oizumi, M., Albantakis, L., and Tononi, G. 2014. "From the phenomenology to the mechanisms of consciousness: Integrated information theory 3.0," *PLOS Computational Biology* 10: e1003588; Hoel, E. P. 2017.

"When the map is better than the territory," *Entropy* 19: 188, doi: 10.3390/e19050188; Searle, J. R. 1998. *Mind, Language and Society: Philosophy in the real world* (New York: Basic Books); Searle, J. R. 2015. *Seeing Things as They Are: A Theory of Perception* (New York: Oxford University Press).

20. Rubino, G., Rozema, L. A., Feix, A., Araújo, M., Zeuner, J. M., Procopio, L. M., Brukner, Č., and Walther, P. 2017. "Experimental verification of an indefinite causal order," *Science Advances* 3: e1602589, arXiv:1608.01683v1 [quant-ph].
21. Cover, T. M., and Thomas, J. A. 2006. *Elements of Information Theory* (Hoboken, NJ: Wiley).
22. Fuchs,C.2010. "QBism,the perimeter of quantum Bayesianism," arXiv:1003.5209 v51。福克斯表示，任何用複變振幅（complex amplitude）寫成的量子態都能用標準機率的方式重新寫出。量子理論並未擴大標準機率理論，只是標準機率理論中的一個模型。
23. The subjective Necker cube was first published in Bradley, D. R., and Petry, H. M. 1977. "Organizational determinants of subjective contour: The subjective Necker cube," *American Journal of Psychology* 90: 253–62.
24. Van Raamsdonk, M. 2010. "Building up spacetime with quantum entanglement," *General Relativity and Gravitation* 42: 2323–29; Swingle, B. 2009. "Entanglement renormalization and holography," arXiv:0905.1317 [cond-mat.str-el]; Cao, C., Carroll, S. M., and Michalakis, S. 2017. "Space from Hilbert space: Recovering geometry from bulk entanglement," *Physical Review D* 95: 024031.
25. Morgenstern, Y., Murray, R. F., and Harris, L. R. 2011. "The human visual system's assumption that light comes from above is weak," *Proceedings of the National Academy of Sciences USA* 108(30): 12551–3, doi: 10.1073/pnas.1100794108.
26. Body Optix™ 優形丹寧的例子可見：http://leejeans-ap.com/bodyoptixdenim/en/index.html，以及https://www .forbes.com/sites/rachelarthur/2017/09/20/lee-jeans-visual -science -instagram/#220b69987fb2 .

第八章　彩飾

1. Koenderink, J. 2010. *Color for the Sciences* (Cambridge, MA: MIT Press).

2. Pinna, B., Brelstaff, G., and Spillmann, L. 2001. "Surface color from boundaries: A new 'watercolor' illusion," *Vision Research* 41: 2669–76.
3. van Tuijl, H. F. J. M., and Leeuwenberg, E. L. J. 1979. "Neon color spreading and structural information measures," *Perception & Psychophysics* 25: 269–84; Watanabe, T., and Sato, T. 1989. "Effects of luminance contrast on color spreading and illusory contour in the neon color spreading effect," *Perception & Psychophysics* 45: 427–30.
4. Albert, M., and Hoffman, D. D. 2000. "The generic-viewpoint assumption and illusory contours," *Perception* 29: 303–12; Hoffman, D. D. 1998. *Visual Intelligence: How We Create What We See* (New York: W. W. Norton).
5. The movie is posted at http://www.cogsci.uci.edu/~ddhoff/BB.mp4.
6. Cicerone, C., and Hoffman, D. D. 1997. "Color from motion: Dichoptic activation and a possible role in breaking camouflage," *Perception* 26: 1367–80; Hoffman, D. D. 1998. *Visual Intelligence: How We Create What We See* (New York: W. W. Norton).
7. Labrecque, L. I., and Milne, G. R. 2012. "Exciting red and competent blue: The importance of color in marketing," *Journal of the Academy of Marketing Science* 40: 711–27.
8. Chamovitz, D. 2012. *What a Plant Knows* (New York: Scientific American / Farrar, Straus and Giroux).
9. Ibid.
10. Ibid.
11. Ibid.
12. Wiltbank, L. B., and Kehoe, D. M. 2016. "Two cyanobacterial photoreceptors regulate photosynthetic light harvesting by sensing teal, green, yellow and red light," mBio 7(1): e02130-15, doi: 10.1128/mBio.02130-15.
13. Palmer, S. E., and Schloss, K. B. 2010. "An ecological valence theory of human color preference," *Proceedings of the National Academy of Sciences of the USA* 107: 8877–82; Palmer, S. E., Schloss, K. B., and Sammartino, J. 2013. "Visual aesthetics and human preference," *Annual Review of Psychology* 64: 77–107.
14. I coined the term *chromature* in 2009. It is mentioned in this article in CNN: https://www.cnn.com/2018/04/26/health/colorscope-benefits-of-a-colorful-life/index.html.

15. 可觀測宇宙中的粒子總數稱為艾丁頓數（Eddington number），大約是10的80次方，不含暗物質。若每個像素的顏色資料是24位元（紅、綠、藍各8位元），則每個像素有1677萬7216種可能的顏色。這樣一來，一小塊區域的像素可能具有的色質就遠遠超過了艾丁頓數。

16. Imura, T., Masuda, T., Wada, Y., Tomonaga, M., and Okajima, K. 2016. "Chimpanzees can visually perceive differences in the freshness of foods," *Nature* 6: 34685, doi: 10.1038/srep34685.
17. Cytowic, R. E., and Eagleman, D. M. 2009. *Wednesday Is Indigo Blue: Discovering the Brain of Synesthesia* (Cambridge, MA: MIT Press).
18. Nabokov, V. 1951. *Speak, Memory* (New York: Harper & Bros.).
19. Cytowic, R. E., and Eagleman, D. M. 2009. *Wednesday Is Indigo Blue: Discovering the Brain of Synesthesia* (Cambridge, MA: MIT Press).
20. Cytowic, R. E. 1993. *The Man Who Tasted Shapes* (Cambridge, MA: MIT Press).
21. Cytowic, R. E., and Eagleman, D. M. 2009. *Wednesday Is Indigo Blue: Discovering the Brain of Synesthesia* (Cambridge, MA: MIT Press).
22. Ibid.
23. Asher, Julian E., Lamb, Janine A., Brocklebank, Denise, Cazier, Jean-Baptiste, Maestrini, Elena, Addis, Laura, Sen, Mallika, Baron-Cohen, Simon, and Monaco, Anthony P. 2009. "A whole-genome scan and fine-mapping linkage study of auditory-visual synesthesia reveals evidence of linkage to chromosomes 2q24, 5q33, 6p12, and 12p12," *American Journal of Human Genetics* 84(2): 279–85; Tomson, S. N., Avidan, N., Lee, K., Sarma, A. K., Tushe, R., Milewicz, D. M., Bray, M., Lealc, S. M., and Eagleman, D. M. 2011. "The genetics of colored sequence synesthesia: Suggestive evidence of linkage to 16q and genetic heterogeneity for the condition," *Behavioural Brain Research* 223: 48–52. There may also be important environmental influences on synesthesia. Witthoft and Winawer (2006) report that synesthetic colors might be determined by having colored refrigerator magnets in childhood: Witthoft, N., and Winawer, J. 2006. "Synesthetic colors determined by having colored refrigerator magnets in childhood," *Cortex* 42(2): 175–83.
24. Novich, S. D., Cheng, S., and Eagleman, D. M. 2011. "Is synesthesia one condition or many? A large-scale analysis reveals subgroups," *Journal of Neuropsychology* 5: 353–71.
25. Hubbard, E. M., and Ramachandran, V. S. 2005. "Neurocognitive

mechanisms of synesthesia," *Neuron* 48: 509–20; Ramachandran, V. S., and Hubbard, E. M. 2001. "Psychophysical investigations into the neural basis of synaesthesia," *Proceedings of the Royal Society of London B* 268: 979–83.

26. Rouw, R., and Scholte, H. S. 2007. "Increased structural connectivity in grapheme-color synesthesia," *Nature Neuroscience* 10: 792–97.
27. Smilek, Daniel, Dixon, Mike J., Cudahy, Cera, and Merikle, Philip M. 2002. "Synesthetic color experiences influence memory," *Psychological Science* 13(6): 548.
28. Tammet, D. 2006. *Born on a Blue Day* (London: Hodder & Stoughton).
29. Banissy, M. J., Walsh, V., and Ward, J. 2009. "Enhanced sensory perception in synaesthesia," *Experimental Brain Research* 196: 565–71.
30. Havlik, A. M., Carmichael, D. A., and Simner, J. 2015. "Do sequence-space synaesthetes have better spatial imagery skills? Yes, but there are individual differences," *Cognitive Processing* 16(3): 245–53; Simner, J. 2009. "Synaesthetic visuo-spatial forms: Viewing sequences in space," *Cortex* 45: 1138–47; Simner, J., and Hubbard, E. M., eds. 2013. *The Oxford Handbook of Synesthesia* (Oxford, UK: Oxford University Press).
31. Cytowic, R. E. 1993. *The Man Who Tasted Shapes* (Cambridge, MA: MIT Press).
32. Ibid.
33. This example was suggested by Rob Reid.
34. Corcoran, Aaron J., Barber, J. R., and Conner, W. E. 2009. "Tiger moth jams bat sonar," *Science* 325 (5938): 325–27, doi: 10.1126/science.1174096.

第九章 細究

1. Tovée, M. J. 2008. *An Introduction to the Visual System* (Cambridge, UK: Cambridge University Press).
2. Li, Z. 2014. *Understanding Vision: Theory, Models, and Data* (Oxford, UK: Oxford University Press).
3. Rensink, R. A., O'Regan, J. K., and Clark, J. J. 1997. "To See or Not to See: The Need for Attention to Perceive Changes in Scenes," *Psychological Science* 8: 368–73.
4. See, e.g., https://www.youtube.com/watch?v=VkrrVozZR2c.

5. Itti, L. 2005. "Quantifying the contribution of low-level saliency to human eye movements in dynamic scenes," *Visual Cognition* 12: 1093–1123; Wolfe, J. M., and Horowitz, T. S. 2004. "What attributes guide the deployment of visual attention and how do they do it?" *Nature Reviews Neuroscience* 5: 495–501.
6. The role of visual attention in marketing is explored in Wedel, M., and Pieters, R., eds. 2008. *Visual Marketing: From Attention to Action* (New York: Lawrence Erlbaum).
7. Li, Z. 2014. *Understanding Vision: Theory, Models, and Data* (Oxford, UK: Oxford University Press); Sprague, T., Itthipuripat, S., and Serences, J. 2018. "Dissociable signatures of visual salience and behavioral relevance across attentional priority maps in human cortex," *Journal of Neurophysiology* http://dx.doi.org/10.1101/196642. I speak here as though neurons exist when not perceived and can perform activities such as signaling. This is just a useful shorthand, using the language of our interface.
8. Navalpakkam, V., and Itti, L. 2007. "Search goal tunes visual features optimally," *Neuron* 53: 605–17.
9. New, J., Cosmides, L., and Tooby, J. 2007. "Category-specific attention for animals reflects ancestral priorities, not expertise," *Proceedings of the National Academy of Sciences* 104: 16598–603.
10. 例如Paras和Webster（2013）曾讓受測者觀看低頻雜訊（1/f noise）影像，發現只要兩個黑點就足以觸發臉孔知覺，使觀察者把整幅影像的其餘部分也重新解讀成一張臉。Paras, C., and Webster, M. 2013. "Stimulus requirements for face perception: An analysis based on 'totem poles,' " Frontiers in Psychology 4: 18, http://journal.frontiersin .org/article/10 .3389/fpsyg .2013 .00018/full.
11. Barrett, D. 2010. *Supernormal Stimuli: How Primal Urges Overran Their Evolutionary Purpose* (New York: W. W. Norton).
12. Najemnik, J., and Geisler, W. 2005. "Optimal eye movement strategies in visual search," *Nature* 434: 387–91; Pomplun, M. 2006. "Saccadic selectivity in complex visual search displays," *Vision Research* 46: 1886–1900.
13. Doyle, J. F., and Pazhoohi, F. 2012. "Natural and augmented breasts: Is what is *not* natural most attractive?" *Human Ethology Bulletin* 27: 4.
14. Rhodes, G., Brennan, S., and Carey, S. 1987. "Identification and ratings of caricatures: Implications for mental representations of faces," *Cog-*

nitive Psychology 19(4): 473–97; Benson, P. J., and Perrett, D. I. 1991. "Perception and recognition of photographic quality facial caricatures: Implications for the recognition of natural images," *European Journal of Cognitive Psychology* 3(1): 105–35.

15. Barrett, D. 2010. *Supernormal Stimuli: How Primal Urges Overran Their Evolutionary Purpose* (New York: W. W. Norton).
16. A good example is Etcoff, N., Stock, S., Haley, L. E., Vickery, S. A., and House, D. M. 2011. "Cosmetics as a feature of the extended human phenotype: Modulation of the perception of biologically important facial signals," *PLoS ONE* 6(10): e25656; doi: 10.1371/journal.pone.0025656.
17. Jacobs, G. H. 2009. "Evolution of color vision in mammals," *Philosophical Transactions of the Royal Society B* 364: 2957–67; Melin, A. D., Hiramatsu, C., Parr, N. A., Matsushita, Y., Kawamura, S., and Fedigan, L. M. 2014. "The behavioral ecology of color vision: Considering fruit conspicuity, detection distance and dietary importance," *International Journal of Primatology* 35: 258–87; Hurlbert, A. C., and Ling, Y. 2007. "Biological components of sex differences in color preference," *Current Biology* 17(16): R623–R625.
18. New, J., Krasnow, M. M., Truxaw, D., and Gaulin, S. J. C. 2007. "Spatial adaptations for plant foraging: Women excel and calories count," *Proceedings of the Royal Society, B* 274: 2679–84.
19. Jaeger, S. R., Antúnez, L., Gastón, Aresb, Johnston, J. W., Hall, M., and Harker, F. R. 2016. "Consumers' visual attention to fruit defects and disorders: A case study with apple images," *Postharvest Biology and Technology* 116: 36–44.

第十章 社群

1. Gross, D. 2005. "Einstein and the search for unification," *Current Science* 89: 2035–40; Cole, K. C. 1999. "Time, space obsolete in new view of universe," *Los Angeles Times*, November 16.
2. Hameroff , S., and Penrose, R. 2014. "Consciousness in the universe: A review of the 'Orch OR' theory," *Physics of Life Reviews* 11: 39–78.
3. Oizumi, M., Albantakis, L., and Tononi, G. 2014. "From the phenomenology to the mechanisms of consciousness: Integrated information theory 3.0," *PLOS Computational Biology* 10: e1003588; see also

Hoel, E. P. 2017. "When the map is better than the territory," *Entropy* 19: 188, doi: 10.3390/e19050188.

4. 本書附錄提供了意識主體的精確定義。
5. Pinker, S. 2018. *Enlightenment Now: The Case for Reason, Science, Humanism, and Progress* (New York: Viking).
6. 在命題邏輯中，「否定後件」是有效的論證形式。說法是：如果P蘊含Q，而Q不成立，所以P不成立。舉例來說，如果派特活了80歲，則派特活過30年。派特並沒有活過30年，所以派特沒有活到80歲。
7. Einstein, A. 1934. "On the method of theoretical physics," *Philosophy of Science* 1: 163–69.
8. Russell, B. 1924/2010. *The Philosophy of Logical Atomism* (New York: Routledge).
9. A precise definition of *conscious agent* is given in the Appendix.
10. For progress on these issues, see Fields, C., Hoffman, D. D., Prakash, C., and Singh, M. 2017. "Conscious agent networks: Formal analysis and application to cognition," *Cognitive Systems Research* 47: 186–213.
11. For progress on these issues, see Fields, C., Hoffman, D. D., Prakash, C., and Prentner, R. 2017. "Eigenforms, interfaces and holographic encoding: Toward an evolutionary account of objects and spacetime. *Constructivist Foundations* 12(3): 265–74.
12. 關於泛心論，可參閱線上史丹佛哲學百科（Stanford Encyclopedia of Philosophy）。有人主張泛心論不是二元論，要支持這個主張，需要建構一個明顯不具二元性、有數學精確性的泛心論科學理論。目前還沒有這樣的理論。整合資訊理論（IIT）往往被視為蘊含了泛心論，根據這個理論的說法，「經驗是一種最大不可化約概念結構（maximally irreducible conceptual structure，簡寫為MICS，感質空間的一種概念叢），產生這種結構的元素集合就構成了情結。根據整合資訊理論，MICS指定了經驗的性質。」但是如我們討論過的，整合資訊理論沒有能力讓MICS指定情結，就連一種特定的經驗，如大蒜的氣味，都沒辦法。到它能夠做到之前，都不可能對特定物理系統和特定的對應經驗，做出在科學上可驗證的預測。進一步了解整合資訊理論，可參閱Oizumi, M., Albantakis, L., and Tononi, G. 2014. "From the phenomenology to the mechanisms of consciousness: Integrated information theory 3.0," PLOS Computational Biology 10: e1003588; Hoel, E. P. 2017. "When the map is better than the territory," Entropy 19: 188, doi: 10.3390/e19050188。

13. See, e.g., Clarke, D. S., ed. 2004. *Panpsychism: Past and Recent Selected Readings* (New York: University of New York Press).
14. Du, S., Tao, Y., and Martinez, A. M. 2014. "Compound facial expressions of emotion," *Proceedings of the National Academy of Sciences* 111(15): E1454–E1462.
15. Goodall, J. 2011. *My Life with the Chimpanzees* (New York: Byron Preiss Visual Publications).
16. Revuz, D. 1984. *Markov Chains* (Amsterdam: North-Holland).
17. 更精確地說，可測空間的事件集是一個在可數聯集下是封閉的σ-代數。也可以類推到在可數互斥聯集下是封閉的σ-加法族。可參閱Gudder, S. Quantum Probability (San Diego: Academic Press)。甚至可以繼續類推到有限加法族。
18. Revuz, D. 1984. *Markov Chains* (Amsterdam: North-Holland).
19. Hoffman, D. D., and Prakash, C. 2014. "Objects of consciousness," *Frontiers in Psychology: Perception Science*, http://dx.doi.org/10.3389/fpsyg.2014.00577.
20. Ibid.
21. Fields, C., Hoffman, D. D., Prakash, C., and Prentner, R. 2017. "Eigenforms, interfaces and holographic encoding: Toward an evolutionary account of objects and spacetime," *Constructivist Foundations* 12(3): 265–74; Fields, C., Hoffman, D. D., Prakash, C., and Singh, M. 2017. "Conscious agent networks: Formal analysis and application to cognition," *Cognitive Systems Research* 47: 186–213.
22. Kahneman, D. 2011. *Thinking, Fast and Slow* (New York: Farrar, Straus and Giroux).
23. They form the affine group AGL(4,2), and act in the geometric algebra G(4,2), the conformal spacetime algebra. Hoffman, D. D., and Prakash, C. 2014. "Objects of consciousness," *Frontiers in Psychology: Perception Science*, http://dx.doi.org/10.3389/fpsyg.2014.00577.
24. Tooby, J., Cosmides, L., and Barrett, H. C. 2003. "The second law of thermodynamics is the first law of psychology: Evolutionary developmental psychology and the theory of tandem, coordinated inheritances: Comment on Lickliter and Honeycutt (2003)," *Psychological Bulletin* 129: 858–65.
25. Faggin, F. 2015. "The nature of reality," *Atti e Memorie dell'Accademia*

Galileiana di Scienze, Lettere ed Arti, Volume CXXVII (2014–2015) (Padova: Accademia Galileiana di Scienze, Lettere ed Arti). He speaks of conscious units rather than conscious agents.

26. Berkeley, G. 1710. *A Treatise Concerning the Principles of Human Knowledge.*
27. 了解更多關於科學與偽科學界線的劃分問題，可參閱Pigliucci, M., and Boudry, M., eds. 2013. Philosophy of Pseudoscience: Reconsidering the Demarcation Problem (Chicago: University of Chicago Press); Dawid, R. 2013. String Theory and the Scientific Method (Cambridge, UK: Cambridge University Press).
28. 例如梅西耶和史波伯（2011）：「我們的假設是，推理的功能是論證性的，以說服為目的設計和評估論點。」Tappin, van der Leer, and McKay（2017）：「我們觀察到很明顯的期許偏誤—如果證據和個人期望的結果一致（相對於不一致），那麼人會較常更新他的信念。這項偏誤不受證據和他原先的信念一致或不一致影響……我們所能找到的信念更新不受確認偏誤影響的證據很有限。」Mercier, H., and Sperber, D. 2011. "Why do humans reason? Arguments for an argumentative theory," Behavioral and Brain Sciences 34: 57– 111; Tappin, B. M., van der Leer, L., and McKay, R. T. 2017. "The heart trumps the head: Desirability bias in political belief revision," Journal of Experimental Psychology: General, doi: 10.1037/xge0000298。
29. Gould, S. J. 2002. *Rocks of Ages: Science and Religion in the Fullness of Life* (New York: Ballantine Books).
30. Dawkins, R. 1998. "When religion steps on science's turf," *Free Inquiry* 18(2): 18–19.
31. Hoffman, D. D., and Prakash, C. 2014. "Objects of consciousness," *Frontiers in Psychology: Perception Science*, http://dx.doi.org/10.3389/fpsyg.2014.00577.

附錄 精確無誤：犯錯的資格

1. Hoffman, D. D., and Prakash, C. 2014. "Objects of consciousness," *Frontiers in Psychology: Perception Science*, http://dx.doi.org/10.3389/fpsyg.2014.00577; Fields, C., Hoffman, D. D., Prakash, C., and Prentner, R. 2017. "Eigenforms, interfaces and holographic encoding: Toward an evolutionary account of objects and spacetime," *Constructivist Founda-*

tions 12(3): 265–74; Fields, C., Hoffman, D. D., Prakash, C., and Singh, M. 2017. "Conscious agent networks: Formal analysis and application to cognition," *Cognitive Systems Research* 47: 186–213.

2. Revuz, D. 1984. *Markov Chains* (Amsterdam: North-Holland).
3. Ibid.
4. Hoffman, D. D., and Prakash, C. 2014. "Objects of consciousness," *Frontiers in Psychology: Perception Science*, http://dx.doi.org/10.3389/fpsyg.2014.00577; Fields, C., Hoffman, D. D., Prakash, C., and Prentner, R. 2017. "Eigenforms, interfaces and holographic encoding: Toward an evolutionary account of objects and spacetime," *Constructivist Foundations* 12(3): 265–74; Fields, C., Hoffman, D. D., Prakash, C., and Singh, M. 2018. "Conscious agents networks: Formal analysis and application to cognition," *Cognitive Systems Research* 47: 186–213.
5. Doran, C., and Lasenby, A. 2003. *Geometric Algebra for Physicists* (New York: Cambridge University Press), section 10.7.
6. The evolution of small-world networks is discussed, for instance, in Jarman, N., Steur, E., Trengove, C., Tyuykin, I. Y., and van Leeuewn, C. 2017. "Self-organization of small world nctworks by adaptive rewiring in response to graph diffusion," *Nature Reports* 7: 13158, doi: 10.1038/s41598-017-12589-9); Newman, M. E. J. 2010. *Networks: An Introduction* (New York: Oxford University Press).

不實在的現實：
演化如何隱藏真相，塑造我們的時空知覺

作　　者：唐納德・霍夫曼
翻　　譯：蔡承志
主　　編：黃正綱
資深編輯：魏靖儀
美術編輯：吳立新
圖書版權：吳怡慧

發 行 人：熊曉鴿
總 編 輯：李永適
印務經理：蔡佩欣
發行經理：吳坤霖
圖書企畫：陳俞初

出 版 者：大石國際文化有限公司
地 址：新北市汐止區新台五路一段97號14樓之10
電 話：（02）2697-1600
傳 真：（02）8797-1736
印 刷：群鋒企業有限公司

2022年（民111）12月初版四刷
定價：新臺幣450元／港幣150元
本書正體中文版由
授權大石國際文化有限公司出版

ISBN：978-986-06934-5-4（平裝）
＊ 本書如有破損、缺頁、裝訂錯誤，請寄回本公司更換

總代理：大和書報圖書股份有限公司
地址：新北市新莊區五工五路2 號
電話：（02）8990-2588
傳真：（02）2299-7900

國家圖書館出版品預行編目（CIP）資料

不實在的現實 : 演化如何隱藏真相, 塑造我們的時空知覺 / 唐納德. 霍夫曼(Donald Hoffman) 作 ; 蔡承志 翻譯. -- 初版. -- 新北市 : 大石國際文化, 民111.6　頁 ; 14.8 x 21.5公分
譯自：The case against reality : why evolution hid the truth from our eyes
ISBN 978-986-06934-5-4 (平裝)
1.CST: 認知心理學 2.CST: 視覺 3.CST: 哲學
176.3　110021881